Italiaander/Bauer/Krafft

Berlins Stunde Null

Rolf Italiaander
Arnold Bauer
Herbert Krafft

Berlins Stunde Null 1945

Ein Bild/Text-Band

Droste Verlag Düsseldorf

Fotonachweis:
General Howley (2), Archiv Klünner (28), Landesarchiv Berlin (47), Landesbildstelle Berlin (54), Anneliese Niemitz, Hamburg (4), Privat (13), Ullstein Bilderdienst (9), Rolf Italiaander (14).

Bild auf Seite 2:
1 Danach: In den Fenstern der Ruinen blühen schon wieder die Blumen.

Sonderausgabe für den Gondrom Verlag GmbH & Co. KG, Bindlach, 1990

Schutzumschlagentwurf und Buchgestaltung: Helmut Schwanen
Gesamtherstellung: Zumbrink Druck GmbH, Bad Salzuflen
Lithos: Droste Klischee und Litho, Düsseldorf
ISBN 3-8112-0695-8

Inhalt

DEM EUTSCHEN OLKE

Albrecht Haushofer

Silvestersegen (1944/45)

Des Jahres würdig war der letzte Schluß:
In unsren Zellen rattenhaft verwahrt,
erfahren wir in ganz besondrer Art
den Prall der Bomben wie den Flakbeschuß.

Kein großer Angriff. Ein Silvestersegen,
den Trümmerstätten von Berlin geweiht,
an eines Jahres Gabe nur gereiht
wie späte Glut an einen Flammenregen.

Was in Jahrhunderten gewachsen war,
vernichtet nun in Stunden jäh die Kraft
gewissenlos mißbrauchter Wissenschaft.

Das alte China kannte die Gefahr.
Es bannte schon das Pulver, weil darin
Versuchung lag zu groß für Menschensinn.

(Aus: »Moabiter Sonette«,
Verlag Blanvalet, Berlin)

◁ 2 *»Dem deutschen Volke«. Schlachtfeld Berlin 1945: Flak vor dem zerstörten Reichstagsgebäude, 1884–94 von Paul Wallot erbaut, schon einmal zum größten Teil zerstört: durch Brandstiftung in der verhängnisvollen Nacht des 27. Februar 1933. Die Stunden später verkündete Notverordnung des Reichspräsidenten »zum Schutze von Volk und Staat« hatte zentrale Grundrechte der Verfassung außer Kraft gesetzt. Der verfassungsrechtliche Ausnahmezustand währte die ganzen zwölf Jahre, bis Hitlers ›Tausendjähriges Reich‹ im Inferno von Blut, Tod und Zerstörung unterging.*

Vorausgeschickt

»... Der Zug fuhr in den Anhalter-Bahnhof. Berlin war erreicht. Ich rief: »Eli, Herr der Engel! Hier leben laß mich! Errette meine Seele. Auf dich trau' ich! Halte deinen Schild über mir!«

Alfred Kerr

In den zwanziger Jahren galt Berlin international nicht nur als Hauptstadt Deutschlands, der Weimarer Republik. Berlin war damals ein kulturelles Zentrum Europas, ja, der fortschrittlichen Welt. Von überall her kamen nicht nur Geschäftsleute nach Berlin, sondern vor allem Künstler und Intellektuelle. Sie fühlten sich an der Spree ungemein wohl, wie sie immer wieder bekundet haben. Man sprach von der »unerschöpflich inspirierenden Anziehungskraft Berlins«.

Selbst das NS-Regime konnte den spezifischen Berliner Geist nicht gänzlich kaputt kriegen. Berlin verlor zwar Originalität dadurch, daß viele auswandern oder in die innere Emigration gehen mußten, daß politischer Fanatismus und Rassenwahn erst die Nürnberger Gesetze und dann Auschwitz hervorbrachten. Dessenungeachtet hatte Berlin auch während der Hitler-Ära noch immer viel von seinem unverwechselbaren Charme. Vor allem seine Menschen, die »Herz mit Schnauze« auszeichnet – auch heute noch. Ihr Motto: »Uns kann keener.«

Das große Leiden Berlins setzte sich fort, als der Krieg zu Ende ging und die Hauptstadt des Deutschen Reiches zunächst von den sowjetischen Siegern und nach zwei Monaten zusätzlich von den amerikanischen, englischen, französischen Besiegern Hitlers besetzt wurde. Schließlich kam es zur Teilung Deutschlands; in Mitteldeutschland entstand ein sozialistischer Staat, der sich seit August 1961 durch eine Mauer glaubt absichern zu müssen.

Berlin liegt nun mitten in diesem »anderen Deutschland«. Nur über scharf kontrollierte Autobahnen, bestimmte Landstraßen oder auf dem Luftweg ist das freie West-Berlin zu erreichen. Zum schlimmsten Erbe der kriminellen Politik des »Führers« gehört der Untergang des liebenswerten Berlin in seiner Urform. Nun ist es wahrhaft ein Unikum unter den europäischen Großstädten.

Gemeinsam mit Willy Haas, der bis 1933 im Berlin der Weimarer Republik »Die literarische Welt« herausgegeben hatte, edierte ich, einst sein Sekretär und Bibliothekar, 1957 die literarische Anthologie »Berliner Cocktail«, die vielen Tausend Berlinern und Berlinfreunden Freude bereitet – was der Sinn unserer Bemühungen war. Mit diesen Worten legten wir unser Bekenntnis ab: »Berlin riß uns um mit seiner Arbeitslust, seiner Unternehmungslust, seiner Lebenslust, seiner Unvoreingenommenheit, seiner Schlagfertigkeit, seiner besonderen Art von Leutseligkeit, Gutmütigkeit und Gemütlichkeit. Es gab keine gemütlichere Stadt als das atemlos betriebsame, hetzende, jagende Berlin. Wir alle tauchten darin unter. Wir alle wurden Berliner, ob wir uns mit Bouletten und Patzenhofer nährten oder von den Austern Kempinskis und dem Kaviar im ›Adlon‹ – dem wunderbaren neubarocken Kitsch Berlins.«

Dieser Bildband nun soll daran erinnern, wie in Berlin das »Dritte Reich« in Blut und Trümmern endete und wie dann die Berliner verdrossen, aber doch auch unverdrossen anfingen, der Stadt an der Spree neue Impulse zu geben. In Leipzig und Dresden geschah das unter russischem, in Köln und Düsseldorf unter englischem, in Nürnberg und München unter amerikanischem, in Koblenz und Mainz unter französischem Regiment. In Berlin redeten maßgeblich vier siegesstolze Alliierte den Berlinern ins Konzept, und sie tun es mehr oder

minder noch heute. Es ist tatsächlich zu bewundern, wie sich Berlin unter all diesen Umständen den Charakter einer dynamischen und anregenden Weltstadt bewahrt und neu geschaffen hat.
»Berlin ist ganz Funktion, Element, Atmosphäre ... Ein Fluidum von Interessen belebt das Ganze ... Berlin muß man fortwährend wiederentdecken, sonst verflüchtigt es sich.« Dies sind drei Sätze aus den »Berlinismen« des Berliner Dichters Martin Kessel, die Berlin trefflich charakterisieren.
»Berlins Stunde Null« war also anders als die Stunde Null in anderen deutschen Großstädten. Davon will dieser Bildband berichten. Wie die Berliner 1945 das Inferno und seine Folgen durchstanden, wie sie neu anfingen, ist wahrlich einer Bilderchronik wert.
Über den historischen Ereignissen sollte allerdings niemals vergessen werden, daß das freie Berlin unlöslich mit der freien Welt verbunden bleiben muß. Die Berliner haben die volle Sympathie der freien Völker. Und sie haben auch die Sympathie und Bewunderung anderer. So schrieb der Jugoslawe Milovan Djilas:
»Der Westen kann das Problem der Freiheit im Osten – ich meine die konkreten Freiheiten, die Freiheit, sich auszudrücken oder sich zu organisieren – nicht lösen. Aber er kann moralisch, vor allem publizistisch, dabei helfen. Und durch seine Kritik kann er in beachtlichem Maße die privilegierten Dogmen und Organisationen der ›östlichen‹ Monopolisten schwächen und in Frage stellen. Es handelt sich hierbei anscheinend um einen langwierigen Prozeß, um weitgespannte, noch unübersehbare und ungewisse Zeiträume. Aber auf diesen weiten Wegen – zu einem von Systemen und Ideologien nicht mehr gespaltenen Europa – kann Berlin ein realer, lebendiger Drehpunkt sein. Wenn man allein aufgrund des Beharrungsvermögens in Fragen der Menschenwürde und nationalen Identität – wie es Berlin in dem mühseligen, ungewissen Wettstreit zweier Welten bisher gezeigt hat – urteilen wollte, so wird Berlin zu sich selbst finden. Und es wird wieder einmal die Welt in Staunen versetzen – durch den Glanz neuer Ideen, durch die Lebendigkeit und Lebensnähe seiner Initiativen.«

Als der Krieg zu Ende ging, wurde in Berlin nur wenig fotografiert: Die NS-Mächtigen befürchteten jetzt oder später einen »Mißbrauch« der Aufnahmen. Alsdann »requirierten« die russischen Sieger alle Kameras, derer sie habhaft werden konnten, genau wie Uhren und Fahrräder, zu schweigen von anderen Wertgegenständen.
Als zwei Monate nach den Russen – im Juli 1945 – die westlichen Alliierten endlich in Berlin einrückten, wurden noch vorhandene Fotogeräte von den Berlinern gegen dringend benötigte Lebensmittel, Textilien oder Tabakwaren eingetauscht; zumal deutsche Kameras – »deutsche Wertarbeit« – damals einen hohen Tauschwert hatten. Und Filme gab es für Deutsche schon seit Monaten kaum zu kaufen.
In öffentlichen und privaten Bildarchiven existieren demnach aus dem Jahre 1945 nur verhältnismäßig wenig bemerkenswerte Fotos deutscher Augenzeugen. Auch ein dankenswerterweise von der Presse viel gedruckter Aufruf des Hamburger Museums Rade an die Bevölkerung förderte nur wenige Bilder zu Tage. Mehrfach schrieben Leser des Aufrufes an den Herausgeber: »Wissen Sie denn nicht, daß wir damals ganz andere Sorgen hatten als fotografieren?« Sicherlich hatten sie das. Jener Aufruf erbrachte immerhin einige Dokumente, die in diesem Buch abgedruckt werden und wofür allen Einsendern gedankt werden muß.
Leider ist es den Archiven der vier Großmächte augenscheinlich über 30 Jahre nach den Ereignissen des Sommers 1945 noch immer nicht gestattet, alle Materialien zur Veröffentlichung freizugeben – aus welchen Gründen auch immer. Sollten Leser dieses Buches noch die Öffentlichkeit interessierende Fotos oder Dokumente besitzen und bereit sein, sie auszuleihen, so sollen sie gern für eine Neuauflage erwogen werden.
Die drei Text-Autoren sind Schriftsteller, Journalisten, Kritiker, die sich schon mehrfach als Kommentatoren oder als Zeitgeschichtler bewährt haben. Eine objektive Darstellung jener schrecklichen und tragischen Monate zu formulieren, dürfte kaum jemandem möglich sein. Der Erlebnisbericht des Herausgebers ist unzweifelhaft subjektiv. Nun, jedes menschliche Schicksal hat andere Komponenten, speziell zur Kriegszeit. Der Herausgeber hofft dessenungeachtet, mit seinen privaten Aufzeichnungen etwas von der damaligen Atmosphäre in Berlin zu vermitteln, weil diese Notizen unmittelbar aus dem Erleben heraus abgefaßt worden sind.

Arnold Bauer hat sich der Kultur und Politik angenommen, Herbert Krafft der wirtschaftlichen Entwicklung der in jenen Monaten ums Überleben kämpfenden Berliner Bevölkerung. Zwei der drei Autoren waren Augenzeugen der Vorgänge, die sie beschreiben. Eine überindividuelle Darstellung soll den berufenen Historikern vorbehalten bleiben, die es aber gewiß begrüßen dürften, wenn ihnen von Zeitgenossen über einige Ereignisse berichtet wird, die in der Geschichtsschreibung Berlins, ja, Deutschlands nicht übersehen werden können.

Gedankt sei allen Verlagen, aus deren Büchern zitiert werden konnte. Gedankt sei dem ehemaligen Stadtkommandanten von Berlin, Brigade-General a. D. Frank Howley, für seine Texte aus seinem Buch »Berlin Command«, New York 1950. Es war sehr anregend, während der Redigierung dieses Buches erneut freundschaftlichen Kontakt mit ihm zu haben. Gedankt sei Frau Joy Weisenborn, die aus dem Nachlaß ihres Mannes, Günther Weisenborn, das Gedicht »Heimkehr nach Berlin« zur Verfügung gestellt hat. Gedankt sei Professor Dr. Bernhard Zeller vom Deutschen Literaturarchiv/Schiller-Nationalmuseum in Marburg, der die Ausstellung »Als der Krieg zu Ende war« vom 16. Mai bis 30. November 1973 veranstaltete und den Abdruck einiger Zitate aus dem Katalog dieser Ausstellung erlaubt hat.

Ein spezieller Dank gebührt Frau Christa Klünner, die das Kriegsende in Berlin als Kind miterlebte. Sie spürte in Bildarchiven dankenswerterweise manches bisher noch nicht veröffentlichte Foto auf, besorgte die erläuternden Bildunterschriften und schrieb die Zeittafel. Für weitere Mithilfe sei Herrn Hans-Werner Klünner – dem Droste Verlag durch seine Städte-Bände verbunden – gedankt. Die Hilfsbereitschaft der Bildarchive sei gleichfalls dankbar erwähnt. Der Quellennachweis führt sie einzeln auf.

R. I.

Rolf Italiaander

»Mutta, Mutta, de Russ'n komm' . . .«

Im Frühjahr und Sommer 1945 in Berlin

Vom Osten her drängten die Russen auf die Reichshauptstadt, vom Rhein her die westlichen Alliierten.
Ich bewohnte damals in Berlin-Nikolassee mietfrei mit einigen Freunden das kleine Haus einer befreundeten Witwe. Die ehemalige Krankenschwester hatte sich mit ihren von den Nazis behelligten »Mischlingskindern« nach Süddeutschland abgesetzt. Als gebürtiger Niederländer (in Leipzig zur Welt gekommen) genoß ich wie alle meine Landsleute in Deutschland den Schutz der schwedischen Botschaft.
Mit uns lebte in dem kleinen Haus meine langjährige Freundin Evelyn Clevé, eine Schriftstellerin, die wie ich selbst zu Zeiten der »Tausend Jahre« ein »Verfahren aus rassischen Gründen« beim Reichssippenamt anhängig hatte. Wir schmuggelten sie ohne Lebensmittelkarten durch alle Fährnisse, so gut wir vermochten. Sie hatte für mich wiederholt Manuskripte getippt. Während des Zusammenbruchs des Dritten Reiches versuchten wir, uns gegenseitig seelisch zu stützen, indem wir arbeiteten. Ich diktierte ihr unregelmäßig unsere Erlebnisse. Wir waren längst aus dem inneren Gleichgewicht geworfen und reagierten nicht immer so, wie wir es unter normalen Umständen getan hätten. Auch deshalb sind die Tagebücher, die hier auszugsweise wiedergegeben werden, lückenhaft.

Berliner Tagebuchblätter

15. April:
Gehen die tausend Jahre des Hitlerreiches tatsächlich zu Ende? Es werden neuerdings hektographierte Flugblätter verteilt. Eines will ich zitieren.

B E R L I N E R !

Soldaten, Männer und Frauen!

Ihr kennt den Befehl des wahnsinnigen Hitler und seines Bluthunds Himmler, jede Stadt bis zum äußersten zu verteidigen.
Wer heute noch die Befehle der Nazis ausführt, ist ein Idiot oder ein Lump.

B e r l i n e r !
Folgt dem Beispiel der Wiener!
Durch versteckten und offenen Widerstand haben die Wiener Arbeiter und Soldaten ein Blutbad in ihrer Stadt verhütet.
Soll Berlin das Schicksal von Aachen, Köln und Königsberg erleiden?
N E I N !

Schreibt überall Euer NEIN an!
Bildet Widerstandszellen in Kasernen, Betrieben, Schutzräumen!
Werft alle Bilder von Hitler und seinen Komplizen auf die Straße!
Organisiert den bewaffneten Widerstand!

Widerstandsgruppen Berlin
E r n s t

16. April:
Neuerdings erlebt Berlin besonders dramatische Nachtalarme. Zuerst attackieren uns sowjetische Kampfverbände. Laut den Luftlageberichten scheinen sie aber nicht den Stadtkern anzugreifen, sondern nur »das Vorfeld«: die östlichen Vororte Berlins, die sie allem Anschein nach für den

Vorstoß ihrer Armeen »präparieren« wollen. Es scheint mir später einmal wichtig zu sein, die Luftkriegsführung auch vom rein politischen Gesichtspunkt her zu studieren. Daß sich die Sowjets nicht an den Bombardierungen der Engländer und Amerikaner beteiligen, scheint eine propagandistische Absicht zu sein. Doch wir wissen hierzulande überhaupt so wenig von der UdSSR, daß wir deren Absichten für die Zukunft heute gar nicht beurteilen können.

Gelegentlich überfliegen sowjetische Flugzeuge selbst den Stadtkern. Ja, im Westen von Berlin sollen nachts Agenten vom Flugzeug aus abgesetzt worden sein. Während die Russen auf ihre Weise agieren, erscheinen britische »Nacht-Schlacht-Flugzeuge«, so der Volksmund, oder schnelle Bomber. Wenn es nicht ein so über unser Leben entscheidendes Spiel sein würde, wäre es faszinierend, zu beobachten, wie die Rollen offensichtlich präzise verteilt sind, um den Widerstand der Nazis in Berlin ein für allemal zu brechen . . .

18. April:

Während der Ostertage habe ich meiner Hausgemeinschaft immer wieder gesagt, daß das wohl nun endgültig das letzte »Fest« sei, das wir unter den Nazis erleben. Wer es noch nicht getan habe, müsse nun endgültig einen dicken Strich unter die Vergangenheit ziehen und geistig-seelisch ein neues Leben beginnen. Die letzten Jahre haben uns alle vergiftet. Wir haben schwere innere Schäden genommen. Wir mußten so oft unnormal reagieren, daß wir heute selber abnorm sind. Der Umgang mit dem Teufel hat in uns seine Spuren hinterlassen.

Wie heißt doch der Limerick, den ich vor dem Krieg im Kreis des ehemaligen Reichskanzlers Heinrich Brüning in Oxford gehört habe:

»In that part of Europe call'd middle
all People must learn how to hitle.
They must hitle a lot
or get put on the spot.
Even strangers must hitle a little.«

Seit Wochen steht die sowjetische Armee etwa sechzig bis achtzig Kilometer östlich von Berlin. Panzerspähtrupps waren schon bis Strausberg gelangt, wurden aber abgeschlagen. Inzwischen sind die angloamerikanischen Heere westlich von Berlin bis auf etwa hundert Kilometer an die Reichshauptstadt herangekommen.

Seit etwa acht Tagen befinden sich die Berliner in einer maßlosen Erregung. Zwei Fragen bewegen jeden einzelnen. Erstens: Werden die Russen oder die Angloamerikaner zuerst in der Stadt sein? Zweitens: Wie werden sich die Okkupanten der Bevölkerung gegenüber verhalten? Welche Vorsichtsmaßnahmen müssen wir treffen, um allen Eventualitäten begegnen zu können?

Vergangenen Freitag war es besonders dramatisch. Es hieß, amerikanische Panzer seien bis Genthin vorgedrungen, andere Nachbarn nannten Belzig, wieder andere sprachen von Werder. Allem Anschein nach waren tatsächlich einige US-Panzer in Werder.

Es überstürzen sich hektisch die Gerüchte zu dem Thema: Wird Berlin eine offene Stadt oder nicht? Nach dem letzten Himmler-Aufruf gibt es allerdings weder offene Städte noch die Möglichkeit einer Kapitulation. Doch was die NS-Bonzen sagen, interessiert uns nicht. Die zählen schon nicht mehr.

Für uns hier draußen in Nikolassee entsteht die Frage, ob wir in unserem Häuschen bleiben können oder zwangsweise evakuiert werden. Aber wohin sollen wir uns denn evakuieren lassen bzw. freiwillig gehen? In die Innenstadt wollen wir alle nicht; denn dort werden wohl die Straßenkämpfe am heftigsten sein, auch die letzten Luftangriffe.

Es heißt, die Bevölkerung soll in den Kellern Betten aufschlagen und Kochgelegenheiten einrichten, um das Leben nunmehr in den Kellern zu fristen. Unsere Stadtwohnungen liegen beim Bahnhof Charlottenburg und sind daher sehr gefährdet. Wir wollen deshalb nicht in die Stadt zurück, sondern nach Möglichkeit weiter hinaus, eventuell nach Kaputh (bei Potsdam) oder auch für ein paar Tage mit Zeltplanen und Decken in die Felder, bis sich für Nikolassee das eine oder andere entschieden hat. Auf jede einzelne Nachricht hören wir mit Spannung, aber Konkretes weiß niemand. Alles sind eben nur Gerüchte, persönlich gefärbt durch die Interessen ihrer Verbreiter.

Wir haben uns im Garten aus Steinen einen Herd gebaut, da es tagsüber neuerdings nur dreiviertel bis eine Stunde Strom gibt. Wir haben uns abgekochtes Wasser bereitgestellt. Wir versuchen, Lebensmittel heranzuschaffen, soweit das im Rahmen des Möglichen liegt. Schwarzmarkt-Preise sind für uns allerdings unerschwinglich. Wir wollen

hier aushalten, solange es irgend geht. Denn das erzählen selbst Parteigenossen und Wehrmachtsangehörige, daß, wenn man sein Hab und Gut verläßt, zuerst einmal Deutsche darüber herfallen und wegschleppen, was wegschleppbar ist.
Ich machte verschiedene Fahrten ins Zentrum, um dort noch einiges zu holen, falls ich nicht sobald wieder in die Stadt kommen sollte. Die gegenwärtigen Aufregungen, insbesondere auch die langen Bombenalarme nachts (drei, vier, fünf Stunden lang) nehmen alle Leute fürchterlich mit. Sie sehen schlecht aus, klagen über Hunger.
In den Restaurants muß man Bestecke mitbringen, wenn man etwas zu essen haben will. Selbst das minderwertige Bier ist knapp. Wir haben von Frauen gehört, die sich gegen Geld ein Glas Wasser erbaten, weil sie so durstig waren und nichts anderes bekamen.
Erstaunlich viele Kinder und Frauen sind noch in Berlin. Unvorstellbar, daß Berlin ein Schicksal haben soll wie Warschau. In Wien lagen wohl insonderheit politisch die Verhältnisse anders, so daß die Stadt nicht dermaßen zerstört wurde.
In Hinsicht auf politisch-militärische Äußerungen ist der Berliner jetzt viel unbekümmerter, ja herausfordernder als in den Jahren vorher. Der Wunsch nach baldigem Kriegsende wird immer expressiver. Eins scheint mir auch symptomatisch zu sein: nämlich daß man sich jetzt langsam selbst an den Gedanken gewöhnt hat, die Russen werden kommen.
Über die Aufteilung Berlins in drei oder vier Sektoren gehen die verschiedensten Gerüchte um. Die Zukunft wird erst erweisen, was daran wahr ist. Botschafter a. D. Ulrich von Hassel (inzwischen als »Mann des 20. Juli« in Plötzensee aufgehängt) erzählte mir bei seinem für uns alle verhängnisvollen Besuch hier im Waldhaus am 19. Juli letzten Jahres, wenige Stunden also vor dem Attentat im Führerhauptquartier, mit der Vierteilung nicht nur Berlins, sondern des ganzen Reiches sei zu rechnen, auch wenn das im Augenblick noch unglaublich klänge. Er hatte mir Skizzen zu dem Morgenthau-Plan aus den »Illustrated London News« gezeigt. Zehn Monate später scheint nun wahr zu werden, was wir damals noch als Unmöglichkeit bezeichnet haben.
Alles in allem herrscht jetzt ein bedrücktes Abschiednehmen. Der Blick in die Zukunft ist verschleiert. Es hätte nicht so weit kommen dürfen. Hätte dieses verruchte System nicht verhindert werden können?
Von immer mehr Freunden werden wir abgeschnitten. Mit meinen Eltern in Leipzig telefonierte ich mehrfach am letzten Wochenende. Am Sonntag erzählten sie mir, daß seit Samstag alle Lebensmittel, aber auch Kleidungsstücke usw. »ohne« zu haben wären. Amerikanische Panzer stünden vor der Stadt. Gott sei Dank waren meine Eltern einsichtsvoll und tapfer.
Seit gestern versuche ich sie wieder anzurufen, Leipzig ist nun umzingelt. Ich bekam keinen Anschluß mit ihnen. Auf mein Drängen hin wurde ich jedoch mit dem Fernamt von Leipzig verbunden, wo ich den Namen einer Telefonistin kenne. Ich traf die Bekannte meiner Eltern nicht mehr an. Eine Kollegin von ihr sagte mir, daß jetzt nur noch wenige Angestellte auf dem Fernamt tätig seien. Sie war bereit, mich entgegen den Bestimmungen mit mir vertrauten Leipziger Nummern zu verbinden, aber keine der Nummern antwortete. So berichtete sie mir über den Zustand in der Stadt.
Gestern, Dienstag, und heute nacht habe die amerikanische Artillerie von allen Seiten heftig in die Stadt geschossen und viele Brände verursacht. Von einem Flammenmeer, wie von anderer Seite berichtet, konnte aber keine Rede sein. Mit »sächsischer Bierruhe« berichtete sie weiter, daß die amerikanischen Panzer über die Wiesen des Johanna-Parks gerollt seien. Dachte die Gute vielleicht an die zerstörten Rosenrabatten? Sie versprach mir, wenn irgend möglich bei meinen Eltern in der Burgstraße vorbeizugehen und einen Gruß von mir auszurichten.
Die Panzer stehen also etwa einen Kilometer vom Hause meiner Eltern. Die Telefonistin sagte ausdrücklich, die Bevölkerung habe durch die Freigabe aller Lebensmittel genügend zu essen und befände sich im übrigen in den Kellern, um da den weiteren Verlauf der Ereignisse abzuwarten. Wird dies das letzte Lebenszeichen aus Leipzig sein? Werde ich von meinen Eltern je wieder etwas hören oder sie wiedersehen? Obwohl ich doch manches vorausgesehen und vorausgeahnt habe, ist mir der Gedanke letztlich unvorstellbar, daß gegenwärtig US-Panzer durch die Straßen Leipzigs rollen.
Ein anderes erschütterndes Telefongespräch hatte ich letzten Freitag mit meinem Freund Hans Hasso von Veltheim auf Schloß Ostrau. Weil er über

Halle/Saale nicht zu erreichen war, versuchte ich es über Bitterfeld und bekam ihn tatsächlich. Er war so erschüttert von meinem Anruf aus der »Festung Berlin«, daß er zunächst vor Erregung nicht zu sprechen vermochte.
Er sagte mir alsdann, daß die US-Panzer schon über seine Fluren gerollt seien, eben in Richtung auf Leipzig zu. Mein Gespräch führte also durch die Kabel unter der heranrollenden amerikanischen Armee hindurch. Er sagte mir, er habe eher angenommen, ein amerikanischer Stab würde sich telefonisch anmelden. Das »Behüt' dich Gott!« das er mir und allen gemeinsamen Freunden in Berlin beinahe feierlich zurief, hat mich außerordentlich bewegt. Wir haben wohl deshalb beide gar nicht mehr Abschiedsworte wie üblich gewechselt. Was wird nun sein Schicksal sein? Er, der 1939 aus Indien zurückkehrte, obwohl er fast auf Jahr und Monat genau voraussah, was nun geschehen ist, sprach schon lange vom Untergang Europas.

19. April:
Ich war in der Innenstadt, um »allerwichtigste Besorgungen« zu machen. Was jedoch ist heute »allerwichtigst«? Ich meine, wir sind so geschäftig, um uns nicht unserer absurden Lage bewußt zu werden. Komisch übrigens, daß wir gar nicht mehr wissen, welcher Wochentag ist. Niemand geht mehr geregelt seinem Beruf nach. Es herrscht rund um die Uhr Improvisation wie unter den Passagieren eines Schiffes, das im Sturm motorlos in gefährlichen Gewässern treibt.
Vorgestern war der S- und U-Bahn-Verkehr erleichtert, doch nur vorübergehend für ein paar Stunden. Heute darf man nun wieder nur »mit Zulassung« fahren, und es ist höchst mühsam, eine solche zu bekommen.
Am Bahnhof Schöneberg gaben die Sirenen Vollalarm. Im Zug erregte Diskussion. Weinende Menschen. Die Schaffnerin flehte den Zugführer an, gleich bis zum Anhalter Bahnhof durchzufahren. Dort wären wir am sichersten. Seltsam, wovon das Schicksal von Hunderten abhängen kann. Hätte die Schaffnerin nicht diesen Vorschlag gemacht, wären wir vielleicht auf offener Strecke stehen geblieben. Was dann?
Im S-Bahn-Schacht Anhalter Bahnhof Tausende oder sogar Zehntausende, die einander fast tottraten. Und immer neue Menschenmassen drängten sich in den S-Bahn-Schacht hinunter. Ich bekam eine entsetzliche Angstneurose und suchte als Einzelgänger den Weg ins Freie. Oben nur noch wenige Menschen. Die »Luftlage« war ungeklärt. Ich beschloß, in Richtung Reichsbank in der Wilhelmstraße zu gehen.
Tief beeindruckendes Erlebnis. Die Straßen der City sind wie leergefegt. Nur ab und an vor Luftschutzkellern Wachleute. So heldenmütig bin ich auch nicht, daß ich mich völlig dem ungewissen Schicksal hingebe. Ich frage erneut nach der »Luftlage« und höre, daß »vier Verbände irgendwo am Stadtrand stehen«. Also marschiere ich weiter, vorbei an der völlig zerstörten Bibliothek Lipperhaide, vorbei am Hauptgebäude der Gestapo in der Prinz-Albrecht-Straße, in dem auch ich kummervolle Tage verbracht habe und das jetzt ausgebrannt ist. Vorbei am schwerbeschädigten Luftfahrt-Ministerium in der Wilhelmstraße.
Schließlich komme ich zum Wilhelmplatz, wo nunmehr sämtliche Ministerien und öffentlichen Gebäude schwer beschädigt sind. Ich erinnere mich des ersten Anblicks des zerstörten Rotterdam. Wie tief mich dort die Zerstörungen entsetzt haben! Ich kann es auch heute noch nicht fassen, daß Berlin ähnlich zugerichtet worden ist. Vergeltung für Rotterdam? Für Warschau? Doch das ist nicht das eigentliche Erlebnis.
Das Erlebnis ist die völlig menschenleere Stadt und dazu der wilde Sturm, der den Trümmerstaub aufwirbelt, Bleche klappern läßt, Balkone abreißt, an ausgebrannten Fassaden »arbeitet«. Es ist schauerlich. Ich zwinge mich zu stoischer Ruhe. Zwischendurch höre ich in der Ferne »Bombenteppiche« fallen.
Endlich erfahre ich, daß die alliierten Flugzeuge im Abflug sind. Da kommen auch wieder Menschen aus den Kellern und streben – wie ich – weiter ihren verschiedenen Zielen zu.
Das alte und das neue Reichsbankgebäude sind schwer beschädigt. Das stolze Bankunternehmen ist in einem Kellerraum auf wenige Schalter »zusammengeschmolzen«. Alles Symbole für den Untergang einer Welt, die verspielt hat.
Ich begebe mich danach Unter die Linden und versuche, ein Auto anzuhalten, das mich nach dem Westen mitnimmt. Offiziere fahren mit leeren Wagen nach wie vor sehr arrogant vorbei. Ein Lastwagen von der Organisation Todt nimmt mich mit. Fährt mich sogar zu meinem Ziel Zoo-Bahnhof. Ich spreche über die allgemeine Situation mit

Wenn die Partei nicht wäre — gäbe es dann Krieg?

ZWEI FRAGEN

FRAGE:	Wer ist es, mit dem die Alliierten unter keinen Umständen Frieden verhandeln werden?
ANTWORT:	**DIE PARTEI**
FRAGE:	Wer muss verschwinden, bevor die letzte Bombe auf Deutschland fällt und Friede einkehrt?
ANTWORT:	**DIE PARTEI**

„Das Nazi-System, seine Führer, seine Macht, seine Einrichtungen müssen überall verschwinden. Mit dem Faschismus gibt es keine Friedensverhandlungen, keinen Kompromiss-Frieden."

— erklärte der amerikanische Aussenminister Cordell Hull am 9. April 1944.

USG 37

Wechsel

15. März 1942

Für diesen Wechsel erhält das deutsche Volk von mir: die Gewissheit, dass die Rote Armee im kommenden Sommer bis zur Vernichtung geschlagen wird.

Dr. Goebbels — gez. Hitler

Für das Propagandaministerium: DR. JOSEPH GOEBBELS

ADOLF HITLER: *Führer und Reichskanzler*

3/4/5 *Psychologische Kriegsführung: alliierte Flugblätter.*

Wenn die Partei nicht wäre — gäbe es dann Krieg?

„Es ist etwas Wunderbares, unser Volk im Krieg zu sehen!"

—erklärte Adolf Hitler im Berliner Sportpalast am 4. September 1940

„Glauben Sie etwa, dass Stresemann oder Marx oder irgendeiner dieser Herren, Wirth, Bauer, Ebert, Scheidemann, der Welt den Krieg erklärt haben würde?"

—erklärte Adolf Hitler im Berliner Sportpalast am 30. Januar 1942

„Die ganze Nation dankt dem Führer, dass er uns diese Zeit brachte"

—erklärte Joseph Goebbels im Berliner Sportpalast am 4. September 1940

„Ein Mann allein entscheidet in Deutschland über Tod und Leben: das ist Adolf Hitler!"

—erklärte Hermann Goering in einer Wiener Versammlung am 27. März 1938

Dieser Pfeil zeigt, wo die deutsche Armee am 15. März 1942 stand, als Hitler versprach, dass „die Rote Armee im kommenden Sommer bis zur Vernichtung geschlagen wird."

Dieser Pfeil zeigt, wo die Rote Armee Anfang April 1944 stand.

USG 75

einem Niederländer und einem Belgier (= »Fremdarbeiter«), die sofort sagen, nun würden bald alle Deutschen deportiert werden, wie Deutschland jahrelang Angehörige anderer Nationen deportiert hat.

Wir fahren über die Ost-West-Achse. Bäume und Straßenlampen sind umgelegt oder werden derzeit von Nazi-Amtswaltern umgelegt. Die Tarnnetze sind entfernt. Was soll das? »Man« bereitet sich für die allerletzte Phase der »Endschlacht um Berlin« vor und legt zwischen Brandenburger Tor und Siegessäule eine Rollbahn an. Wer wird hier landen wollen? Ach nein: Wer wird hier starten wollen? Glauben die schuldigen Verbrecher tatsächlich, daß sie noch fliehen können?

Während des Wartens am Bahnhof Zoo treffe ich die berühmte Film-Autorin Thea von Harbou, einst Frau des Filmregisseurs Fritz Lang, der jetzt in Hollywood lebt. Sie trägt unter dem Parteiabzeichen ein Kriegsverdienstkreuz. Sie spricht zu mir von ihrer Siegeszuversicht. Ich vergesse leider zu fragen, ob sie das KVK für das Kettenschmieden, das sie seit Jahren freiwillig betreibt und woher sie gerade kommt, erhalten hat oder für ihre Kitsch-Filme (»Das indische Grabmal«, »Der Tiger von Eschnapur« etc.). Sie wirkt noch viriler als sonst, und vielleicht wird man von ihr noch hören als weibliche Volkssturmführerin. Aber augenscheinlich müssen sich solche Leute Siegeszuversicht vorgaukeln, um nicht schon jetzt zusammenzubrechen. Diese Dame ist jedenfalls ihrem Führer noch immer verfallen. Sie hat der 20. Juli 1944 nichts gelehrt.

Ich bin zum schwedischen Luftfahrtattaché bestellt, aber auch er hat plötzlich Berlin verlassen. Nun scheinen außer Deutschen überhaupt kaum mehr Diplomaten in Berlin zu sein. Eine Botschaftsangestellte gibt mir, was mir zusteht. Die Niederländer werden derzeit von Schweden als Schutzmacht vertreten. Ich kriege Ausweise und Plakate für die Türen mit: in schwedisch, russisch, englisch, französisch und deutsch. Sie besagen, daß die Niederländer den Schutz des schwedischen Königreiches genießen. Vielleicht hilft das, vielleicht nicht. Immerhin: Danke schön!

Ich muß alsdann in die Gegend vom Bahnhof Charlottenburg, um unsere Reinemachefrau zu weiterem Kommen zu ermuntern. Frau Krause erzählt mir, daß eben in den Trümmern des Nachbarhauses ein Maschinengewehrnest angelegt werde und ein paar hundert Meter weiter werde ein Panzer in der Erde vergraben. Nur der Turm und die Kanone schauen heraus. Sie fürchtet sehr für ihr letztes Hab und Gut. Es ist bestürzend, was mir die liebe Frau Krause von ihrer begreiflichen Angst vor den offenbar bevorstehenden Straßenkämpfen erzählt. Daß in all diese furchtbaren Ereignisse des Krieges immer wieder auch diejenigen gezogen werden, die absolut nichts damit zu tun haben, ist grausam.

Hier in Charlottenburg mache ich ähnliche Beobachtungen wie in der Friedrichstadt. An den Häusern und Häuserresten kleine handgeschriebene Zettel. Manchmal steht nur darauf: »Das letzte Bataillon auf dem Schlachtfeld wird ein deutsches sein!« Andere Male, nicht weniger lapidar: »Wir werden diesen Krieg gewinnen, weil wir diesen Krieg gewinnen müssen!« Auf wieder anderen Zetteln steht, daß, wer Freiheit und Brot haben will, weiterkämpfen muß, die Treue halten muß: dem Vaterland, dem Volk, dem Führer. Unterschrieben sind die Zettel meistens mit: »Ein paar Patrioten«, oder: »Einige Vaterlandsfreunde«.

Andere Zettel sind mit Schreibmaschine geschrieben. Auf ihnen geben »einige aufrichtige Bürger unseres Wohnbezirks«, die namentlich diese Zettel unterschrieben haben, zu, daß sie auch oft Hunger haben und nicht wüßten, was sie essen sollten, aber verhungert seien sie bisher noch nicht, und am Ende des Ersten Weltkrieges habe es viel weniger Lebensmittel gegeben. Also müsse man so lange weiterkämpfen, bis der Endsieg errungen sei und es wieder mehr zu essen gäbe. Nichts als billige Volksverdummung. Und immer häufiger hört man:

> »Es geht alles vorüber,
> es geht alles vorbei.
> Erst geht der Führer
> und dann die Partei.«

Auf dem Bahnhof Charlottenburg warte ich dreiviertel Stunden auf einen Zug, fahre bis Westkreuz und warte dort eine weitere Viertelstunde auf den Potsdamer Zug. Hier wieder viele Herz und Verstand bewegende Beobachtungen.

Zwischen den üblichen Berliner Stadtbahnreisenden viele Soldaten, die, wie sie selbst sagen, »mit den Bahnen der BVG an die Front reisen«, nämlich nach dem »östlichen Vorfeld der Reichshauptstadt«.

Dann erscheinen etwa vierzig bis fünfzig junge

EIN Führerwort wird wahr!

Am 29. Januar 1933 sagte Adolf Hitler: „Gebt mir zehn Jahre Zeit und ihr werdet Deutschland nicht wiedererkennen". Der Führer hatte recht— Deutschland ist nicht wiederzuerkennen.

Der Nationalsozialismus hat zerstört:

DAS DEUTSCHE MANNESTUM

Von den 18 Millionen arbeitsfähigen deutschen Männern sind schon 6 Millionen gefallen oder durch Verwundung arbeitsunfähig geworden. Mit JEDEM Kriegstag werden es 12 000 mehr.

FRAUENTUM UND NACHKOMMENSCHAFT

Überarbeitung in den Kriegsbetrieben macht jede 5. deutsche Frau unfruchtbar. Jede 5. Geburt ist eine Totgeburt. Mit JEDEM Kriegstag sterben weitere 75 Frauen durch Betriebs-Unfälle.

DIE GESUNDHEIT DER NATION

Schon heute ist jeder 7 Deutsche tuberkulös. Das sind fünfmal so viele Tuberkulose wie 1933. Mit JEDEM Kriegstag sterben weitere 512 Männer, Frauen oder Kinder an Tuberkulose.

DIE VOLKSERNÄHRUNG

Die Umstellung der Stickstoffwerke auf Sprengstoff-Erzeugung entzieht dem deutschen Volk jährlich 2 Millionen Tonnen Brotgetreide und 20 Millionen Tonnen Kartoffeln. WEITERE 2 Millionen Tonnen Brotgetreide und 12 Millionen Tonnen Kartoffeln jährlich sind schon jetzt durch Gebietsverluste in Ost und West verloren gegangen.

DIE DEUTSCHE INDUSTRIE

Die Textil-, Maschinenbau- und chemischen Betriebe werden immer mehr durch Bombenangriffe zertrümmert. Von 20 Millionen deutschen Spindeln sind 14 Millionen für Kriegszwecke verschrottet worden. 2 Millionen Textilarbeiter haben dadurch schon ihre Arbeitsstätten nach dem Krieg verloren. Mit JEDEM Kriegstag verlieren mehr Facharbeiter ihre Zukunft.

DIE DEUTSCHEN HEIME

5 Millionen deutscher Heimstätten sind schon in Trümmern. Es wird 20 Jahre dauern sie wieder aufzubauen. Mit JEDEM Kriegstag werden weitere 8 000 Heime zerstört.

Der Führer hat recht behalten — **Deutschland ist nicht wiederzuerkennen.**

DIE LETZTEN 21 TAGE

23. Februar: Neue alliierte Offensive im Westen. — Posen fällt.

24. Februar: Jülich fällt.

25. Februar: Düren fällt.

27. Februar: Drastische Kürzung der Rationen, weniger Brot als 1918.

1. März: München-Gladbach und Rheydt gefallen.

2. März: Krefeld und Trier gefallen.

3. März: Kevelaer und Geldern überrannt.

4. März: Neuss gefallen. — Russen nehmen Köslin, erreichen Ostsee. — 60 Nachtjäger fliegen ersten Vergeltungseinsatz gegen England seit Juni 1944. 2 000 alliierte Bomber greifen Reich an.

5. März: Schwerer Kreuzer „Admiral Scheer" durch Sowjet-Bomber schwer beschädigt.

6. März: Köln gefallen. — Sowjets nehmen Graudenz.

7. März: Sowjets brechen in Kolberg ein. Genlt. Krappe ergibt sich mit 8 000 Überlebenden bei Schievelbein.

8. März: Amerikaner überschreiten bei Remagen den Rhein über intakte Ludendorffbrücke. 30 000 Überlebende bei Wollin ergeben sich den Sowjets.

9. März: Amerikaner erobern rechtsrheinisch Westerwald-Stellungen. Erpel, Linz, kämpfen in Unkel. Linksrheinisch fallen Bonn, Bassenheim, Mühlheim.

10. März: Honnef fällt.

11. März: US-Brückenkopf gegenüber Remagen 6 km tief, 15 km breit. 21 000 Mann ergeben sich im Weseler Brückenkopf. — Sowjets machen 16 000 Gefangene in Kolberg.

12. März: Pontonbrücken über den Rhein bei Remagen. — Sowjets nehmen Küstrin. — 1 000-Bomber-Angriff auf Dortmund blockiert die Ruhr. 1 000 Bomber über Eisenbahnknotenpunkten vernichten Nachschubsystem. 2 000-kg-Bomben auf Hannover, Braunschweig und Magdeburg.

13. März: USA-Panzer stossen über Honnef bis dicht an Autobahn Köln-Frankfurt vor. — Sowjetpanzer überrennen ganzes Gebiet westl. Linie Gotenhafen — Danzig. — Wuppertal schwer gebombt,

14. März: Sowjetpanzer durchbrechen Abwehr bei Zinten, erreichen bei Brandenburg Frisches Haff und spalten so Igelstellung Ostpreussen. — Alliierte nehmen letzte Höhenstellungen im Siebengebirge, die Remagen-Brückenkopf beherrschen. — 22 000 BRT Dampfer „Hansa" mit Nachschub für Kurland-Divisionen, läuft vor Warnemünde auf Mine und sackt ab. — 3 000 Flugzeuge zerstören im Reich 4 Panzer — und 6 Treibstoffwerke, 8 Eisenbahnzentren und 4 Brücken. Neue 10 t Riesen-Bombe zertrümmert Eisenbahnviadukt bei Bielefeld. 23. Luftangriff auf Berlin in 23 Nächten.

Vor einem Jahr

„Klarer denn je erkennen wir heute, dass bei dieser Entscheidung die Chancen für den Sieg auf unserer Seite liegen."
Dr. Funk in Wien, 13.3.44

6 *»Gebt mir zehn Jahre Zeit . . .« Alliiertes Flugblatt März 1945*

Landser, die sämtlich gestern in der Gegend von Wriezen, also auch im östlichen Vorfeld Berlins, kopfverletzt worden sind. Sie werden von gesunden Kameraden oder von Krankenschwestern gestützt. Sie haben nur Notverbände um. Blut und Eiter dringen durch die Verbände. Im blassen Gesicht sind sie blutbefleckt. Auch ihre Uniformen und ihr weniges Gepäck. Ein fürchterlicher Anblick!
Als mein Zug eingelaufen ist, begebe ich mich in die »Schlacht«, um vielleicht auf einem Bein in dem übervollen Zug nach Nikolassee mitreisen zu können. Ich werde gedrängt, dränge auch, kann aber nicht weiter. Da fallen mir vier Polizisten auf, die jetzt mit Stentorstimme Bewegungsfreiheit fordern. Acht bürgerliche Männer sind mit Handschellen aneinandergefesselt und sollen mit dem Potsdamer Zug weiter befördert werden. Einige Fahrgäste versuchen, mit den Gefesselten zu sprechen. Sie werden mit sofortiger Verhaftung bedroht, wenn sie die Gefangenen noch einmal ansprechen. Daraufhin eisiges Schweigen im Wagen.

In Nikolassee gehe ich tief aufatmend über die Rehwiese, vorbei am Hause meines Freundes Wolfgang Krüger, des Verlegers, und bin beglückt, daß es wenigstens hier blühende Bäume gibt und nicht nur Trümmer und Grauen wie in der Stadt. Da aber treffe ich einen Bekannten, der mich fragt, ob ich ihm nicht gegen Zigaretten oder Zigarren oder Fleischmarken Gift besorgen könnte. Er wäre beruhigter, wenn er in den nächsten Wochen immer »Gift zum Schlußmachen« bei sich hätte. Er erzählt mir, daß Leipzig eingenommen sei, nur im Rathaus sei noch ein Widerstandsnest. Ich weiß nicht, ob das alte oder das neue Rathaus gemeint ist. Von beiden Rathäusern wohnen meine Eltern einige hundert Meter entfernt. Wenn ich bloß wüßte, was ihr Schicksal ist.
Der arme Kerl befindet sich in einer schweren Nervenkrise. Plötzlich faltet er die Hände wie zum Gebet, und mit der Stimme eines blöden Kindes quasselt er darauflos, nachdem er bislang normal gesprochen hatte:

»Ich bin klein,
mein Herz ist rein,
soll niemand drin wohnen
als Hitler allein,
der uns gibt das tägliche Brot
und uns führt aus aller Not.
Amen! Heil Hitler!«

Pause. Er weint verzweifelt vor sich hin. Dann schreit er: »Diese Lumpen! Diese Verbrecher!« – »Beruhigen Sie sich, bitte«, stammele ich. »Bald ist alles vorbei.« – »Meinen Sie?« haucht er und sieht mich verzweifelt an. Seine Augen sind voller Tränen. Viele Menschen nähern sich jetzt dem Wahnsinn.

21. April:
Vorgestern nacht wurde der hiesige Volkssturm telefonisch alarmiert und mit unbekanntem Ziel an die »Front« geschickt. Übrigens hatten wir auch vorgestern nacht wie gestern wieder zwischen vier und fünf Stunden Fliegeralarm: Sowjetische Schlachtflugzeuge und britische Schnellverbände. Gestern nacht sollen es sechs Verbände gewesen sein.
Kaum war Vorentwarnung gegeben, flog ein neuer Verband an, und die Bevölkerung mußte in die Keller zurück. Ein Tagesangriff traf schwer die Bahnanlagen von Oranienburg, Nauen, Brandenburg usw. Dauer: zweieinhalb Stunden. Bis nach Nikolassee sehr schwere Erschütterungen. Wir sind eingeschüchterter denn je zuvor.
Seit gestern nachmittag häufen sich die alarmierenden Nachrichten über die Ostfront. Seitdem hören wir nun auch ununterbrochen und immer näher kommend die Artillerie schießen.
Die Russen stoßen seit gestern nachmittag über Bernau, Freienwalde (Nordnordosten), Strausberg, Müncheberg, Fürstenwalde (Osten) auf Berlin zu. Seit gestern abend aufregende Nachrichten auch noch aus dem Süden. Die Russen stehen in Luckenwalde. Ein Nachbarkind rief durch die Straße: »Mutta, Mutta, de Russ'n komm'.« Wir müssen es glauben, können es aber nicht.
Heute morgen hieß es, angloamerikanische Luftlandetruppen seien bei Jüterbog gelandet und stießen via Treuenbrietzen, Michendorf (wo sie bereits sein sollen) auf Potsdam vor. Seit heute nachmittag aber heißt es, auch dieser Druck auf Berlin aus dem Süden sei ein rein russischer.
Nun ist Berlin nur noch nach Westen und Südwesten hin offen. Es ist die Frage, ob dieses »Loch« noch von den angloamerikanischen Truppen zugemacht wird oder ob die Einschließung Berlins

Deutsche

Soldaten und Offiziere!

Habt Ihr Euch immer noch nicht davon überzeugt, daß sich die Goebbelspropaganda als lügenhaft erwies und daß man Euch immerfort betrogen hat.

Ihr seht jetzt selbst, wie stark die Rote Armee ist und mit welchen Waffen sie ausgerüstet ist.

Die Rote Armee hat den Sturm begonnen, ist bereits in Berlin eingedrungen und wird unbedingt in kürzester Frist Berlin nehmen.

Zur Einnahme von Berlin hat die Rote Armee mehrere tausend modernster Panzer und Sturmgeschütze, Zehntausende Geschütze und Granatwerfer, Tausende Salvengeschütze, mehrere tausend Flugzeuge und gewaltige Infanteriekräfte konzentriert.

Die deutsche militärische Führung hat weder Kräfte noch Mittel, um Berlin zu verteidigen.

Die deutsche militärische Führung erkennt die Auswegslosigkeit der Lage, verheimlicht jedoch vor Armee und Volk die eingetretene Katastrophe.

Wozu braucht die deutsche Regierung und militärische Führung die Fortsetzung des verlorenen Krieges?

Die Antwort ist klar:

1. Man muß den verlorenen Krieg weiterführen, um den Reichen und den nationalsozialistischen Häuptlingen Zeit zu geben, ihre Kapitalien und ihre Reichtümer zu verstecken.

2. Man muß den verlorenen Krieg weiterführen, damit die faschistischen Häuptlinge Zeit gewinnen, um sich selbst und ihre Helfershelfer zu verstecken und dadurch der Verantwortung für den Krieg und ihre blutigen Verbrechen zu entgehen.

3. Man muß den verlorenen Krieg weiterführen, damit die Parteibonzen in die Illegalität verschwinden können, um dort im Stillen die Vorbereitung eines dritten Weltkrieges zu versuchen.

Das ist die Antwort, die jeder deutsche Soldat klar begreifen muß.

Deutsche Soldaten!

Macht Schluss mit dem verlorenen Krieg und geht nach Hause!

Macht Schluss mit dem hoffnungslosen Widerstand, geht in die Wälder, und verbergt Euch vor dem Tode!

Werdet Ihr weiteren Widerstand leisten und Berlin verteidigen, so werdet Ihr nicht nur selbst zugrundegehen, sondern es werden zusammen mit Euch unter den Trümmern Berlins Hunderttausende Einwohner der Hauptstadt umkommen.

Hitler kaputt!

Macht Schluss mit dem Krieg!

Das Kommando der 1. Bjelorussischen Front.

21. 4. 1945. Nr 831

7 *»Hitler kaputt!« Vorder- und Rückseite eines Flugblattes. 21. April 1945. Zwei Tage zuvor hatten die Briten ihren letzten Angriff auf Berlin geflogen. Die 1. US-Armee steht in Leipzig. Am Nachmittag des 20. April, Hitlers Geburtstag, beginnt sowjetische Artillerie mit der Beschießung des Stadtzentrums von Berlin.*

allein durch die Russen erfolgt. Dann würde sich also offensichtlich das russische Interessengebiet bis an die Elbe erstrecken.
Psychologisch interessant ist, daß selbst diejenigen, die alle vor den Russen fliehen wollten, sich nunmehr apathisch mit ihrem Schicksal abfinden. Niemand spricht mehr von den zu erwartenden Vergewaltigungen. Die Propagandawelle, die vor etwa vier Wochen in den Gazetten und im Rundfunk aufbrandete, scheint zur Zeit vergessen. Oder man verdrängt aus Gründen der Selbsterhaltung alles Negative.
Seit achtundvierzig Stunden ist der Druck in den Wasserleitungen geringer als sonst. Wir haben Wasser abgekocht und überhaupt viel Wasser in allerlei Gefäße gefüllt, für den Fall, daß es in Kürze überhaupt kein Wasser mehr gibt.
Ab heute sollen Privathäuser überhaupt keinen Strom mehr zugeteilt bekommen. So ziehen Nöte aller Art schnell in die Reichshauptstadt ein. Die NS-Sanduhr läuft leer. Endlich ...
Seit heute morgen schießt die Artillerie in das Zentrum der Stadt Berlin. Schwere Treffer und Tote soll es heute, außer in den Vororten, auch am Bahnhof Börse, am Alexanderplatz, in der Friedrichstraße, am Brandenburger Tor und sogar am Tirpitzufer beim Oberkommando der Wehrmacht gegeben haben.
Die Nervosität unter allen Berlinern geht verständlicherweise in Panikstimmung über. Auf der Potsdamer Chaussee nahe unserem Haus jagt in beiden Richtungen ein Wagen den andern, dazwischen in westlicher Richtung Flüchtlinge zu Fuß, per Rad, mit Hand- und Planwagen. In der Nervenklinik uns gegenüber ist ein Lazarett eingerichtet worden, und nun kommen stündlich Verwundete aus den Nachbarbezirken zu Fuß an. Auch zivile Flüchtlinge treffen hier ein und wollen ärztlich betreut werden. In einem gegenüberliegenden Häuschen ist eine »Kampfgruppe Möller« eingezogen – offensichtlich ein Gefechtsstand.
Ich habe heute eine Fahnenstange am Haus angebracht. Ob ich nun noch hier eine weiße Fahne aufziehen werde oder ob wir auch von hier fort müssen? Goebbels hat in seiner Eigenschaft als Verteidigungskommissar von Berlin mittags über den Drahtfunk erneut eine gewissenlose, aufpeitschende Rede gehalten. Goebbels wird bis zum letzten Atemzug lügen.
Der »Völkische Beobachter« druckt diese Provokation des gesunden Menschenverstandes. Vielleicht ist es die letzte Nummer des »VB« und vielleicht die letzte gedruckte Lüge dieses Teufels, also will ich Auszüge daraus zitieren:
»1. Alle zur Verteidigung der Reichshauptstadt eingeteilten Soldaten und Volkssturmmänner haben die ihnen befohlenen Plätze besetzt und nehmen, sobald sowjetische Panzer oder Truppen sich zeigen, sofort den Kampf auf ...
2. Die Zivilbevölkerung hat allen Anforderungen, die von zivilen oder militärischen Stellen getroffen werden, unbedingt Folge zu leisten ...
3. Rüstungsbetriebe, Versorgungsbetriebe und die für die Führung der Reichshauptstadt verantwortlichen Behörden arbeiten weiter.
4. Der Werkschutz sorgt für die äußere und innere Sicherheit der Betriebe. Provokateure oder aufsässige Ausländer sind sofort festzunehmen oder besser noch unschädlich zu machen.
5. Sollten Provokateure und verbrecherische Elemente versuchen, durch das Hissen von weißen Fahnen oder sonstiges feiges Verhalten in die zur Verteidigung der Stadt entschlossene Bevölkerung Unruhe zu tragen und ihren Widerstand zu lähmen, so ist dagegen sofort mit allen Mitteln einzuschreiten ...
... Viele tausend Panzersperren, Straßensperren und Barrikaden sind entstanden, Erdbefestigungen wurden rund um Berlin errichtet und die Reichshauptstadt in einen Zustand höchster Verteidigungsbereitschaft gesetzt. Das wird der Feind nunmehr zu spüren bekommen.
... Die Sowjets wollen in Deutschland ein für uns unvorstellbares Schreckensregiment errichten. Sie sind hemmungslos in ihrer Vernichtungswut gegenüber allem, was deutsch ist. Diesem neuen Mongolensturm gegenüber darf es keine Schwäche und keine Weichheit geben. Wir führen jetzt einen Krieg ohne Gnade!
... Ich bleibe mit meinen Mitarbeitern selbstverständlich in Berlin, auch meine Frau und meine Kinder sind hier und bleiben hier. Mit allen Mitteln werde ich die Verteidigung der Reichshauptstadt aktivieren. Mein Denken und Handeln gilt Eurem Wohl.«
Warum gibt Goebbels nicht endlich zu, daß sein »Führer« der Herausforderer war? Hitler hat die ganze Welt gegen Deutschland in die Schranken gefordert; er war der Kriegstreiber, er. Um vier Uhr heute nachmittag soll ein Ultimatum für die

Reichshauptstadt Berlin abgelaufen sein. Man rechnet allgemein damit, daß in zwei, drei Tagen der Höhepunkt der Krise erreicht ist. Allerdings ist jeder letztlich nur auf Gerüchte angewiesen. Telefon und Radio sind verstummt. Was wird aus meinen Eltern geworden sein?

22. April 1945:
Frühnachmittags Besprechung mit den Nachbarn wegen der Nachricht, daß die Russen bis zum Teltow-Kanal durchgebrochen seien. Gegen Abend hohe Rauchpilze in Richtung Stahnsdorf und Groß-Machnow. Treffen mit dem Gärtner des Architekten Muthesius (dem jüngeren), der meinte, auf einer Fabrik wehe die rote Fahne; die Russen stünden vier Kilometer von hier und könnten stündlich hier in Nikolassee eintreffen. Wir machen es in der Nachbarschaft bekannt. Große Aufregung. Die braunen Nachbarn werden zu zitternden Bleichgesichtern.
Wir ziehen in den Keller, um dort im Mädchenzimmer angekleidet notdürftig zu schlafen. Ich gehe nachts wiederholt auf die Straße hinaus, um die zurückflutenden deutschen Truppen zu beobachten. Angeblich waren die Russen schon bis Tempelhof durchgebrochen. Bei Teltow wäre eine Fallschirmjägerdivision aufgerieben. Kärgliche Reste ohne Waffen und Munition sollen sich bei Potsdam neu sammeln. Unangenehm auffallend einige deutsche Offiziere, die der Situation noch immer nicht Rechnung tragen. Aber vielleicht soll ihr rüder Befehlston nur ihre Angst verschleiern.

23. April:
Die Russen stehen am Teltow-Kanal. In der Nacht Feuerschein in Richtung Stahnsdorf und Machnow. Angeblich soll Klein-Machnow evakuiert werden. Anscheinend waren Panzerspitzen in Zehlendorf.
Ich war in Zehlendorf, sah Ecke Bensch- und Spanische Allee an der Potsdamer Chaussee viele deutsche Geschütze, weil man dort den Durchbruch der Panzer erwartet. Viele liegengebliebene Wagen. Offensichtlich Treibstoffmangel. Kanonen von Pferden gezogen. Dreizehnjährige Jungen an Panzersperren. Überhaupt viele größere Kinder mit Panzerfäusten. Sehr schwerer Artilleriebeschuß.
Angeblich stehen zwei russische Panzerarmeen im Süden Berlins. Großbrand im Oberkommando der Wehrmacht am Tirpitzufer. Die Ärzte und Patienten des uns gegenüberliegenden Notlazaretts brechen Hals über Kopf auf, angeblich Richtung Brandenburg. Es fahren auch Zivilisten mit, von denen wir bisher glaubten, sie würden bestimmt bleiben, ähnlich wie wir es seinerzeit vom Chefarzt der Klinik geglaubt hatten, der jedoch spurlos verschwunden ist.

23. April:
Wir wurden von Passanten unterrichtet, daß die Russen bei Wünsdorf und Zossen durch die deutschen Linien durchgebrochen seien. Weiterhin hörten wir, daß die Amerikaner und Engländer im Westen und Südwesten nicht weiter vorrücken würden. Man nähme an, daß die Besetzung Berlins doch durchweg von den Russen durchgeführt werden würde. Wir versuchen, uns mit dieser völlig neuen Situation auseinanderzusetzen.

Wie alle Menschen in Berlin sind wir hier am Waldhaus völlig überfordert. Derzeit vegetieren wir von Stunde zu Stunde. Wir klammern uns an das Leben, wissen allerdings gar nicht, warum. Gestern durcheilten offensichtlich die ganze Stadt Berlin höchst groteske Nachrichten. Die Engländer hätten ihre Beziehungen zu den Russen abgebrochen, ja, sie würden sogar an der Seite der Deutschen nunmehr gegen die Russen kämpfen. Der »Führer« habe sich bereits mit Churchill getroffen. Wir besprachen das Für und Wider dieser Nachricht, erörterten alle Möglichkeiten, während drüben im Lazarett viele Soldaten – nicht alle – bereits jubelten.

24. April:
Sehr zeitig frühmorgens unter starkem Beschuß Rückkehr zweier Freunde aus Zehlendorf, die bei uns Notunterkunft bezogen haben. Wir richten uns allesamt in einer Kellerecke zum Schlafen ein. Während wir noch damit beschäftigt sind, in allernächster Nähe bislang hier noch nie erlebte Tiefflieger-Angriffe längere Zeit hintereinander. Fast alle drei Minuten. Splitter, Dachschäden, Scheibenschäden. Außerordentlich aufreibend! Eine Bombe hinter Haus C der Klinik. Zwei andere ebenfalls in nächster Nähe der Potsdamer Chaussee.
Viele Flüchtlinge aus der Stadt mit entsetzlichen Schilderungen der Kämpfe, die sich immer mehr

auf die Stadtmitte konzentrieren. In einem fort Flüchtlinge auf dem Weg zum Lazarett. Am Abend helfen wir Verwundete und Tote tragen.
In die Nervenklinik ist inzwischen zusätzlich das Personal eines chirurgischen Lazaretts eingezogen. Es mangelt an Sanitätspersonal, an Schwestern, an Tragen, an Medikamenten, so daß wir Zivilisten gebeten wurden, auszuhelfen. Viele Verwundete sind bar jeglicher ärztlicher Hilfeleistung. Alles sehr erschwert durch Lichtmangel. Meldung, daß die Russen über den Kanal gekommen und Kämpfe an der Hackerburg (Klein-Machnow) entbrannt seien.

25. April:
Die ganze Nacht über schweres Artilleriefeuer. Dröhnen der »Stalin-Orgeln«. Ich schlief trotzdem vor Erschöpfung. Am Morgen die Nachricht, daß die Russen tatsächlich in der Nacht durch die Benschallee in Richtung Zehlendorf durchgebrochen seien. Einige Panzer wären etwa 200 Meter von uns am nahen Waldrand entlanggefahren und in die Von-Luck-Straße eingebogen. Hier bekam ein sowjetischer Panzer Feuer und geriet in Brand. Daraufhin bogen drei andere Panzer ab und suchten sich einen Weg quer durch die kleinen Gärten an den Landhäuschen entlang, was von der Bevölkerung erzählt wurde. Die Leute hätten im Keller allerdings nicht gemerkt, daß Panzer über sie hinwegrollten.
Artilleriefeuer in näherer und weiterer Umgebung. Alle Bewohner halten sich in den Häusern auf und wissen nichts Näheres über die Lage. Entscheidend für unsere Siedlung ist, ob die deutschen Batterien im nahen Wald und auf der Landstraße noch Munition haben oder nicht.
Ich wurde mit dem schwedischen Fähnchen am Fahrrad losgeschickt, um zu rekognoszieren. Beim Bäcker waren die Russen tatsächlich gewesen und hatten sich korrekt benommen, allerdings eine Uhr »mitgenommen«.
Bei der Rückkehr über die Potsdamer Chaussee hielt ich zwei OT-Wagen (OT = Organisation Todt) an, um vielleicht von den Insassen Näheres über die Lage zu hören. Zu meiner Überraschung sprangen zwei russische Offiziere mit Maschinenpistolen heraus, die freundlich waren und auf Befragen in gutem Deutsch erklärten, Flüchtlinge könnten in Richtung Potsdam weiterziehen.
Einzelne Russen durchstreiften die Straßen, besuchten erneut den Bäcker und verteilten an die Bevölkerung Brote aus den Beständen. Die Bevölkerung ist völlig eingeschüchtert und in keiner Weise kampfentschlossen, und dies ist bezeichnend für die Stimmung in Berlin.
Gegen Abend rollten über die Avus und über die Potsdamer Chaussee in Richtung Potsdam lange Kolonnen Panzer und Lastwagen mit russischer Besatzung, die sich offensichtlich an anderer Stelle neu zum Kampf stellen wollten.
Wir besichtigten an der Von-Luck-Straße einen abgeschossenen Panzer und ein paar hundert Meter weiter an der Chaussee ein beschädigtes russisches Geschütz, das gemeinsam von Russen und freigelassenen französischen Kriegsgefangenen repariert wurde. Zwischendurch Lufttätigkeit. Wir sahen einen Jäger unbekannter Herkunft in unmittelbarster Nähe abstürzen. Wir haben weiße und schwedische Fahnen gehißt. Eine Nachbarin bat, bei uns schlafen zu dürfen, weil sie sich hier besser geschützt fühle.
Nachts halb zwölf großer Lärm im Hause. Durch das Fenster im Kaminzimmer stiegen ein Dutzend Russen mit Maschinenpistolen in das Haus ein, um hier eine gründliche Hausdurchsuchung vorzunehmen. Ich wies einen der Offiziere auf den schwedischen Schutzbrief hin. Nach der Haussuchung blieben zwei Mann zurück, von denen der eine gut deutsch sprach. Ich blieb mit ihm auf. Nach geraumer Zeit kam ein zweiter Trupp mit einem Major, der den schwedischen Schutzbrief, der an die Haustür angenagelt war, abriß und meinte, er sei unnötig. Neue Haussuchung nach Waffen sowie nach Soldaten. Dann Abrücken sämtlicher Offiziere und der Mannschaft.
Späterhin kam ein russischer Kraftfahrer mit zwei Soldaten und wollte hier schlafen, woraufhin wir ihm im Wohnzimmer ein Lager bereiteten. Er verlangte nach Schnaps, erhielt aber nur alkoholfreien Traubensaft. Später verlangte er nach Frauen und zog sich bis aufs Netzhemd aus. Die beiden anwesenden Frauen interessierten ihn sehr, weshalb sie es vorzogen, anderswo zu übernachten. Enttäuscht zog er sich wieder an, verließ das Haus für einige Zeit, um später jedoch zurückzukehren, und zwar im gleichen Augenblick, als die beiden Frauen wieder ins Haus kamen, woraufhin diese erneut wegrannten.
Neuerliche gründliche Haussuchung. Der Kraftfahrer blieb allein zurück. Ihn interessierte nichts

Der Panzerbär

Lesen und weitergeben!

29. April 1945

KAMPFBLATT FÜR DIE VERTEIDIGER GROSS-BERLINS

Heroisches Ringen

Bei Tag und Nacht neue Eingreifkräfte herangeführt

Der Kampf um den Stadtkern entbrannt

Entlastungsangriffe laufen

Aus dem Führerhauptquartier, 28. April.

Das Oberkommando der Wehrmacht gibt bekannt:

In dem heroischen Kampf der Stadt Berlin kommt noch einmal vor aller Welt der Schicksalskampf des deutschen Volkes gegen den Bolschewismus zum Ausdruck.

Während in einem in der Geschichte einmaligen grandiosen Ringen die Hauptstadt verteidigt wird, haben unsere Truppen an der Elbe den Amerikanern den Rücken gekehrt, um von außen her im Angriff die Verteidiger von Berlin zu entlasten.

In dem inneren Verteidigungsring ist der Feind von Norden her in Charlottenburg und von Süden her über das Tempelhofer Feld eingedrungen. Am Halleschen Tor und am Alexanderplatz hat der Kampf um den Stadtkern begonnen. Die Ost-West-Achse liegt unter schwerem Feuer.

Fliegende Verbände unterstützen die Kämpfe unter aufopferndem Einsatz der Besatzungen. Trotz stärkster Jagd- und Flakabwehr wurden bei Tag und Nacht Eingreifreserven gelandet und Munition abgeworfen. Unsere Jagd- und Schlachtfliegerverbände vernichteten in den letzten vier Tagen 143 Flugzeuge, 58 Panzer und über 300 Fahrzeuge.

Im Raum südlich Königs Wusterhausen setzten Divisionen der 9. Armee ihre Angriffe nach Nordwesten fort und erwehrten sich während des ganzen Tages konzentrischer Angriffe der Sowjets gegen die Flanken. Die vom Westen angesetzten Divisionen warfen den Feind in erbittertem Ringen auf breiter Front zurück und haben Ferch erreicht.

Westlich Berlin wurde die Linie Brandenburg—Rathenau—Kremmen gegen alle feindlichen Angriffe behauptet.

Im Raume von Prenzlau warfen die Sowjets neue Panzer- und Infanterieverbände in den Kampf und erzwangen unter starkem Schlachtfliegereinsatz tiefe Einbrüche.

Im nordwestdeutschen Raum kam es gestern nur zu örtlichen Kämpfen. In Bremen hält der Kampfkommandant mit dem Rest der tapferen Besatzung den Nordostteil der Stadt.

An der Donau brach der Feind in Regensburg und Ingolstadt ein. Zwischen Dillingen und Ulm setzten die Amerikaner ihren Vorstoß nach Süden fort. Kämpfe sind in Mindel und im Guenztal im Gange.

Die Armeen in Italien setzten sich hinter dem Po und Tessin ab.

Während die Sowjets im Südabschnitt der Ostfront sich auf starke örtliche Vorstöße beschränkten, setzten sie ihre Angriffe im Raum Brünn mit starken Kräften fort und konnten trotz zäher Gegenwehr der Besatzung in die Stadt eindringen.

Nordwestlich Bautzen, wo bei Meißen die Verbindung mit der Westfront an der Elbe hergestellt wurde, sind unsere Truppen zum Angriff nach Norden angetreten.

Sicherungsfahrzeuge der Kriegsmarine versenkten östlich Gotenhafen ein sowjetisches Schnellboot und schossen ein weiteres in Brand.

Schwächere amerikanische Kampfverbände führten am Tage Angriffe gegen Orte in Süddeutschland. In der Nacht herrschte über dem Reichsgebiet nur geringe feindliche Kampftätigkeit.

Kleinstunterseeboote versenkten aus dem stark bewachten feindlichen Nachschubverkehr zwischen Themse und Schelde zwei vollbeladene Schiffe mit 8000 BRT.

Der längere Atem

Seit fünfeinhalb Jahren lodert die Fackel des Krieges in Europa. Ihr verzehrendes Feuer hat nach Polen ganz Europa, nach diesem Erdteil schließlich noch zwei weitere erfaßt, Asien und Amerika.

Deutschland mußte einerseits die Ketten abzustreifen versuchen, die ihm in Versailles auferlegt waren und ihm jede Lebensmöglichkeit nahmen. Es hat dies seit 1933 in dem denkbar engsten Rahmen getan und peinlichst vermieden, dabei den Kreis der unmittelbar betroffenen Gebiete, d. h. die deutsche Lebens- und Interessenzone zu überschreiten.

Wenn unsere Feinde behaupteten, Deutschland habe eigennützige Machtziele verfolgt und die Unabhängigkeit und Freiheit der kleinen Nationen bedroht, so haben England und Amerika sehr bald durch ihr Verhalten bewiesen, daß ihnen in Wirklichkeit nicht nur nichts an der Freiheit dieser kleinen Nationen gelegen ist, sondern daß sie selbst bereit waren und sind, diese an Stalin zu verkaufen, ja, sie für ihre eigenen imperialistischen Ziele auszubeuten.

Mehr noch! Während die von Deutschland besetzten Feindländer durchaus auskömmlich leben konnten, zum Teil sogar einen fühlbaren wirtschaftlichen und sozialen Aufschwung nahmen, ächzen die „befreiten" Bundesgenossen unter der Hungersnot, Desorganisation und Ausbeutung durch die Engländer und Amerikaner. Besonders groß aber sind die Leiden der Neutralen und jener Völker, die sich den jüdisch-plutokratischen und bolschewistischen Drahtziehern auf Gedeih und Verderb unterwarfen.

Deutschland ist durch den Verrat klug geworden, dem es 1918 zum Opfer fiel. Es weiß, daß alle Versprechungen der Feindseite nichts anderes bedeuten als den Versuch, unser Volk wiederum völlig wehrlos zu machen und es damit der wirtschaftlichen Ausbeutung, persönlichen Versklavung und völkischen Vernichtung auszuliefern.

Zu verlieren haben wir nichts mehr. Wir haben alles verloren und würden durch Kapitulation uns selbst, unsere Zukunft, Frau und Kind preisgeben. Wohl aber haben wir die Chance, uns zu behaupten und einst dann Existenz, Familienleben und unseren sozialen Staat wieder aufzubauen, in dem wir einen noch größeren Wohlstand erreichen werden, als wir ihn vor diesem Kriege bereits genießen konnten.

Dies ist ein fernes, aber ein reales Ziel. Wir wollen es stets vor Augen behalten, wenn die Gegenwart heute Anforderungen an uns stellt, die uns fast unerträglich erscheinen mögen, wenn unser Todfeind uns Wunden schlägt, aus denen das Blut unserer Besten fließt.

In Berlin, in den rauchenden Ruinen der Reichshauptstadt

8 *Durchhalteparolen bis zuletzt. Die letzte Ausgabe der Berliner Frontzeitung »Der Panzerbär« erschien am 29. April 1945. In ihr wurde noch einmal dazu aufgerufen, daß die Verteidiger des inneren Berlins mit allen Kräften ihre Stellungen zu halten hätten. Tags darauf beging Hitler im Bunker der Reichskanzlei Selbstmord.*

weiter als Frauen, was er auch immer wieder unverblümt sagte: »Komm Frau schlafen!« Erst am Morgen nach acht Uhr verließ uns der Kraftfahrer, der schließlich laut schnarchend hier geschlafen hatte.

26. April:
Laufend Haussuchungen der Russen bis in die entlegensten Winkel nach deutschen Soldaten und Munition. Auch russische Frauen und Kinder, die »Andenken sammeln« wollen, suchen uns heim. Berichte der Nachbarn über ihre nächtlichen und täglichen Erlebnisse. Die arme, zwölf Jahre lang gejagte Freundin hat sich – wie natürlich wir alle – die Befreiung vollkommen anders vorgestellt. Die Verfolgung geht weiter, nur unter anderen politischen Aspekten. Ich brachte Evelyn im Lazarett unter.
Ein Schweizer Ehepaar mit zwei Kindern und ein deutsches Ehepaar sahen unsere Fahnen und wollten hier ein paar Tage »Unterschlupf« haben. Die Schweizer hatten einwandfreie Papiere. Aber der Deutsche konnte nur einen Ausweis von 1932 vorzeigen. Wir beschlossen daraufhin, sie nicht aufzunehmen. Der Deutsche konnte ein verkappter SS-Mann sein.
Ihr Besuch wurde von russischen Offizieren beobachtet, die sofort eine rigorose Kontrolle des gesamten Schweizer Eigentums vornahmen. Die Schweizer wollten wissen, daß auch die Schutzbriefe von Chinesen und anderen Ausländern nichts genützt hätten.
Soeben fällt mir ein, daß ich gestern abend vor dem Einschlafen Thomas Manns »Fragmente zum Problem der Humanität« (Tolstoi und Goethe) gelesen habe. Daher war der Kontrast zwischen meiner Gedankenwelt und der realen nach dem plötzlichen Auftauchen der Russen im Hause besonders groß. Aber ich muß zeitweise ganz einfach vergessen. Unsere Lage ist schizophren.

27. April:
Heute Besuch eines hohen russischen Kommissars von der Kommandantura mit einer Dolmetscherin, die hervorragend deutsch sprach. Dazu einige Offiziere. Sie kontrollierten wie an den Tagen vorher das Haus eingehend und interessierten sich dann vornehmlich für meine Person.
Da wir bislang ein solches Verhör noch nicht erlebt hatten, beunruhigte es uns sehr, denn wir wußten gar nicht, worauf das Ganze hinauslief. Es konnte irgendeine Verleumdung meiner Person oder des ganzen Hauses vorliegen.
Ich mußte die Bedeutung des Drahtfunks erklären. Landkarten, nach denen wir unter Todesgefahr laut ausländischen Sendern die Fronten eingezeichnet hatten, wurden von dem Russen-Kommissar vernichtet. Das Verhör endete in einer Konversation. Der Kommissar interessierte sich für den Schriftstellerberuf. Er wollte wissen, ob ich Bücher selber verlege, ob alle deutschen Verlage verstaatlicht seien usw.
Von uns aus stürzten die Russen plötzlich eilig in das benachbarte Haus eines geflohenen SS-Führers. Dann hieß es, wir müßten das ganze Haus als Wohn- und Bürohaus dem Kommissar zur Verfügung stellen. Wir müßten innerhalb kürzester Frist mit Sack und Pack ausziehen. Aber mittags hieß es zu unserer Freude, wir dürften bleiben.
Allem Anschein nach waren wir (wie auch die Nachbarn) deshalb einer so gründlichen Visitation unterzogen worden, weil auf dem gegenüberliegenden Klinikgrundstück mehrere internationale Konventionen gebrochen worden waren. In das Haus A der Klinik war noch kurz vor Eintreffen der Russen ein Geheimwaffen-Stab eingezogen und hatte Geheim-Akten von V-Waffen unvernichtet zurückgelassen. Auf dem Klinikgrundstück wurden Waffen, Gewehre, Panzerfäuste und Munition gefunden. Drittens hatte der Inspektor falsche Angaben über Lebensmittel und Alkohol gemacht. All dies hatte verständlicherweise bei den Russen große Empörung ausgelöst, und selbst wir völlig Unschuldigen mußten dafür büßen.

2. Mai:
Obwohl es hieß, der erste Mai würde erst nach Kriegsschluß offiziell gefeiert werden, zelebrierten russische Soldaten und Offiziere den Nationalfeiertag der UdSSR mit gutem Essen, Trinken und Musik . . .
Jeder von uns kann bereits ein paar Brocken Russisch und sucht sich zu »verständigen«, so gut es geht.
Allgemein können wir den Russen Beobachtungsgabe nachrühmen. Sie merken sich deutsche Wörter sehr schnell, beobachten ihnen fremde Handgriffe und wissen schon am nächsten Tage mit ihren neuen Gegenständen umzugehen wie wir selbst. Alles in allem lernen wir im Augenblick hauptsäch-

lich einfache Menschen vom Lande kennen, die gutmütig zu sein scheinen. Man muß mit ihnen umzugehen verstehen. Wasserhähne lösen immer wieder ihr Erstaunen aus: »Wasser kommt aus Wand – gutt, säähr gutt.«
Am meisten begehrt bei ihnen sind Armbanduhren. Sowie sie Nichtrussen erblicken, rufen sie – ist es Naivität oder Dreistigkeit? – »Uhri, Uhri!« und zeigen auf ihre Handgelenke. Dabei tragen fast alle Soldaten bereits mehrere Beutestücke. Nun, solange sie nur Uhren verlangen, nehmen wir das fatalistisch hin. Das ist jetzt noch das kleinste Übel, und niemand von uns trägt noch eine Uhr bei sich.
Die meisten Berlinerinnen tragen neuerdings einfache, ja, selbst häßliche Kopftücher und Brillen. Sie verunstalten sich, markieren hohes Alter, selbst Bresthaftigkeit, um nicht einer Vergewaltigung zum Opfer zu fallen.
Sein Eigentum kann man oft nur durch geschickte Einfälle retten. Die Familie des Flugpioniers Gustav Lilienthal brachte vor ihrem Haus in der Marthastraße in Lichterfelde eine Tafel an: »Lilienthal-Museum«. Die Wohnräume sind wie ein Museum ausstaffiert. Die Russen respektieren das Erbe der Gebrüder Lilienthal. Bislang wurde nichts beschädigt oder gestohlen.

Wie es dann weiterging

Hiermit enden die zwanglosen, leider lückenhaften Aufzeichnungen. Immer wenn Evelyn eine Seite getippt hatte, versteckten wir das Blatt unter einem Auslegeteppich; denn wir wollten nicht, daß die Papiere in falsche Hände fielen. Wir hatten eben ohne Unterlaß Angst und wollten nicht zum Schluß durch eine Unbedachtsamkeit umkommen. Aber wir meinten, derartige Aufzeichnungen wären vielleicht eines Tages als Dokument wichtig. Ich bedaure, nicht mehr aufgezeichnet zu haben.
Wir lebten also unter den Sowjetmenschen in permanenter Angst; denn wir kannten deren Mentalität zu wenig und wußten nicht, was geschehen könnte, falls man uns beim Schreiben erwischen würde. Das Mißtrauen der Russen selber allen Berlinern gegenüber war grenzenlos. Damals wurden Menschen oft aus zumindest für uns unerklärlichen Gründen verhaftet, malträtiert oder gar in die Sowjetunion verschleppt.
Diese Blätter habe ich über 30 Jahre lang nicht gelesen. Sie kamen bei einem Umzug überraschend zum Vorschein.
In der Rückerinnerung war mir das erregendste Erlebnis die erste Begegnung mit den Russen.
Als die Russen in die damalige Reichshauptstadt hereinfluteten, ging ich mehrmals an die von unserem Hause etwa einen Kilometer entfernte Avus, über die Tausende von Panje-Wagen fuhren. Gezogen von Pferden, rollten sie gemächlich in die Stadt. Ich weiß, daß ich feuchte Augen hatte; denn nun schien mir klar, daß Deutschland doch geteilt werden würde. Ich konnte mir nicht vorstellen, daß Stalin das zurückgeben würde, was er erobert hatte. Mein Zorn richtete sich weniger gegen Stalin als gegen F. D. Roosevelt, den neben anderen schon meine von der Gestapo ermordeten Freunde Botschafter U. v. Hassell, Professor Albrecht Haushofer, Legationsrat Herbert von Mumm als einen Schrittmacher der Sowjets bezeichnet hatten.
Nach der Besetzung Berlins durch die Sowjetunion wurde die ganze Stadt im Handumdrehen bedeckt mit Plakaten der Sieger, und ich erinnere mich an folgenden Spruch Stalins:

»Die Erfahrungen der Geschichte besagen,
daß die Hitler kommen und gehen,
aber das deutsche Volk,
der deutsche Staat bleibt.«

Es sprach sich in Berlin schnell herum, daß die Russen eine Vorliebe für »Artista« (= Künstler) hatten. Fortan betonten viele Menschen in unserer Umgebung, sie seien Artista, woraufhin sie von den Russen prompt besser behandelt wurden.
Einer der in den Aufzeichnungen erwähnten Kommissare nahm mich mit auf eine Rundfahrt durch Berlin. Er hielt an der Reichskanzlei in der Wilhelmstraße. Hier waren viele russische Offiziere, die »das Hitler-Haus« besichtigten. Auch zahlreiche ausländische Journalisten.
Ich wurde zu einem Gang durch die von Albert Speer entworfene Reichskanzlei aufgefordert und war vielleicht einer der ersten, die in Deutschland lebten, die nun die zerstörte Trutzburg des Naziregimes besichtigen konnten. Das gesamte Gebäude war zwar stark beschädigt, aber man konnte noch die einzelnen Räume erkennen. Verschiedene Möbel waren sogar heil geblieben. Genaue Erinnerungen habe ich nicht mehr; denn auch bei diesem

Rundgang hatte ich ständige Angst, ob ich wohl wieder heil nach Hause kommen würde.
Allein schon die Tatsache, im Regierungssitz des Diktators zu sein, ließ mich zittern. Ob Hitler wirklich tot war, wußte ich in diesem Augenblick nicht. Und wo steckten die anderen NS-Potentaten?
In Hitlers Arbeitszimmer stand sein schwer beschädigter Schreibtisch. Auf dem mit Trümmerstücken und Mauerbrocken bedeckten Parkettfußboden lagen Papiere. Neugierig bückte ich mich einmal, und ich hatte Hitlers letztes Telefonverzeichnis in der Hand. Es war ein mit Schreibmaschine getipptes Blatt. Überschrift: »Fernsprechverzeichnis Kanzlei des Führers der NSDAP.« Bekannt waren mir nur die Namen Bouhler und Bormann. Der Kommissar sagte: »Kannst du mitnehmen!« Ich antwortete lakonisch »Danke schön« und steckte das stellenweise von Glassplittern durchlöcherte Papier ein.
Auf dem Boden verstreut lagen auch Exlibris von Hitler. Ich erklärte dem Kommissar, was ein Exlibris ist. Er lächelte verächtlich. Er hatte kein Interesse daran und schenkte mir drei Hitler-Exlibris. All das war wie ein Gruselstück. Ausgerechnet ich besaß nun ein Exlibris des gehaßten Mannes. Unfaßbar.
Der Kommissar brachte mich nach Nikolassee zurück. Er erzählte mir erst jetzt, daß Hitler, Goebbels und andere »mausetot« seien. Das Kriegsziel sei erreicht, und jetzt würde künftig überall »Druschba« (= Freundschaft) herrschen. »Denkste!« erlaubte ich mir zu denken.
Im Waldhaus war gerade ein in der Nachbarschaft lebender niederländischer Kaufmann zu Besuch. Er berichtete uns, daß er auch den Besuch eines Kommissars gehabt hätte. Zu seiner größten Überraschung war es ein alter Bekannter von ihm aus der Sowjetunion; der Kaufmann war niederländischer Honorar-Generalkonsul in Leningrad gewesen und kannte den Kommissar aus jenen Tagen. Er hätte Lebensmittel, Wodka und Papirosu (= Zigaretten) gebracht und hätte dem Niederländer Schutz und Hilfe zugesagt. Sicherlich würde er auch mir helfen, wenn ich des Schutzes bedürfe; ich bedankte mich. Der Niederländer meinte allerdings: »Heute mag das alles sehr günstig aussehen, aber morgen . . .? Sie kennen die Mentalität der Russen nicht. Heute sind sie deine Freunde, morgen sind sie deine Erzfeinde.« Wie recht er hatte! Genau dieser Mann, sein Freund aus Leningrad, räumte dem Kaufmann am nächsten Tag seine gesamte Wohnung aus – bis auf die Schlafmatratzen. Uns grauste immer mehr. Während ich einmal in Charlottenburg war und Evelyn allein zurückgelassen hatte, war ein betrunkener Soldat ins Haus eingedrungen und hatte die arme Evelyn stundenlang belästigt; sie bedurfte dringend der Hilfe eines Gynäkologen. Die verfolgte Jüdin hatte auf das Ende der Tyrannis so große Hoffnungen gesetzt. Wer eigentlich nicht? Aber wer hatte nicht insgeheim Vergeltung und Haß für die Verbrechen befürchten müssen, die eben noch im deutschen Namen begangen worden waren?
Plötzlich kursierte das Gerücht, von den Russen eingesetzte neue deutsche Beamte hätten ein Dekret der Russen-Kommandatura unterschreiben müssen. Falls ein Russe von einem Deutschen getötet werden würde, dann würden »sofort 50 Deutsche gegriffen und erschossen«. Eine neue Form der Sippenhaftung. Wie sollte das alles enden?
Ich erhielt die ersten Berichte über den Tod des Freundes Albrecht Haushofer, der in den Trümmern des Gefängnisses Moabit (das Manuskript seiner »Moabiter Sonette« in der Hand) von Gestapoleuten ermordet worden war. Wie sehr hätte das neue Deutschland auch diese ungewöhnliche Persönlichkeit gebraucht für einen planvollen politischen Wiederaufbau.
Jener Kommissar, der mich zur Reichskanzlei gefahren hatte, kam eines Tages zu mir und erbat geradezu flehend meine Hilfe. Der Marschall der Sowjetunion, G. Schukow, wolle mit seinem Stab des Oberkommandos der Roten Armee in Karlshorst von deutschen Künstlern unterhalten werden. Ob ich nicht Künstler kenne, die musizieren, singen und tanzen könnten? Ich müßte schnellstens ein buntes Unterhaltungsprogramm zusammenstellen. Die Bezahlung für mich und die Künstler bestünde in Lebensmitteln.
Da es sich hier weniger um eine Anfrage und mehr um einen Befehl handelte, erkundigte ich mich im Bekanntenkreis nach Musikanten, Sängern und Tänzern. Der Kommissar fuhr mich zu ihnen, und ich stellte – unter Zagen und Zittern – das verlangte Programm zusammen. An jenem Abend wurden wir in mehreren ehemaligen deutschen Dienstautos von russischen Soldaten nach Karlshorst gefahren.

9 *Hitlers letztes Telefonverzeichnis, ein Stück Schreibmaschinenpapier, von Glassplittern beschädigt. In der Öffentlichkeit bekannt wurden u.a. Reichsleiter Philipp Bouhler (er nahm sich das Leben) und der Adjutant des Führers, SS-Obergruppenführer Albert Bormann. Die Kanzlei des Führers organisierte auch die Euthanasie. Victor Brack, Leiter der Hauptamtes II, wurde im Nürnberger Ärzteprozeß (1947) zum Tode verurteilt und hingerichtet.*

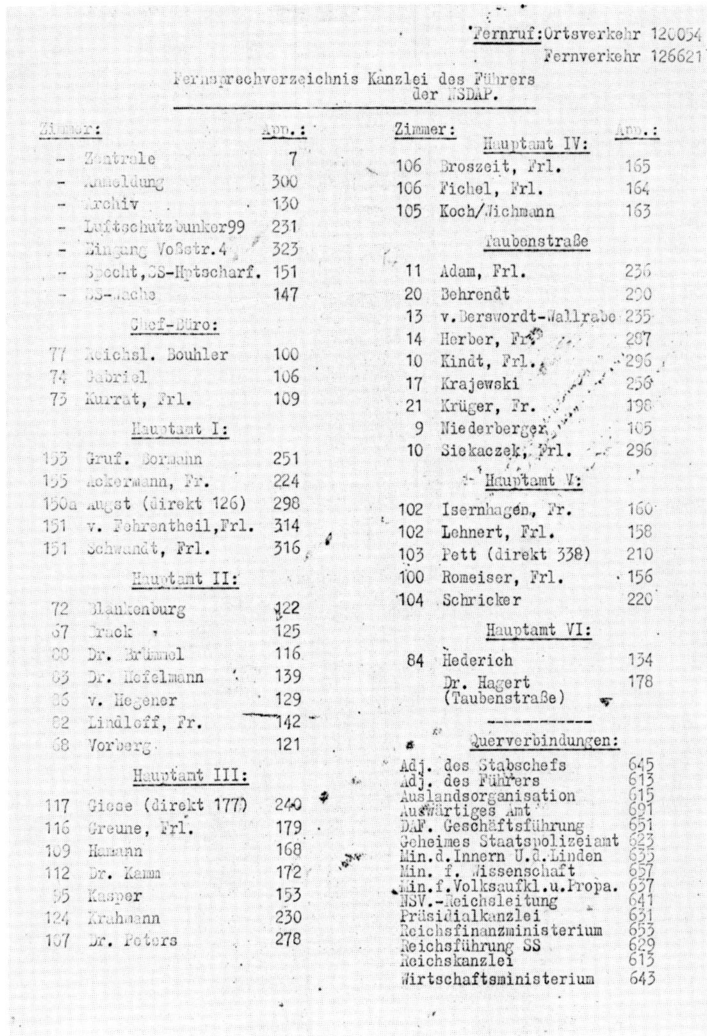

Fernruf: Ortsverkehr 120054
Fernverkehr 126621

Fernsprechverzeichnis Kanzlei des Führers der NSDAP.

Zimmer:		App.:
-	Zentrale	7
-	Anmeldung	300
-	Archiv	130
-	Luftschutzbunker99	231
-	Eingang Voßstr.4	323
-	Specht, SS-Hptscharf.	151
-	SS-Wache	147
	Chef-Büro:	
77	Reichsl. Bouhler	100
74	Gabriel	106
73	Kurrat, Frl.	109
	Hauptamt I:	
153	Gruf. Bormann	251
155	Ackermann, Fr.	224
150a	August (direkt 126)	298
151	v. Fehrentheil, Frl.	314
151	Schwandt, Frl.	316
	Hauptamt II:	
72	Blankenburg	122
67	Brack	125
88	Dr. Brümmel	116
63	Dr. Hefelmann	139
86	v. Hegener	129
82	Lindloff, Fr.	142
68	Vorberg	121
	Hauptamt III:	
117	Giese (direkt 177)	240
116	Greune, Frl.	179
109	Hamann	168
112	Dr. Kamm	172
95	Kasper	153
124	Krahmann	230
107	Dr. Peters	278

Zimmer:		App.:
	Hauptamt IV:	
106	Broszeit, Frl.	165
106	Fichel, Frl.	164
105	Koch/Wichmann	163
	Taubenstraße	
11	Adam, Frl.	236
20	Behrendt	290
13	v. Berswordt-Wallrabe	235
14	Herber, Fr.	287
10	Kindt, Frl.	296
17	Krajewski	250
21	Krüger, Fr.	198
9	Niederberger	105
10	Siekaczek, Frl.	296
	Hauptamt V:	
102	Isernhagen, Fr.	160
102	Lehnert, Frl.	158
103	Pett (direkt 338)	210
100	Romeiser, Frl.	156
104	Schricker	220
	Hauptamt VI:	
84	Hederich	134
	Dr. Hagert (Taubenstraße)	178

Querverbindungen:

Adj. des Stabschefs	645
Adj. des Führers	613
Auslandsorganisation	615
Auswärtiges Amt	691
DAF. Geschäftsführung	651
Geheimes Staatspolizeiamt	623
Min.d.Innern U.d.Linden	655
Min. f. Wissenschaft	657
Min.f.Volksaufkl.u.Propa.	637
NSV.-Reichsleitung	641
Präsidialkanzlei	631
Reichsfinanzministerium	653
Reichsführung SS	629
Reichskanzlei	613
Wirtschaftsministerium	643

10 *Ebenfalls in Hitlers zerstörtem Arbeitszimmer gefunden: sein Exlibris.*

11 *Der Monat stand fest, nur das Datum war noch offen. Jetzt befiehlt der Sieger: Befehl Nr. 1 des Chefs der Besatzung der Stadt Berlin, Generaloberst N. Bersarin.* ▷

ПРИКАЗ

НАЧАЛЬНИКА ГАРНИЗОНА ГОРОДА БЕРЛИН

„26“ апреля 1945 года. **№ 1.** *город Берлин.*

СЕГО ЧИСЛА Я НАЗНАЧЕН НАЧАЛЬНИКОМ ГАРНИЗОНА И КОМЕНДАНТОМ ГОРОДА БЕРЛИН.

ВСЯ АДМИНИСТРАТИВНАЯ И ПОЛИТИЧЕСКАЯ ВЛАСТЬ ПО УПОЛНОМОЧИЮ КОМАНДОВАНИЯ КРАСНОЙ АРМИИ ПЕРЕХОДИТ В МОИ РУКИ.

В КАЖДОМ РАЙОНЕ ГОРОДА ПО РАНЕЕ СУЩЕСТВУЮЩЕМУ АДМИНИСТРАТИВНОМУ ДЕЛЕНИЮ НАЗНАЧАЮТСЯ РАЙОННЫЕ И УЧАСТКОВЫЕ ВОЕННЫЕ КОМЕНДАТУРЫ.

ПРИКАЗЫВАЮ:

1. НАСЕЛЕНИЮ ГОРОДА СОБЛЮДАТЬ ПОЛНЫЙ ПОРЯДОК И ОСТАВАТЬСЯ НА СВОИХ МЕСТАХ.

2. НАЦИОНАЛ-СОЦИАЛИСТИЧЕСКУЮ НЕМЕЦКУЮ РАБОЧУЮ ПАРТИЮ И ВСЕ ПОДЧИНЕННЫЕ ЕЙ ОРГАНИЗАЦИИ («ГИТЛЕР-ЮГЕНД», ФРАУЕНШАФТ», «ШТУДЕНТЕНБУНД» и проч.) РАСПУСТИТЬ И ДЕЯТЕЛЬНОСТЬ ИХ ВОСПРЕТИТЬ.

РУКОВОДЯЩЕМУ СОСТАВУ ВСЕХ УЧРЕЖДЕНИЙ НСДАП, ГЕСТАПО, ЖАНДАРМЕРИИ, ОХРАННЫХ ОТРЯДОВ, ТЮРЕМ И ВСЕХ ДРУГИХ ГОСУДАРСТВЕННЫХ УЧРЕЖДЕНИЙ В ТЕЧЕНИЕ 48 ЧАСОВ С МОМЕНТА ОПУБЛИКОВАНИЯ НАСТОЯЩЕГО ПРИКАЗА ЯВИТЬСЯ В РАЙОННЫЕ И УЧАСТКОВЫЕ ВОЕННЫЕ КОМЕНДАТУРЫ ДЛЯ РЕГИСТРАЦИИ.

В ТЕЧЕНИЕ 72-х ЧАСОВ НА РЕГИСТРАЦИЮ ОБЯЗАНЫ ТАКЖЕ ЯВИТЬСЯ ВСЕ ВОЕННОСЛУЖАЩИЕ НЕМЕЦКОЙ АРМИИ, ВОЙСК «СС» И «СА», ОСТАВШИЕСЯ В ГОРОДЕ БЕРЛИНЕ.

НЕ ЯВИВШИЕСЯ В СРОК, А ТАКЖЕ ВИНОВНЫЕ В УКРЫВАТЕЛЬСТВЕ ИХ БУДУТ ПРИВЛЕЧЕНЫ К СТРОГОЙ ОТВЕТСТВЕННОСТИ ПО ЗАКОНУ ВОЕННОГО ВРЕМЕНИ.

3. ДОЛЖНОСТНЫМ ЛИЦАМ РАЙОННЫХ УПРАВЛЕНИЙ ЯВИТЬСЯ КО МНЕ ДЛЯ ДОКЛАДА О СОСТОЯНИИ ИХ УЧРЕЖДЕНИЙ И ПОЛУЧЕНИЯ УКАЗАНИЙ О ДАЛЬНЕЙШЕЙ ДЕЯТЕЛЬНОСТИ ЭТИХ УЧРЕЖДЕНИЙ.

4. ВСЕ КОММУНАЛЬНЫЕ ПРЕДПРИЯТИЯ, КАК ТО: ЭЛЕКТРОСТАНЦИИ, ВОДОПРОВОД, КАНАЛИЗАЦИЯ, ГОРОДСКОЙ ТРАНСПОРТ (МЕТРО, ТРАМВАИ, ТРОЛЛЕЙБУС);

ВСЕ ЛЕЧЕБНЫЕ УЧРЕЖДЕНИЯ;

ВСЕ ПРОДОВОЛЬСТВЕННЫЕ МАГАЗИНЫ И ХЛЕБОПЕКАРНИ ДОЛЖНЫ ВОЗОБНОВИТЬ СВОЮ РАБОТУ ПО ОБСЛУЖИВАНИЮ НУЖД НАСЕЛЕНИЯ.

РАБОЧИМ И СЛУЖАЩИМ ПЕРЕЧИСЛЕННЫХ УЧРЕЖДЕНИЙ ОСТАВАТЬСЯ НА СВОИХ МЕСТАХ И ПРОДОЛЖАТЬ ИСПОЛНЕНИЕ СВОИХ ОБЯЗАННОСТЕЙ.

5. ДОЛЖНОСТНЫМ ЛИЦАМ ГОСУДАРСТВЕННЫХ ПРОДУКТОВЫХ СКЛАДОВ, А ТАКЖЕ ЧАСТНЫМ ВЛАДЕЛЬЦАМ В ТЕЧЕНИЕ 24 ЧАСОВ С МОМЕНТА ОПУБЛИКОВАНИЯ НАСТОЯЩЕГО ПРИКАЗА ЗАРЕГИСТРИРОВАТЬ У ВОЕННЫХ КОМЕНДАНТОВ РАЙОНОВ ВСЕ ИМЕЮЩИЕСЯ ЗАПАСЫ ПРОДОВОЛЬСТВИЯ И РАСХОДОВАТЬ ИХ ТОЛЬКО С РАЗРЕШЕНИЯ РАЙОННЫХ ВОЕННЫХ КОМЕНДАНТОВ.

ВПРЕДЬ ДО ОСОБЫХ УКАЗАНИЙ ВЫДАЧУ ПРОДОВОЛЬСТВИЯ ИЗ ПРОДУКТОВЫХ МАГАЗИНОВ ПРОИЗВОДИТЬ ПО РАНЕЕ СУЩЕСТВУЮЩИМ НОРМАМ И ДОКУМЕНТАМ. ПРОДОВОЛЬСТВИЕ ОТПУСКАТЬ НЕ БОЛЕЕ, КАК НА 5—7 ДНЕЙ. ЗА НЕЗАКОННЫЙ ОТПУСК ПРОДОВОЛЬСТВИЯ СВЕРХ УСТАНОВЛЕННЫХ НОРМ ИЛИ ЗА ВЫДАЧУ НА ЛИЦ, ОТСУТСТВУЮЩИХ В ГОРОДЕ — ВИНОВНАЯ В ЭТОМ АДМИНИСТРАЦИЯ БУДЕТ ПРИВЛЕЧЕНА К СТРОГОЙ ОТВЕТСТВЕННОСТИ.

6. ВЛАДЕЛЬЦАМ И УПРАВЛЯЮЩИМ БАНКОВ ВРЕМЕННО ВСЯКИЕ ФИНАНСОВЫЕ ОПЕРАЦИИ ПРЕКРАТИТЬ. СЕЙФЫ НЕМЕДЛЕННО ОПЕЧАТАТЬ И ЯВИТЬСЯ В ВОЕННЫЕ КОМЕНДАТУРЫ С ДОКЛАДОМ О СОСТОЯНИИ БАНКОВСКОГО ХОЗЯЙСТВА.

ВСЕМ ЧИНОВНИКАМ БАНКОВ КАТЕГОРИЧЕСКИ ЗАПРЕЩАЕТСЯ ПРОИЗВОДИТЬ КАКИЕ БЫ ТО НИ БЫЛО ИЗ'ЯТИЯ ЦЕННОСТЕЙ, ВИНОВНЫЕ В НАРУШЕНИИ БУДУТ СТРОГО НАКАЗАНЫ ПО ЗАКОНУ ВОЕННОГО ВРЕМЕНИ.

НАРЯДУ С ИМЕЮЩИМИСЯ В ХОЖДЕНИИ ИМПЕРСКИМИ ДЕНЕЖНЫМИ ЗНАКАМИ ОБЯЗАТЕЛЬНЫ В ОБРАЩЕНИИ ОККУПАЦИОННЫЕ МАРКИ СОЮЗНОГО ВОЕННОГО КОМАНДОВАНИЯ.

7. ВСЕ ЛИЦА, ИМЕЮЩИЕ ОГНЕСТРЕЛЬНОЕ И ХОЛОДНОЕ ОРУЖИЕ, БОЕПРИПАСЫ, ВЗРЫВЧАТЫЕ ВЕЩЕСТВА, РАДИОПРИЕМНИКИ И РАДИОПЕРЕДАТЧИКИ, ФОТОАППАРАТЫ, АВТОМАШИНЫ, МОТОЦИКЛЫ И ГОРЮЧЕ-СМАЗОЧНЫЕ МАТЕРИАЛЫ, ОБЯЗАНЫ В ТЕЧЕНИЕ 72 ЧАСОВ С МОМЕНТА ОПУБЛИКОВАНИЯ НАСТОЯЩЕГО ПРИКАЗА ВСЕ ПЕРЕЧИСЛЕННОЕ СДАТЬ В РАЙОННЫЕ ВОЕННЫЕ КОМЕНДАТУРЫ.

ЗА НЕСДАЧУ В СРОК ВЫШЕПЕРЕЧИСЛЕННЫХ ВЕЩЕЙ ВИНОВНЫЕ БУДУТ СТРОГО НАКАЗАНЫ ПО ЗАКОНУ ВОЕННОГО ВРЕМЕНИ.

ВЛАДЕЛЬЦЫ ТИПОГРАФИЙ, ПИШУЩИХ МАШИНОК И ДРУГИХ МНОЖИТЕЛЬНЫХ АППАРАТОВ ОБЯЗАНЫ ЗАРЕГИСТРИРОВАТЬСЯ У ВОЕННЫХ КОМЕНДАНТОВ РАЙОНОВ И УЧАСТКОВ. КАТЕГОРИЧЕСКИ ЗАПРЕЩАЕТСЯ ПЕЧАТАТЬ, РАЗМНОЖАТЬ И РАСКЛЕИВАТЬ ИЛИ РАСПРОСТРАНЯТЬ ПО ГОРОДУ КАКИЕ БЫ ТО НИ БЫЛО ДОКУМЕНТЫ БЕЗ РАЗРЕШЕНИЯ ВОЕННЫХ КОМЕНДАНТОВ.

ВСЕ ТИПОГРАФИИ ОПЕЧАТЫВАЮТСЯ И ДОПУСК В НИХ ПРОИЗВОДИТСЯ ТОЛЬКО С РАЗРЕШЕНИЯ ВОЕННОГО КОМЕНДАНТА.

8. НАСЕЛЕНИЮ ГОРОДА **ЗАПРЕЩАЕТСЯ:**

А) ВЫХОДИТЬ ИЗ ДОМОВ И ПОЯВЛЯТЬСЯ НА УЛИЦАХ И ВО ДВОРАХ, А ТАКЖЕ НАХОДИТЬСЯ И ВЫПОЛНЯТЬ КАКУЮ-ЛИБО РАБОТУ В НЕЖИЛЫХ ПОМЕЩЕНИЯХ С 22.00 до 8.00 УТРА ПО БЕРЛИНСКОМУ ВРЕМЕНИ;

Б) ОСВЕЩАТЬ ПОМЕЩЕНИЯ С НЕЗАМАСКИРОВАННЫМИ ОКНАМИ;

В) ПРИНИМАТЬ В СОСТАВ СВОЕЙ СЕМЬИ, А ТАКЖЕ НА ЖИТЕЛЬСТВО И НОЧЛЕГ КОГО БЫ ТО НИ БЫЛО, В ТОМ ЧИСЛЕ И ВОЕННОСЛУЖАЩИХ КРАСНОЙ АРМИИ И СОЮЗНЫХ ВОЙСК БЕЗ РАЗРЕШЕНИЯ ВОЕННЫХ КОМЕНДАНТОВ;

Г) ДОПУСКАТЬ САМОВОЛЬНОЕ РАСТАСКИВАНИЕ БРОШЕННОГО УЧРЕЖДЕНИЯМИ И ЧАСТНЫМИ ЛИЦАМИ ИМУЩЕСТВА И ПРОДОВОЛЬСТВИЯ.

НАСЕЛЕНИЕ, НАРУШАЮЩЕЕ УКАЗАННЫЕ ТРЕБОВАНИЯ, БУДЕТ ПРИВЛЕКАТЬСЯ К СТРОГОЙ ОТВЕТСТВЕННОСТИ ПО ЗАКОНУ ВОЕННОГО ВРЕМЕНИ.

9. РАБОТУ УВЕСЕЛИТЕЛЬНЫХ УЧРЕЖДЕНИЙ (КАК-ТО: КИНО, ТЕАТРОВ, ЦИРКОВ, СТАДИОНОВ), ОТПРАВЛЕНИЕ РЕЛИГИОЗНЫХ ОБРЯДОВ В КИРХАХ, РАБОТУ РЕСТОРАНОВ И СТОЛОВЫХ РАЗРЕШАЕТСЯ ПРОИЗВОДИТЬ ДО 21.00 ЧАСА ПО БЕРЛИНСКОМУ ВРЕМЕНИ.

ЗА ИСПОЛЬЗОВАНИЕ ОБЩЕСТВЕННЫХ УЧРЕЖДЕНИЙ ВО ВРАЖДЕБНЫХ КРАСНОЙ АРМИИ ЦЕЛЯХ, ДЛЯ НАРУШЕНИЯ ПОРЯДКА И СПОКОЙСТВИЯ В ГОРОДЕ — АДМИНИСТРАЦИЯ ЭТИХ УЧРЕЖДЕНИЙ БУДЕТ ПРИВЛЕЧЕНА К СТРОГОЙ ОТВЕТСТВЕННОСТИ ПО ЗАКОНАМ ВОЕННОГО ВРЕМЕНИ.

10. НАСЕЛЕНИЕ ГОРОДА ПРЕДУПРЕЖДАЕТСЯ, ЧТО ОНО НЕСЕТ ОТВЕТСТВЕННОСТЬ ПО ЗАКОНАМ ВОЕННОГО ВРЕМЕНИ ЗА ВРАЖДЕБНОЕ ОТНОШЕНИЕ К ВОЕННОСЛУЖАЩИМ КРАСНОЙ АРМИИ И СОЮЗНЫХ ЕЙ ВОЙСК.

В СЛУЧАЕ ПОКУШЕНИЯ НА ВОЕННОСЛУЖАЩИХ КРАСНОЙ АРМИИ И СОЮЗНЫХ ЕЙ ВОЙСК, ИЛИ СОВЕРШЕНИЯ ДРУГИХ ДИВЕРСИОННЫХ ДЕЙСТВИЙ ПО ОТНОШЕНИЮ К ЛИЧНОМУ СОСТАВУ, БОЕВОЙ ТЕХНИКЕ ИЛИ ИМУЩЕСТВУ ВОЙСКОВЫХ ЧАСТЕЙ КРАСНОЙ АРМИИ И СОЮЗНЫХ ЕЙ ВОЙСК, ВИНОВНЫЕ БУДУТ ПРЕДАНЫ ВОЕННО-ПОЛЕВОМУ СУДУ.

11. ЧАСТИ КРАСНОЙ АРМИИ И ОТДЕЛЬНЫЕ ВОЕННОСЛУЖАЩИЕ, ПРИБЫВАЮЩИЕ В ГОРОД БЕРЛИН, ОБЯЗАНЫ РАСКВАРТИРОВЫВАТЬСЯ ТОЛЬКО В МЕСТАХ, УКАЗАННЫХ ВОЕННЫМИ КОМЕНДАНТАМИ РАЙОНОВ И УЧАСТКОВ.

ВОЕННОСЛУЖАЩИМ КРАСНОЙ АРМИИ ЗАПРЕЩАЕТСЯ ПРОИЗВОДИТЬ САМОВОЛЬНО БЕЗ РАЗРЕШЕНИЯ ВОЕННЫХ КОМЕНДАНТОВ ВЫСЕЛЕНИЕ И ПЕРЕСЕЛЕНИЕ ЖИТЕЛЕЙ, ИЗ'ЯТИЕ ИМУЩЕСТВА, ЦЕННОСТЕЙ И ПРОИЗВОДСТВО ОБЫСКОВ У ЖИТЕЛЕЙ ГОРОДА.

Начальник Гарнизона и Военный Комендант города Берлин
Командующий Н-ской армии генерал-полковник Н. БЕРЗАРИН.

Начальник штаба Гарнизона генерал-майор КУЩЕВ.

BEFEHL

des Chefs der Besatzung der Stadt Berlin

26 April 1945 Nr. 1. Stadt BERLIN

Heute bin ich zum Chef der Besatzung und zum Stadtkommandanten von Berlin ernannt worden.

Die gesamte administrative und politische Macht geht laut Bevollmächtigung des Kommandos der Roten Armee in meine Hände über.

In jedem Stadtbezirk werden gemäß der früher existierenden administrativen Einteilung militärische Bezirks- und Revierkommandanturen eingesetzt.

Ich befehle:

1. Die Bevölkerung der Stadt hat volle Ordnung zu bewahren und an ihren Wohnsitzen zu verbleiben.

2. Die Nationalsozialistische Deutsche Arbeiterpartei und alle ihr unterstellten Organisationen (Hitlerjugend, N. S. Frauenschaft, N. S. Studentenbund usw.) sind aufzulösen. Ihre Tätigkeit wird hiermit verboten.

Das gesamte führende Personal aller Dienststellen der N. S. D. A. P., Gestapo, Gendarmerie, des Sicherheitsdienstes, der Gefängnisse und aller übrigen staatlichen Dienststellen hat sich binnen 48 Stunden nach Veröffentlichung dieses Befehls in den militärischen Bezirks- und Revierkommandanturen zwecks Registrierung zu melden.

Binnen 72 Stunden haben sich ebenfalls alle in der Stadt Berlin verbliebenen Angehörigen der deutschen Wehrmacht, der SS und der SA zwecks Registrierung zu melden.

Wer sich zu der festgesetzten Frist nicht meldet oder wer sich der Verbergung solcher Personen schuldig macht, wird gemäß den Gesetzen der Kriegszeit zu strenger Verantwortung gezogen.

3. Die Beamten und Angestellten der Bezirksdienststellen haben sich zu mir zwecks Bericht über den Zustand ihrer Dienststellen und Entgegennahme von Anweisungen über die weitere Tätigkeit dieser Dienststellen zu melden.

4. Alle kommunalen Betriebe wie Kraft- und Wasserwerke, Kanalisation, städtische Verkehrsmittel (Untergrund- und Hochbahn, Straßenbahn und Trolleybus);

alle Heilanstalten;

alle Lebensmittelgeschäfte und Bäckereien haben ihre Arbeit zur Versorgung der Bevölkerung wieder aufzunehmen.

Arbeiter und Angestellte der obengenannten Betriebe haben an ihren Arbeitsstätten zu bleiben und ihre Pflichten weiterzuerfüllen.

5. Angestellte der staatlichen Verpflegungslager sowie Privateigentümer von Lebensmittellagern haben binnen 24 Stunden nach Veröffentlichung dieses Befehls alle vorhandenen Lebensmittelvorräte bei den militärischen Bezirkskommandanten zwecks Registrierung anzugeben und sie nur mit Erlaubnis der militärischen Bezirkskommandanten herauszugeben.

Bis Sonderanweisungen ergehen, erfolgt die Verabfolgung von Lebensmitteln in den Lebensmittelgeschäften gemäß den früher existierenden Normen und Lebensmittelkarten. Lebensmittel sind nicht mehr als für 5—7 Tage auszugeben. Für Ausgabe von Lebensmitteln über die existierenden Normen oder für Ausgabe von Lebensmitteln auf Karten von Personen, die in der Stadt nicht mehr anwesend sind, werden die daran schuldigen dienstlichen Personen zu strenger Verantwortung herangezog

6. Inhaber von Bankhäusern und Bankdirektoren haben alle Finanzgeschäfte zeitweilig einzustellen. Alle Safes sind sofort zu versiegeln. Man hat sich bei den militärischen Kommandanturen sofort mit einem Bericht über den Zustand des Bankwesens zu melden.

Allen Bankbeamten ist kategorisch verboten, jegliche Werte zu entnehmen. Wer sich der Übertretung dieses Gebotes schuldig macht, wird nach den Gesetzen der Kriegszeit strengstens bestraft.

Neben den in Umlauf befindlichen Reichszahlungsmitteln werden obligatorisch die Okkupationsmarken der Alliierten Militärbehörde in Umlauf gesetzt.

7. Alle Personen, die Feuerwaffen und blanke Waffen, Munition, Sprengstoff, Radioempfänger oder Radiosender, Fotoapparate, Kraftfahrzeuge, Krafträder, Treib- und Schmierstoff besitzen, haben oben Erwähntes binnen 72 Stunden nach Veröffentlichung dieses Befehls auf den militärischen Bezirkskommandanturen abzuliefern.

Für Nichtablieferung aller oben erwähnten Gegenstände in der festgesetzten Zeit werden die Schuldigen gemäß den Gesetzen der Kriegszeit streng bestraft.

Die Inhaber von Druckereien, von Schreibmaschinen und anderen Vervielfältigungsapparaten sind verpflichtet, sich bei den militärischen Bezirks- und Revierkommandanten zwecks Registrierung zu melden. Es ist kategorisch verboten, jegliche Dokumente ohne Erlaubnis der militärischen Kommandanten zu drucken, zu vervielfältigen, auszuhängen oder in der Stadt in Umlauf zu setzen.

Alle Druckereien werden versiegelt. Einlaß erfolgt nur auf Erlaubnis des militärischen Kommandanten.

8. Der Bevölkerung der Stadt ist verboten:

a) zwischen 22.00 und 08.00 morgens Berliner Zeit die Häuser zu verlassen, auf den Straßen und Höfen zu erscheinen, sich in unbewohnten Räumen aufzuhalten und dort irgendwelche Arbeit zu verrichten.

b) nicht verdunkelte Räumlichkeiten zu erleuchten.

c) ohne Erlaubnis der militärischen Kommandanten irgendwelche Personen, darunter auch Angehörige der Roten Armee und der Alliierten Truppen, in den Bestand der Familie zu Wohnungs- und Übernachtungszwecken aufzunehmen.

d) Eigenmächtiges Wegnehmen der von Dienststellen und Privatpersonen zurückgelassenen Habe und Lebensmitteln.

Einwohner, die die erwähnten Verbote verletzen, werden gemäß den Gesetzen der Kriegszeit zu strenger Verantwortung herangezogen.

9. a) Der Betrieb von Vergnügungsstätten (Kino, Theater, Zirkus, Stadion),

b) Gottesdienste in den Kirchen,

c) der Betrieb von Restaurants und Gaststätten ist bis 21.00 Uhr Berliner Zeit erlaubt.

Für die Ausnutzung öffentlicher Betriebe zu der Roten Armee feindseligen Zwecken, für die Störung der Ordnung und Ruhe in der Stadt —, wird die Verwaltung dieser Betriebe zu strenger Verantwortung gemäß den Gesetzen der Kriegszeit herangezogen.

10. Die Bevölkerung der Stadt wird gewarnt, daß sie für feindseliges Verhalten gegenüber Angehörigen der Roten Armee und Alliierter Truppen die Verantwortung gemäß den Gesetzen der Kriegszeit trägt.

Im Falle von Attentaten auf Angehörige der Roten Armee oder der Alliierten Truppen oder für Verübung anderer Diversionsakte gegenüber dem Personalbestand, dem Kriegsmaterial oder Kriegsgut von Verbänden der Roten Armee und der Alliierten Truppen werden die Schuldigen dem militärischen Standgericht überliefert.

11. Verbände der Roten Armee und einzelne Militärangehörige, die in Berlin eintreffen, sind verpflichtet, nur in denen von den militärischen Bezirks- und Revierkommandanten angewiesenen Unterkünften Quartier zu nehmen.

Angehörigen der Roten Armee ist ohne Erlaubnis der militärischen Kommandanten die eigenmächtige Aussiedlung oder Umsiedlung der Einwohner, Entnahme von Gütern und Werten und Haussuchungen bei den Stadteinwohnern verboten.

CHEF DER BESATZUNG UND STADTKOMMANDANT VON BERLIN
OBERBEFEHLSHABER DER N-ten ARMEE
GENERALOBERST N. BERSARIN

STABSCHEF DER BESATZUNG
GENERALMAJOR KUSCHTSCHOW

Ich erinnere mich an einen ziemlich zerbombten Saal mit miserabler Beleuchtung. Es stank nach Desinfektionsmitteln. Hunderte von Russen und Russinnen, alles Uniformierte, waren versammelt. Wir hatten nur eine Stunde Zeit, die Bühne notdürftig herzurichten, und dann spulte ein deutsches Unterhaltungsprogramm für die russischen Eroberer ab: Volkslieder, Operettenschnulzen, Opernarien, Seemannslieder. Was eben jeder konnte, trug er vor – verunsichert, gehetzt, nur vom Willen besessen, durchzukommen. Ich besorgte die Conférence und ein Offizier dolmetschte. Hinterher bekamen wir tatsächlich Lebensmittel und wurden sofort zurück zu unseren Wohnungen gefahren.
Auf dem Hin- und Rückweg wie auch während unserer Tingelei hatten wir auch wieder nichts als Angst. Überhaupt muß ich noch einmal hervorheben, daß unser Hauptgefühl damals permanente Angst war. Wir hatten 12 Jahre Angst vor den Nazis hinter uns, nun hatten wir Angst vor den Russen. Sie waren uns in ihrer Wesensart völlig unbekannt, ja fremd, und die Geschichten, die über ihr Verhalten in Umlauf gesetzt wurden, waren auch nicht dazu angetan, daß wir uns befreit fühlten.
Dabei waren die einfachen russischen Soldaten und Frauen in Uniform noch verhältnismäßig freundlich. Sehr gefürchtet waren »die Grünen«, die Offiziere des NKWD, also der berüchtigten sowjetischen Geheimpolizei. Wir durchlitten eine neue Willkürherrschaft, welche die der Nazis übergangslos ablöste.
Eines Tages erschien wieder ein NKWD-Offizier bei mir. Er hatte das Schild der schwedischen Botschaft am Küchenfenster gesehen und wußte daher, daß ich keinen deutschen Paß besaß. »Du sofort in deine Heimat zurück!« sagte er. Ich erwiderte, daß ich in Deutschland geboren sei, allerdings hätte ich viele Verwandte in den Niederlanden. »Du in deine Heimat zurück!« schnauzte er mich an. »Du morgen abreisen.« Mir schwante Schlimmes. Auch der Niederländer aus Leningrad warnte mich dringend vor dem Ernst der Situation. Ich brachte mir mit einer Rasierklinge am Unterarm, nahe des Pulses, eine Hautwunde bei, sie blutete stark. Den Schwerverletzten markierend, begab ich mich in die gegenüberliegende Klinik zur Behandlung und vertraute meine Sorge einem deutschen Arzt an. Er richtete mir ein Krankenbett

Erste und schwierigste Aufgabe der Kommandantur war die Versorgung Berlins mit Lebensmitteln, um eine Stadt von 3 200 000 Einwohnern vor dem Verhungern zu bewahren.
... Nach unserer Meinung hatten die Russen am ehesten die Möglichkeit, für Lebensmittel zu sorgen..., da sie ja die neuen Herren des traditionellen Berliner »Brotkorbes« waren. Dennoch erklärten wir uns bereit, unseren Sektor selbst zu versorgen, und brachten unsere Absicht vor.
Und das war unser Plan: Wir lieferten die Lebensmittel, die Briten die Kohlen. Keiner der beiden Punkte aber konnte ohne das übliche Gerangel mit den Russen bewerkstelligt werden... Neben der russischen Unnachgiebigkeit galt es, eine Reihe weiterer schwieriger Fragen zu klären, so zum Beispiel Nachschub, Transport und Tausch. Ungeahnte Probleme tauchten auf: Welche Lebensmittel wurden am dringendsten benötigt? Würden die Russen Mehl statt Kartoffeln akzeptieren? Wie könnte man es verrechnen, wenn ein Land Mehl anstelle von Fleisch, Fett oder Getreide liefern könnte? Das ging hinunter bis zu ganz speziellen Fragen wie: Welches war der Wechselkurs zwischen Fischkonserven aus Bremen und Fleisch, das in Berlin verbrauchsfertig gemacht wurde?
Da keine der Westmächte augenblicklich über nennenswerte Vorräte verfügte, sollte Rußland die Versorgung so lange übernehmen, bis unser Nachschub eintraf...
Gleich schöpften die Russen wieder Verdacht und glaubten wohl, daß wir... sie aufs Kreuz legen wollten und die Lebensmittel nicht zurückgäben...
»Ich habe keine überschüssigen Lebensmittel, um Ihre Sektoren auch noch zu versorgen«, gab Schukow entschieden zur Antwort und fuhr fort: »Ich habe Ihnen schon gesagt, daß mein Nachschub nur aus Wehrmachtslagern stammt, und die sind fast leer.«
Als wir ihm jedoch nochmals versichert hatten, daß es lediglich eine Frage des

Heranschaffens war, willigte er schließlich ein. Er versprach, die Lebensmittel aus den Vorräten der Roten Armee abzuzweigen und sie später durch unsere Gegenlieferungen wieder zu ersetzen...
Um unsere Nahrungsmittel in die Stadt zu bekommen, nahmen die Russen unseren Vorschlag an, an der bayerischen Grenze Schlachtvieh entgegenzunehmen und dafür eine entsprechende Menge Fleisch in Berlin bereitzustellen. Der Wechselkurs: zwei Pfund Lebendgewicht für ein Pfund Fleisch in Berlin... Besonders zäh wurde beim Tausch Fisch gegen Fleisch verhandelt... Statt auf das von den Russen ursprünglich vertretene Verhältnis von 2:1 einigten wir uns endlich bei 1,99:1.
Der Kaloriengehalt wurde schließlich zur Grundlage für den Austausch von Nahrungsmitteln erklärt, was allerdings wiederum mit den Russen schwierig zu handhaben war... Beispielsweise backten sie 145 Pfund Brot aus 100 Pfund deutschem Roggen, der sich wesentlich von dem russischen Roggen unterscheidet. Mit letzterem wäre die Brotmenge zu erzielen gewesen, nicht aber mit dem deutschen Roggen. Die erforderliche Wassermenge hatte die 145 Pfund Brot unschmackhaft und leicht verderblich werden lassen. Wir brauchten jedoch Monate, um die Russen hiervon zu überzeugen und sie auf 135 Pfund oder weniger herunterzuhandeln.
Als wir nach Berlin kamen, hatten die Russen bereits ein Rationierungssystem für die Zivilbevölkerung eingeführt, das – so sagten sie – dem in Moskau entsprach. Es unterschied die Menschen in fünf Kategorien. Der obersten standen 2485 und der untersten lediglich 1248 Kalorien zu.
Hierin natürlich unterschieden wir uns ganz kraß von den Russen, die Lebensmittel als Ansporn für höhere Leistungen betrachteten. Ihre Überlegung: dem helfen, der für sie arbeitet, und den zurückstellen, der nicht arbeiten kann oder will!

Colonel Frank Howley in seinem Buch »Berlin Command«

ein und erklärte dem zuständigen Kommissar, ich sei sehr krank und müsse sogar isoliert werden. So fand ich mich also nicht in der russischen Kommandantur ein, wie es befohlen war.
Auch diesmal hatte ich Glück. Ein schwedischer Journalist, der auch »nach Hause gebracht« werden sollte, brauchte für die Reise Berlin-Stockholm über 10 Jahre. Sie führte ihn über Sibirien, obwohl er ein harmloser Bürger war. Später hat er in Schweden ein Buch über seine Erlebnisse veröffentlicht. Ich lernte ihn Ende der fünfziger Jahre in Stockholm kennen. Er erzählte, daß er keineswegs freiwillig die Reise angetreten hatte, sondern dazu gezwungen wurde – »wie ein Häftling« –, weil u. a. Männer wie ich nicht gekommen waren. Abermals Sippenhaftung?

Erst Anfang Juli trafen die Amerikaner und die anderen westlichen Alliierten in Berlin ein. Warum kamen sie fast zwei Monate nach den Russen? Hatte auch das »Onkel Joe« (= Stalin) von Roosevelt verlangt? Immerhin atmeten wir auf. Ich nahm die erste Gelegenheit wahr, im US-Hauptquartier in Dahlem einen hohen amerikanischen Offizier aufzusuchen.
Colonel Frank Howley (der spätere amerikanische Stadtkommandant) empfing mich sehr freundlich. Ein jüngerer Mann mit großer Nase, wachem Blick, lockigem blondem Haar. Er gab sich »typisch amerikanisch jungenhaft«. Was er hier in Berlin erlebte, war ihm zuwider. Doch ich spürte sofort, daß er sich seiner hohen politischen Verantwortung bewußt war. »Wir sind hier, den Deutschen die Demokratie zurückzubringen«, sagte er. »Vielleicht können wir die Deutschen vor dem Kommunismus retten. Wir wollen es jedenfalls versuchen.« Er ließ mich wissen, daß er über das zügellose Verhalten der Sowjetsoldaten detaillierte Berichte erhalten hatte. Ich gewann Vertrauen zu ihm, erzählte ihm unsere Erlebnisse und bat ihn, mich in Schutzhaft zu nehmen. Ich würde mich vor der russischen Willkür nicht mehr sicher fühlen.
Er antwortete: »Ich habe doch keinen Grund, Sie zu verhaften.« Ich erwiderte: »Wenn ich Sie ohrfeige, müssen Sie mich da nicht wegen Gewalttätigkeit arrestieren, Colonel?« Frank Howley lächelte und bemerkte trocken: »Ich könnte Ihnen daraufhin auch nur eine Backpfeife geben, aber verhaften kann ich Sie trotzdem nicht. Beruhigen Sie sich jedoch, wir werden ein Auge auf Sie haben.

Preis 15 Pfg.

Tägliche Rundschau

Nr. 23 — **Frontzeitung für die deutsche Bevölkerung** — Sonnabend, 9. Juni 1945

Leben erwacht aus den Ruinen

In dieser Nummer der „Täglichen Rundschau" finden die Leser mehrere Tatsachenberichte darüber, wie die Sowjetunion, nachdem sie Hitlerdeutschland im Felde besiegt hat, nun in einer zweiten, nicht minder wichtigen Schlacht den Sieg über Hitlers Absichten davonträgt.

Diese zweite Schlacht spielt sich auf sowjetischem Boden ab, der durch den Einfall der Hitlerarmeen verwüstet worden ist. Von den Ufern der Wolga und von den Bergen des Kaukasus zieht sich der Weg der geschlagenen deutschen Armee über viele hunderte Kilometer hin. Auf diesem ganzen Wege haben die Armeen Hitlers zerstört, geraubt, gebrandschatzt und gemordet. Millionen ermordeter friedlicher Einwohner, Millionen verbrannter Wohnhäuser, Tausende zerstörter Städte und Dörfer sind die furchtbaren Male, mit denen die deutsche Armee ihren Weg zur vollen Niederlage und Kapitulation gezeichnet hat.

Diese Zerstörungen, Plünderungen und Greueltaten wurden nicht von einzelnen Personen auf eigene Faust verübt, sie standen in Hitlers Programm. In seinen Reden und Befehlen forderte er ja „die Ausrottung der slawischen Völker".

„Wir vernichten Rußland, damit es sich nie wieder erheben kann", erklärte Hitler im Jahre 1942. Das ist ihm durch seine Offensiven nicht gelungen. Er glaubte aber, daß es ihm gelingen würde, während des Rückzuges diejenigen Sowjetgebiete, aus denen er durch die Rote Armee vertrieben wurde, in eine Wüste zu verwandeln. Er rechnete damit, daß durch diese beispiellosen Zerstörungen die Kräfte des Sowjetstaates auf lange Jahre hinaus gelähmt sein würden.

Die Sowjetnation hat aber einen Strich durch diese Pläne Hitlers gezogen. Marschall Stalin erklärte in seinem Befehl vom 1. Mai 1945 am Vorabend der Kapitulation Deutschlands:

„Ungeachtet dessen, daß die Sowjetunion seit fast vier Jahren einen, in seinem Ausmaß bisher nie dagewesenen Krieg führt, der kolossale Mittel erfordert, kräftigt und entfaltet sich unsere Sowjetwirtschaft. Und der Wiederaufbau der Wirtschaft in den befreiten Gebieten, die von den Deutschen ausgeplündert und zerstört worden sind, geht erfolgreich und schnell vor sich." Marschall Stalin hat dabei besonders betont, daß diese Wiedergeburt dem heroischen Krafteinsatz der Arbeiter und der Bauern, der Intellektuellen, der Frauen und der Jugend des Sowjetlandes zu verdanken ist.

Aus den nachstehenden Ausführungen ist ersichtlich, wie außerordentlich groß das Ausmaß der Wiederherstellungsarbeiten in der Sowjetunion ist. Von den 40 Milliarden Rubel, die im Staatsvoranschlag der Sowjetunion auf der Ausgabenseite für das Jahr 1945 vorgesehen sind, entfällt mehr als die Hälfte auf die Wiederaufbauarbeiten. Millionen Menschen sind mit der Wiederherstellung der Industrie, der Städte und Dörfer beschäftigt. Ihre heldenmütige Arbeit hat die Wirtschaft und die Kultur der Gebiete, die unter der Besetzung soviel gelitten haben, zu neuem Leben erweckt. Doch sind die Zerstörungen, die die Hitlerarmee angerichtet hat, so groß, daß man noch Jahre braucht und gigantische Kräfte und Mittel einsetzen muß, um das normale Leben in diesen weiten Gebieten wieder herzustellen. Zahllos sind die Verbrechen des Hitlerregimes. Die Völker der Sowjetunion werden es mit vollem Recht in Erinnerung behalten, daß diese Verwüstungen das Werk deutscher Hände sind. Ihre restlose Wiedergutmachung ist Deutschlands Pflicht.

Befehl Nr. 1

den 9. Juni 1945. — Stadt Berlin

Über die Organisation der militärischen Administration zur Verwaltung der sowjetischen Okkupationszone in Deutschland

Hiermit wird zur allgemeinen Kenntnis folgendes bekanntgegeben:

1. Zur Durchführung der Kontrolle über die Erfüllung der Deutschland durch die bedingungslose Kapitulation auferlegten Bedingungen und zur Verwaltung der sowjetischen Okkupationszone in Deutschland wurde die Sowjetische Militärische Administration gebildet.

2. Zum Obersten Chef der Sowjetischen Militärischen Administration wurde ich ernannt.

Zum ersten Stellvertreter des Obersten Chefs der Militärischen Administration wurde Armeegeneral W. D. Sokolowski ernannt.

Zum Stellvertreter des Obersten Chefs in Sachen der Ziviladministration wurde Generaloberst I. A. Serow ernannt.

Zum Stabschef der Sowjetischen Militärischen Administration wurde Generaloberst W. W. Kurasow ernannt.

3. Der Standort der Sowjetischen Militärischen Administration ist die Stadt Berlin.

Der Oberste Chef der Sowjetischen Militärischen Administration
Oberbefehlshaber der Sowjetischen Okkupationstruppen in Deutschland
Marschall der Sowjetunion G. K. Shukow

Der Stabschef der Sowjetischen Militärischen Administration
Generaloberst W. W. Kurasow

Die Sowjetunion heilt die Wunden des Krieges

Die Bevölkerung und die Industrie der Sowjetunion setzen alle Kräfte ein, um die Wunden, die der Krieg der Wirtschaft der Sowjetunion geschlagen hat, zu heilen. Die von den Deutschen zerstörten Kohlenzechen im Bezirk **Woroschilowgrad** in der Ukraine, darunter 42 ganz große Kohlengruben, fördern wieder Kohle. Die Produktion ist im Laufe dieses Jahres um mehr als das Dreieinhalbfache gestiegen. Vor dem Kriege hat ein Hauer 3200 Tonnen Kohle im Monatsdurchschnitt gefördert. Heute haben die besten Maschinenhauer diese Durchschnittsleistung weit übertroffen und fördern bis zu 6000 Tonnen im Monat.

*

Auch die Kommunalbetriebe der sowjetischen Städte können sich erhöhter Leistungen rühmen. So hat sich die Kommunalwirtschaft der lettischen Hauptstadt **Riga** in den seit der Befreiung verflossenen acht Monaten so weit verändert, daß man die Stadt kaum wiedererkennen kann.

Die Ordnung in der Wirtschaft wurde vollkommen hergestellt, und der Bau der dritten Brücke über den Fluß Dwina nähert sich seiner Vollendung. Alle Bäder, Schulen, Krankenhäuser, die Wasserleitung und das Straßenbahnnetz sind wieder hergestellt.

*

Der große Schwarzmeerhafen **Odessa** ist voll pulsierenden, angespannten Lebens. Gegenwärtig ankern im Hafen von Odessa mehr als zehn große Ozeandampfer.

Der Passagierverkehr wurde wieder aufgenommen, und am 25. Mai lief der erste Passagierdampfer aus Odessa nach Cherson aus. Auch der Passagierverkehr von Odessa nach Nikolajew wurde an diesem Tage wieder aufgenommen.

In den ersten Junitagen begannen die regelmäßigen Dampferfahrten auf der Linie Odessa—Batum, und die Dampfer dieser Linie laufen auch die wichtigsten Häfen der Krim und des nördlichen Kaukasus an.

Besonders schwer hat die nördliche Hauptstadt der Sowjetunion, **Leningrad**, unter der Belagerung gelitten. Die meisten großen Betriebe wurden durch die Beschießung entweder zerstört oder schwer beschädigt.

Auf dem Gelände der Leningrader Großschlächterei schlug am 9. September 1941 das erste deutsche Geschoß ein, und später lief die Frontlinie quer über das Gelände der Unternehmung. Es schlugen in diesen Werken ungefähr 6000 deutsche Granaten ein, die ungeheuren Schaden angerichtet haben. Doch haben bereits im Monat November des vergangenen Jahres die Wurstfabrik sowie die Laboratorien für medizinische Präparate die Arbeit wieder aufgenommen und produzieren heute mehr als vor dem Kriege.

Die Kompressorenfabrik, die Gefrierhallen sind wieder in Betrieb, und das ausgedehnte Netz der Leningrader Wasserleitung ist wieder hergestellt.

Uralmetall für das Donezbecken

Alle Werke und Betriebe der sowjetischen Metallindustrie haben einen besonderen Fonds ihrer Erzeugnisse für den Wiederaufbau der zerstörten und befreiten Gebiete im Westen der Sowjetunion errichtet. Diese Fonds werden mit den Erzeugnissen der einzelnen Betriebe und Werke beliefert, die über den Produktionsplan hinaus erzeugt worden sind.

So haben die Arbeiter der Magnitogorsker Metallwerke im Ural, insbesondere die Stahlgießer dieser Werke, 5900 Tonnen Metall über die Monatsproduktion hinaus geliefert.

Die Arbeiter der Magnitogorsker Werke haben beschlossen, dieses über den Erzeugungsplan hinaus geschaffte Material in erster Reihe für den Wiederaufbau der Industrie des Donezbeckens und anderer westlicher Bezirke der Sowjetunion zu liefern.

Ein Geschenk der britischen Architekten an die Ukraine

Die Königliche Gesellschaft der britischen Architekten hat der ukrainischen Filiale der Akademie der Architektur der Sowjetunion eine Anzahl von Entwürfen für einstöckige Häuser und die Stadtbaupläne der englischen Städte zugesandt.

Dieser Tage fand die Ueberprüfung der Entwürfe durch die wissenschaftlichen Mitarbeiter der Akademie, Architekten und Ingenieure statt.

Die ukrainische Filiale der Architektenakademie der Sowjetunion hat ihrerseits der britischen Königlichen Gesellschaft der Architekten die Pläne für den Wiederaufbau Kiews und der Hauptverkehrsader dieser Stadt, Kreschtschatik, übersandt.

W. M. Molotow empfängt den Italienischen Botschafter Herrn P. Cuaroni

Am 8. Juni empfing der Volkskommissar für auswärtige Angelegenheiten der UdSSR., W. M. Molotow, den Außerordentlichen und Bevollmächtigten Botschafter Italiens, Herrn P. Cuaroni, im Zusammenhang mit der bevorstehenden Einhändigung seines Beglaubigungsschreibens an den Vorsitzenden des Obersten Sowjets der UdSSR.

Auf der Konferenz der Vereinten Nationen in San Francisko

Erklärung Manuilskis

San Francisko, 7. Juni. (Sonderbericht TASS.) Der Vorsitzende der Ersten Kommission, Manuilski, erklärte den Pressevertretern, daß die Kommission einstimmig und unter dem Beifall der Konferenzteilnehme, den Namen „Vereinte Nationen" als Bezeichnung der neuen Weltorganisation angenommen hat.

Krieg im Pazifik

Manila, 8. Juni. Die amerikanischen Truppen auf Luzon eroberten die Stadt Bambamg und gingen drei Meilen darüber hinaus vor, berichtet das Kommuniqué General MacArthurs. Dieser Vorstoß in nördlicher Richtung durch das Tal, das nach dem Cagayan-Tal in Nord-Luzon führt, hat diese Truppen bis auf viereinhalb Meilen von der Hauptstraßenkreuzung bei Bayonbang gebracht.

In Zentral-Luzon wurden die japanischen Truppen aus den Verteidigungsstellungen in den Bergen östlich Manila vertrieben. Die Amerikaner wurden von Flugzeugen unterstützt, die 200 Tonnen Bomben abwarfen. In Mindanao erzielten die Amerikaner begrenzte Bodengewinne bei ihrer Säuberungsaktion gegenüber sich versteifendem japanischen Widerstand.

Amerikanische Bomber führten Angriffe auf Formosa, Borneo, Rabaul und die Küste Indo-Chinas. Schwere, mittlere und Jagdbomber fügten dem Flugplatz von Borneo ausgedehnten Schaden zu. Weiterhin beschädigten sie Lagergebäude und versenkten zwei Frachtschiffe bei Bandjermasin.

Mißhandlungen in spanischen Konzentrationslagern

New York (TASS). „PM" bringt den Bericht eines Flüchtlings, der nach mehr als zweijährigem Aufenthalt in spanischen Konzentrationslagern im Mai in den Vereinigten Staaten eingetroffen ist. Dieser Bericht bestätigt die früheren Pressemeldungen über den Terror und die brutale Behandlung der Gefangenen in den Konzentrationslagern Francos.

Wie aus diesem Bericht zu ersehen ist, sind in den Konzentrationslagern mindestens 400 000 Spanier untergebracht, die, ohne daß gegen sie irgendeine Anklage erhoben worden wäre und ohne Gerichtsverfahren in Haft genommen wurden. Die Insassen der Konzentrationslager sind Mißhandlungen ausgesetzt und leiden Hunger. Den Erkrankten wird keine ärztliche Behandlung zuteil.

Laut diesem Bericht ist das Konzentrationslager in San Sebastiano, in dem der Autor des Berichtes eine Zeitlang untergebracht war, bis zu zwei Zoll mit Wasser überschwemmt.

Verhaftung des Chefs des Hitlerschen Vernichtungslagers Maidanek

Warschau, 6. Juni (TASS). Der Warschauer Rundfunk berichtet, daß die Sicherheitsorgane der Polnischen Republik den ehemaligen Chef des Vernichtungslagers in Maidanek, Paul Hoffmann, ausfindig gemacht und verhaftet haben.

Selbstmord Wagners

London, 7. Juni (TASS). France Presse berichtet, daß der ehemalige Gauleiter von Baden und Elsaß, Robert Wagner, Selbstmord begangen hat.

Um die Auslieferung Lavals

Paris, 6. Juni (TASS). Nach einer Meldung der France Presse haben, wie es wohlinformierte Kreise in Madrid bestätigen, die spanischen Behörden im Prinzip beschlossen, Laval den französischen Behörden auszuliefern.

12 *Die »Tägliche Rundschau« vom 9. Juni 1945 mit dem Befehl Nr. 1 der sowjetischen Militäradministration.*

Befehl Nr. 2

des Obersten Chefs der Sowjetischen Militärischen Administration

den 10. Juni 1945 Berlin

Am 2. Mai dieses Jahres wurde die Stadt Berlin von den Sowjettruppen besetzt. Die Hitlerarmeen, die Berlin verteidigten, kapitulierten und einige Tage später unterzeichnete Deutschland die Urkunde über die bedingungslose militärische Kapitulation. Am 5. Juni wurde im Namen der Regierungen der Union der Sozialistischen Sowjetrepubliken, der Vereinigten Staaten von Amerika, Großbritanniens und Frankreichs die Deklaration über die Niederlage Deutschlands und über die Uebernahme der höchsten Autorität auf dem ganzen Territorium Deutschlands durch die Regierungen der benannten Länder veröffentlicht. Vom Augenblick der Besetzung Berlins durch die Sowjettruppen an wurde auf dem Gebiet der Sowjetischen Okkupationszone in Deutschland feste Ordnung hergestellt, die städtischen Organe der Selbstverwaltung organisiert und notwendige Bedingungen für die freie gesellschaftliche und politische Tätigkeit der deutschen Bevölkerung geschaffen.

Zu Vorstehendem BEFEHLE ICH:

1. Auf dem Territorium der Sowjetischen Okkupationszone in Deutschland ist die Bildung und Tätigkeit aller antifaschistischen Parteien zu erlauben, die sich die endgültige Ausrottung der Ueberreste des Faschismus und die Festigung der Grundlage der Demokratie und der bürgerlichen Freiheiten in Deutschland und die Entwicklung der Initiative und Selbstbetätigung der breiten Massen der Bevölkerung in dieser Richtung zum Ziel setzten.
2. Der werktätigen Bevölkerung der Sowjetischen Okkupationszone in Deutschland ist das Recht zur Vereinigung in freien Gewerkschaften und Organisationen zum Zweck der Wahrung der Interessen und Rechte der Werktätigen zu gewähren. Den gewerkschaftlichen Organisationen und Vereinigungen ist das Recht zu gewähren, Kollektivverträge mit den Arbeitgebern zu schließen sowie Sozialversicherungskassen und andere Institutionen für gegenseitige Unterstützung, Kultur-, Bildungs- und andere Aufklärungsanstalten und -organisationen zu bilden.
3. Alle in den Punkten 1 und 2 genannten antifaschistischen Parteiorganisationen und freien Gewerkschaften sollen ihre Vorschriften und Programme der Tätigkeit bei den Organen der städtischen Selbstverwaltung und beim Militärkommandanten registrieren lassen und ihnen gleichzeitig die Liste der Mitglieder ihrer führenden Organe geben.
4. Es wird bestimmt, daß für die ganze Zeit des Okkupationsregimes die Tätigkeit aller in Punkt 1 und Punkt 2 genannten Organisationen unter der Kontrolle der Sowjetischen Militärischen Administration und entsprechend den von ihr gegebenen Instruktionen vor sich gehen wird.
5. Auf Grund des Vorstehenden sind alle faschistischen Gesetze sowie alle faschistischen Beschlüsse, Befehle, Anordnungen, Instruktionen usw. aufzuheben, die die Tätigkeit der antifaschistischen politischen Parteien und freien Gewerkschaften und Organisationen untersagen und gegen demokratische Freiheiten, bürgerliche Rechte und Interessen des deutschen Volkes gerichtet sind.

Der Oberste Chef der Sowjetischen Militärischen Administration
Oberbefehlshaber der Sowjetischen Okkupationstruppen in Deutschland
Marschall der Sowjetunion G. K. Shukow
Der Stabschef der Sowjetischen Militärischen Administration
Generaloberst W. W. Kurasow

13 *». . . auf dem Gebiet der Sowjetischen Okkupationszone in Deutschland feste Ordnung hergestellt . . .«: Marschall Shukow.*

Wir sind doch hier, alle zu schützen, die unseres Schutzes bedürfen.«
Ich empfand ihn als einen neuen Freund. Colonel Howley wurde als »a very good guy« bald sehr populär in West-Berlin. Er war wirklich unablässig tätig, um der Berliner Bevölkerung seines Sektors zu helfen. Sein Erinnerungsbuch »Berlin Command« (New York, 1950) sollte endlich in Deutsch erscheinen. Es ist heute noch lehrreicher als damals, heute, da der freie Westen noch mehr als 1945 vom sowjetischen Hegemoniestreben herausgefordert wird.
Wenige Tage später fuhr ein Jeep mit niederländischen Offizieren vor. Ich mußte meinen Paß vorweisen und mit den Herren zum Steinplatz fahren. Hier tagte eine niederländische »Säuberungskommission«. Es waren drei Herren, von denen ich bislang nur einen persönlich kannte. Es war – in Zivil – der niederländische Konsul Jacques Millenar. Innerhalb der schwedischen Botschaft war er der Betreuer der Niederländer in Berlin während des Krieges. Wir nannten ihn »den Engel aus Holland«. Er hat sich große Verdienste um alle Niederländer in Deutschland erworben, nicht nur im Kriege, sondern auch während der ersten Besatzungszeit. (Einen der anderen Herren traf ich später als niederländischen Generalkonsul in Hamburg wieder.)
Gründlichst wurde ich »gescreent«, von mir geschriebene Bücher lagen auf dem Tisch. Ich mußte Erklärungen dazu abgeben. Wir sprachen über die Kriegsjahre. Da Mijnheer Millenar unsere Familie und ihre Probleme während der NS-Jahre bestens bekannt waren, wurde ich nach einstündiger Vernehmung als entlastet nach Hause geschickt. Ich bekam ein Dokument mit, das ich bei neuen Verhören seitens der Alliierten vorzeigen sollte.
Wie anders war dieses Verhör als all jene bei den Russen – und auch bei den Amerikanern. Hier waren Männer, die menschliches und politisches Verständnis sowohl für die Deutschen wie auch für die in Deutschland geborenen Niederländer hatten, welche die NS-Jahre in Berlin verbracht hatten. Langsam kam nun wieder ein wenig Hoffnung in uns auf, die vor uns liegenden Monate durchstehen zu können.
Andere erlebten sicherlich Ähnliches. Es war nicht verwunderlich, wenn jetzt mancher den Glauben an die Mitmenschen verlor. Ich denke an den Zeitungsverleger Karl Mossner (er gründete im August 1945 mit seinen Brüdern Julius und Günther den Berliner »Morgen«, jetzt die Zeitung der Liberaldemokratischen Partei in Ostberlin) und seine Lebensgefährtin. Er selbst war »Mischling« und hatte sich und Mitglieder seiner Familie 12 Jahre durch alle Fährnisse, mal durch Cleverneß, mal durch Tapferkeit durchgeschlagen (ich wußte das so genau, denn ich wohnte bei seiner Schwester in der Dahlmannstraße in Untermiete). Seine Gefährtin war wie meine Freundin Evelyn getarnte »Volljüdin« – auch ohne Lebensmittel- und ohne Kleiderkarten. Und dabei war auch sie andauernd in der Gefahr, in ein Vernichtungslager verschleppt zu werden. Drohbriefe und Erpressungen machten ihr Leben zur Hölle – wie das unsere.
Wir kannten einige unserer Feinde. Indessen stand unser Sinn nicht nach Vergeltung. Vor allem mußten wir jetzt besonnen auf die Herausforderung der sowjetischen Besatzer reagieren. Russische Willkür- und Terror-Akte kamen selbst im amerikanischen, englischen und französischen Sektor Berlins vor, und die westlichen Alliierten konnten nicht allerorten und sofort Gegenmaßnahmen ergreifen.
Auch wurden Amerikaner, Franzosen und Engländer von der sowjetischen Kommandantura genauso erpreßt wie die besiegten Deutschen. Mancher der westlichen Offiziere war viel zu jung, politisch viel zu unerfahren, um es mit den ideologisch gründlichst trainierten sowjetischen Offizieren aufnehmen zu können.
In unserem Hause in Nikolassee feierten wir die deutsche Kapitulation am 8. Mai 1945 nicht einen Augenblick lang. Ich weiß auch von überhaupt keiner Befreiungsfeier, von aufkommender Fröhlichkeit in anderen Familien und Häusern.
Schlimm war, daß sich viele Mitbürger nicht sehr würdig benahmen. Nazis, die uns bis April 1945 drangsaliert hatten, wollten plötzlich keine Parteigänger gewesen sein. Der Generaldirektor einer großen Fabrik, der in unserer Nachbarschaft wohnte, behauptete »schon immer Marxist gewesen zu sein«, um sich bei den Russen anzubiedern. Der Evelyn schmeichelte ein jeder, und wir hörten immer wieder: »Wir wußten natürlich von Ihrem schrecklichen Schicksal! Weil wir dagegen waren, haben wir Sie natürlich nicht angezeigt.« Das war widerliche Heuchelei. Unerklärlich, warum die mächtige Sowjetunion so wenig tat, um der leiden-

den deutschen Bevölkerung einen besseren Eindruck von ihren Besatzungstruppen und damit vom Sowjet-System schlechthin zu vermitteln. Als der Zweite Weltkrieg in Berlin zu Ende ging, hatten wir kurze Zeit Illusionen. Die Methoden der sowjetischen Besatzung zerstörten sie schnell.
Allerdings, meine neuen Erfahrungen sammelte ich vor allem im »US-Sector of Berlin«. Die amerikanischen Truppen wurden »hinter den roten Mauern von Lichterfelde« stationiert. Als preußische Hauptkadettenanstalt waren diese Kasernen eröffnet worden, dann beherbergten sie nacheinander die SS-Leibstandarte Adolf Hitler, die Rote Armee und nun die American Army – jetzt Andrews Barracks genannt.
Colonel Frank Howley (jetzt Brigade-General a. D.) erzählte später: »Wir hatten keinen Erfolg mit einem Agreement in dem fundamentalen Konflikt zwischen dem russischen Kommunismus und der westlichen Demokratie.« Nun, daran hat sich seit Berlins Stunde Null kaum etwas geändert. Howley sagte auch und schrieb in »Berlin Command«: »Wir zogen 1945 nach Berlin und glaubten nur, die Russen seien große, lustige, Balalaika spielende Burschen, die erstaunliche Mengen Wodka trinken und gern den starken Mann markieren. Wir wissen jetzt – oder sollten es wissen –, daß wir hoffnungslos naiv waren.«
Wie schon unter den Nazis gab es jetzt bei den Alliierten deutsche Spitzel. Es herrschten Mißtrauen und Argwohn. Die Deutschen hatten leider die Weimarer Republik verspielt – eine liberale Demokratie –, weil sie keine streitbaren Demokraten waren. Symptomatisch für das Dritte Reich war (wie ein Historiker schrieb) »eine Mischung aus Sadismus und Widerstand, aus Egoismus und Opportunismus, aus Heldentum, List und Feigheit«. Grundwerte, ohne die keine Nation bestehen kann, wurden schon in der Weimarer Republik leichtfertig abgewertet oder gar vernichtet. Konnten sie denn jetzt – nach 12jähriger NS-Diktatur – quasi aus dem Nichts wiedererwachen? Von dem amerikanischen Panzergeneral Patton hieß es, er habe nach dem Einmarsch ins besiegte »Großdeutsche Reich« gesagt, dieses Volk brauche jetzt keine Armee von Soldaten, sondern eine Armee von Psychiatern. Das war vielleicht gar keine so törichte – wie es zunächst schien – Feststellung.
Im uns gegenüberliegenden Lazarett lebten in jenen Wochen einige bekannte Schauspieler und markierten schwere Nervenleiden. Sie waren Staatsschauspieler unter Gustaf Gründgens gewesen oder hatten an Propaganda-Sendungen im Rundfunk mitgewirkt und versuchten nun, sich zu tarnen. Sie waren harmlose Mitläufer und litten jetzt seelisch mehr als jene, die stramme Parteigenossen gewesen waren.
Aus Theresienstadt kehrte Evelyns Vater Alfred Halm mit seiner Frau nach Berlin zurück. Wir beide hatten während des Krieges, als die Halms noch in Berlin vegetierten, ein symbolträchtiges Theaterstück »Das Rettungsboot« geschrieben. Der Berliner Bühnenverlag Felix Bloch Erben nahm es nun nach Kriegsschluß sofort an. Alfred Halm war vor 1933 als Gründer des Theaters am Nollendorfplatz ein bekannter Theatermann gewesen. Aber keine Bühne wollte unser Stück spielen. Gefragt waren derzeit nur ausländische Autoren.
Zunächst wurden wir mit sowjetischer Literatur aller Art zu Billigstpreisen überschwemmt. Ich sprach mit manchem Intellektuellen und Künstler, und wir stellten unisono fest, wir hätten erst von all dem, was uns infolge der »Tausend Jahre« fremd geblieben war, sehr viel zu lernen. Kulturell empfanden wir uns als rückständig. Und wir mußten obendrein die deutsche Emigranten-Literatur kennenlernen.
Auch diese Erkenntnisse führten in meinem Berliner Freundeskreis zu einer geistig-seelischen Krise. Wir waren zeitweise orientierungslos, auch wenn wir nur ein Ziel hatten: nämlich in Zukunft in Freiheit zu denken und zu handeln – zugunsten einer rechtsstaatlichen Demokratie.
Doch der Anfang war nicht leicht. Viele Menschen hatten genug von jeglicher Politik, mit der sie zwölf Jahre lang geplagt worden waren. Für viele aber verging kein Tag ohne Diskussion über Vergangenheit, Gegenwart und Zukunft Deutschlands in dieser Zeit von Berlins Stunde Null. Was hatte man falsch gemacht? Hätte man Hitler mit mehr und gezielterem Widerstand trotzen sollen? In vielen von uns entwickelten sich Schuldgefühle. Selbst in einer Frau wie Evelyn, die 12 Jahre lang ohne Rechtssicherheit eine »Unperson« gewesen war, ohne amtliche Papiere für den Einkauf der lebensnotwendigen täglichen Bedarfsartikel. Nun wußten wir es doch mit Sicherheit, was wir bislang nur vage geahnt hatten: Millionen Juden waren ermordet worden. »Muß ich mich etwa schämen, um

mein Überleben gekämpft zu haben?« fragte sich Evelyn. Auch ihre Eltern, die die »Endlösung« überlebt hatten, fragten sich das. In den Niederlanden waren 40 Menschen meines Namens »ausgerottet« worden, darunter Menschen, mit denen ich, der Christ, groß geworden war. Unsere Seelen waren belastet, oft bis zur Unerträglichkeit. Wir wollten froh sein, weil Hitler vernichtet war – und vermochten es doch nicht, froh zu sein. Wir bekamen Reden von Thomas und Heinrich Mann zu lesen, die wir gelegentlich schon unter dicken Decken verborgen, in Lindlay Frazers BBC-Sendungen gehört hatten. Trost hatten sie uns kaum gebracht, im Gegenteil: Manchmal dachten wir in unserer Verzweiflung: »Ihr habt gut reden . . .« Von Californiens Küste aus konnte man unsere Lage nicht beurteilen. Auch jetzt mußten wir unser Schicksal allein tragen. Ja, es war uns bewußt: Die schreckliche Vergangenheit konnten wir nur verkraften, wenn wir sie nicht verdrängen, sondern aus unseren Fehlern lernen würden, für uns und die Heranwachsenden. Berlins Stunde Null war für uns eine Schule der Prüfung unserer Mitmenschlichkeit.

Es mußte der »Schritt aus der Finsternis« getan werden. Aus dem Selbstverständnis hätten die Berliner zur Selbstbefreiung gelangen müssen. Das wäre ein gesunder, ein normaler Prozeß gewesen. Konnte aber das wirksam geschehen in der Drangsal von Berlins Stunde Null, unter den Russen und dann den drei Westalliierten? In äußerer Not, für unendlich viele unter neuer Angst und Furcht?

Die Alliierten sahen in der ersten Zeit in fast allen Deutschen und in Deutschland lebenden Ausländern Nazis, also Belastete. Selbst zwangsweise nach Deutschland verschleppte antifaschistische »Fremdarbeiter« waren der Naziaktivitäten verdächtig, nur weil sie sich noch in Deutschland aufhielten (vielleicht, weil sie krank waren oder auf den Einsatz der ersten Eisenbahn warteten).

Die eingeleiteten Entnazifizierungsverfahren waren notwendig, um Schuldige zu finden. Nur, wie wurden die Verfahren durchgeführt? Unzureichend, oft sogar dilettantisch.

Die im Hitlerreich gefürchtete Rechtlosigkeit setzte sich vielerorts – nicht überall – und auf andere Weise fort. Viele Deutsche und Ausländer in Berlin waren weiterhin gezwungen zu lügen, um neuerlich ihre Haut vor unberechtigten, ja ungesetzlichen Machenschaften zu retten. Als die Amerikaner, Engländer und Franzosen ihre Sektoren besetzten und hier die lokale Verwaltung übernahmen, traten schnell vielerlei Veränderungen ein. Im russischen Sektor wehten die roten Fahnen, in den Westsektoren wurden das amerikanische Sternenbanner, der britische Union Jack und die französische Trikolore aufgezogen. Fortan war Berlin keine Einheit mehr, sondern die vier Sektoren entwickelten sich gemäß der jeweiligen Besatzer unterschiedlich.

»Unser Berlin besteht jetzt gewissermaßen aus vier großen Dörfern«, definierte die Situation mir gegenüber ein verehrter Freund in Dahlem, eine der großen alten Persönlichkeiten des damaligen Berlin, Professor Edwin Redslob, in der Weimarer Republik Reichskunstwart, ein wahrhaft goethischer Geist (wenn ich mich recht erinnere, war seine Frau eine Nachkommin Goethes).

Im französischen Sektor zum Beispiel wurde eine andere Kulturpolitik verfolgt als im amerikanischen. Jeder Sektor hatte seine eigene Zeitung, die spezifische Tendenzen vertrat.

Hinzu kamen die Verkehrsprobleme. Einige Bahnen fuhren. Omnibusse und Taxis waren zunächst nicht wieder im Einsatz. Entweder waren sie »requiriert« – ein Wort, das nun wie andere in unseren Sprachschatz einging (früher sagten wir dafür »geklaut«). Fahrräder waren fast ausnahmslos von den Russen »beschlagnahmt« worden. Die Berliner wurden zu Fußgängern. Stundenlang waren sie zu Fuß unterwegs, um Freunde und Bekannte aufzusuchen. Oder Ämter. Oder, um an einer Veranstaltung teilzunehmen.

Als sich die westlichen Alliierten etabliert hatten, kamen langsam wieder Funken von Hoffnung in die zähen und mißtrauischen Berliner. Kreative Neugier brach erneut durch. Auch der Wille, die Misere trotz allem durchzustehen. Dabei stand ganz Berlin im Zeichen der Improvisation. Es gab nichts, was nicht improvisiert wurde. Trotzdem waren die sich neu öffnenden Theater, Konzertsäle oder Vortragsräume überfüllt. Was jetzt geboten wurde, war schließlich für die meisten Bürger und Bürgerinnen etwas Neues, ihnen bislang Verbotenes.

In Zehlendorf (amerikanischer Sektor) fiel ein besonderes reges »Amt für Volksbildung« auf. Hier erwarb sich Dr. Wallner-Basté kulturelle Verdienste. Ich besaß ein im Krieg aus Amsterdam eingeschmuggeltes Exemplar von Thomas Manns »Lotte in Weimar« und veranstaltete im Evangelischen Gemeindehaus Zehlendorf mit dem Schauspieler Paul Bildt einen Thomas-Mann-Abend – in Berlin der erste seit 1933. Die Veranstaltung mußte wiederholt werden. Die Berliner entwickelten eine lebhafte Neugier auf alles, was ihnen bislang vorenthalten worden war.

So wie eines Tages unverhofft ein russischer Kommissar gekommen war, um mich mit einer Künstlergruppe nach Karlshorst zu holen, so fuhr bald nach meinem Besuch bei Colonel Frank Howley ein Jeep mit amerikanischen Offizieren bei uns am Waldhaus vor. Sie erkundigten sich nach mir und meinen geistigen und künstlerischen Erfahrungen. Einen der Offiziere kannte ich dem Namen nach: Es war ein berühmter amerikanischer Musikverleger.

Die amerikanischen Truppen benötigten genau wie die russischen »Unterhaltung und Zeitvertreib«. Ich sollte wiederum quasi über Nacht eine »Floor-show« produzieren und jeden Abend in einem anderen Offiziers- oder Mannschafts-Club mit einer Künstlergruppe auftreten.

Vorübergehend wohnte bei uns im Keller ein bekannter deutscher Komponist von Unterhaltungsmusik, der auch politische Märsche komponiert hatte. Die Amerikaner wußten davon, gaben ihm ein amerikanisches Pseudonym und luden ihn ein, auch zu »tingeln«. Wieder eine neue Lehre!

Zusammen mit den Tagebüchern fand ich einen alten »Einsatzplan« unserer Floor-show. Mit meiner kleinen Künstlergruppe tingelte ich nicht nur in Nikolassee, sondern auch in Wannsee, Steglitz, Zehlendorf, Lichterfelde, Schlachtensee, Dahlem usw. Unsere »Show« war beliebt und wurde populär. Bald holten mich auch Engländer, Franzosen, Niederländer, Polen, um mit meinen Künstlern bei ihnen zu »gastieren«. Ich war Regisseur und »Conferéncier« in vier Sprachen, und bot ein halb- oder ganzstündiges Unterhaltungsprogramm.

Geld bekamen wir nicht. Unsere Bezahlung bestand in Doughnuts (= eine Art Pfannkuchen), Mehl, Milchpulver und Kaffeesatz. Der Kaffee war selbst bei den Amerikanern knapp, also mußten wir uns mit jenem Kaffeesatz zufriedengeben, der bereits einmal aufgegossen war. Uns war das gleichgültig, wenn wir nur etwas Kaffeegeschmack auf den Gaumen bekamen. Ja, damals war jeder noch sehr bescheiden.

Später erhielten wir heimlich »Besatzungsgeld«, und damit konnten wir durch Mittelsmänner in den US-Kantinen das eine oder andere einkaufen, was wir selber, unsere Familien und Freunde an Konsumgütern dringend benötigten. Papier für Bücher gab es vorläufig noch nicht, also mußte eben auch ein Schriftsteller und Wissenschaftler nach der Stunde Null auf andere Weise sich den Lebensunterhalt verdienen.

Im August 1945 gastierten wir in einem Alliierten-Casino in Potsdam. Es ging recht turbulent zu. Die Offiziere befanden sich in Hochstimmung, weil derzeit im Schloß Cecilienhof der weitere Verlauf der Weltgeschichte abgehandelt wurde. Präsident H. S. Truman, Generalissimus J. Stalin und Premierminister C. Attlee schlossen »das Potsdamer Abkommen«. Es regelte die militärische Besetzung, die Entmilitarisierung, die Einrichtung eines Alliierten Kontrollrates für Deutschland in Berlin, die vorläufigen Reparationen, Demontage, Demokratisierung, Dekartellisierung und Dekonzentration der deutschen Wirtschaft usw.

Die Engländer gaben mir schließlich den Auftrag, für Dezember eine »Christmas-Show« zu produzieren: »Rolf Italiaanders Swell-Fair«. Erstmals hatte ich jetzt ein Budget und konnte namhafte deutsche Künstler engagieren. Ich schrieb englische Texte und bot nicht nur ein internationales Konzert, sondern obendrein ein Varieté-Programm. Wir gastierten am Reichskanzler-Platz (jetzt Theodor-Heuss-Platz) in Charlottenburg im »Jerboa-Theatre«, einem von den Briten zum Theater umgebauten Kino. Unsere Show war derart erfolgreich, daß wir 1946 von wiederhergerichteten deutschen Theatern eingeladen wurden zu gastieren, so von Victor de Kowa ins Renaissancetheater. Wir wurden nach Westdeutschland verpflichtet. Ich spielte mit den engagierten Künstlern für die »British Army Welfare Services« bis zur Währungsreform 800 Vorstellungen; nachmittags für die deutsche Zivilbevölkerung, abends für die Alliierten.

Doch das ist eine andere Geschichte.

14 *Das zerstörte Arbeitszimmer Adolf Hitlers.*

15 *Des Diktators letzte Zuflucht. Hinter Metern von Beton befehligte Hitler Armeen, die es nicht mehr gab. Hier machte er seinem Leben am 30. April 15.30 Uhr durch Selbstmord ein Ende. Die russischen Truppen hatten den Potsdamer Platz und die Weidendammer Brücke erreicht.*

16 *Das ehemalige Reichspropagandaministerium am Wilhelmplatz.*

17 *Foto auf Seite 39: Die Jahre, Wochen und Monate vorher: Berlin erlebte während des Krieges 29 Luft-Großangriffe der Alliierten. Vom 18. Februar 1945 an wurde die Reichshauptstadt, von wenigen Ausnahmen abgesehen, täglich, oft mehrmals täglich von Störangriffen betroffen. Der Alexanderplatz nach dem Luftangriff am 3. Februar 1945.*

18 *Nach dem Luftangriff am 3. Februar 1945: Die Weidendammer Brücke und im Hintergrund das Kaiser-Friedrich-Museum (jetzt Bode-Museum). Darüber steht eine riesige Dunstwolke, die Folge der Löschaktionen in der Stadt.*

19/20 *Brennende Häuserblocks nach dem Luftangriff am 3. Februar 1945. Der Krieg zerstört überall in Europa Werte, an denen Generationen gearbeitet haben.*

21 *Am 2. Mai hatten die letzten deutschen Soldaten in Berlin vor den russischen Truppen kapituliert. Ein Plakat mit einem Ausspruch Stalins, wie man es häufig in den Straßen des von den Sowjets besetzten Berlin sehen konnte.*

22 *Groß war in Berlin die Gefahr, daß sich Seuchen und Epidemien aller Art ausbreiteten.*

23 *Auch sie hatten den »Endsieg« mit erkämpfen sollen. Das letzte Aufgebot. 9. April 1945, Volksturmmänner werden im Gebrauch der Panzerfaust unterwiesen.*

24 *Ein U-Bahn-Plakat mit ernstem Hintergrund.*

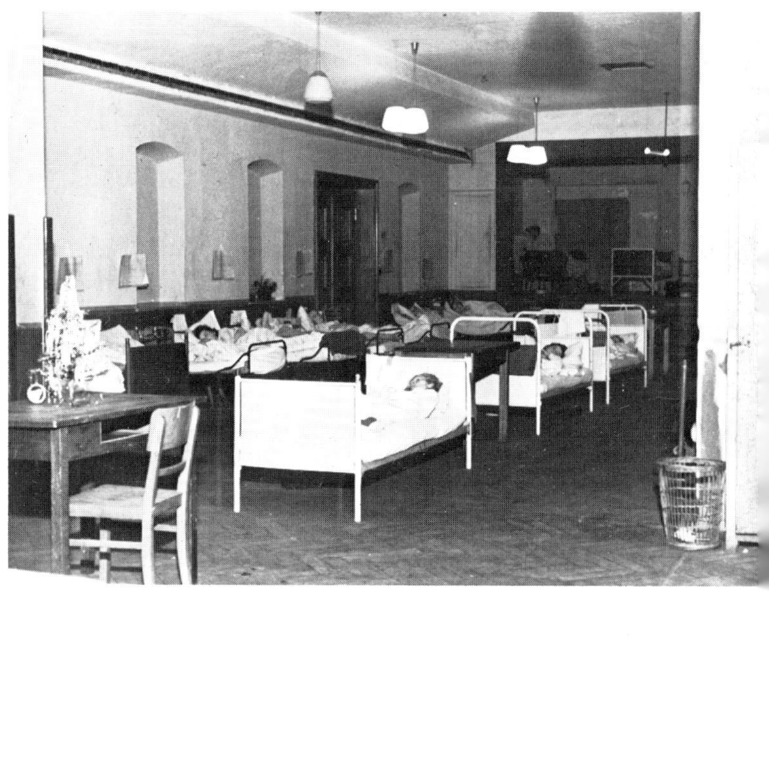

25 *Notkrankensaal im großen Zoobunker.*

25 *Endlich, Juli, die Amis sind da. Amerikanisches Militärgeld war auch bei der Zivilbevölkerung sehr begehrt, obwohl schwer bestraft wurde, wer es besaß.*

Amt für Volksbildung Zehlendorf

Veranstaltungsplan

16. bis 31. August 1945

Wann?	Wo?	Wer?	Was?
Sonntag, den 19. August, 18 Uhr (bei schlechtem Wetter 18½ Uhr)	Zehlendorf, Park Argentinische Allee 30 (Ev. Gemeindehaus Zehlendorf, Teltower Damm 4-8)	Berliner Solistenvereinigung (Begründer: Waldo Favre) Dirigent: Helmut Koch	Chorkonzert: Alte Meister, Mozart, Mendelssohn, Brahms und Volkslieder **RM 5.–, 4.–, 3.–, 2.–**
Mittwoch, den 22. August, 18 Uhr	Zehlendorf, Park Argentinische Allee 30	Berliner Staatskapelle Leitung: Johannes Schuler Solistin: Margarete Klose-Staatsoper (Alt)	1. Sinfoniekonzert: Brahms: Haydn-Variationen, Hugo Wolf: Orchesterlieder, Dukas: „Zauberlehrling", Dvorak: IV. Sinfonie, Joh. Strauß: Donauwalzer **RM 5.–, Stehplatz RM 2.–**
Freitag, den 24. August, 18 Uhr (bei schlechtem Wetter 18½ Uhr)	Zehlendorf, Park Argentinische Allee 30 (Ev. Gemeindehaus Zehlendorf, Teltower Damm 4-8)	Kammermusik-Vereinigung der Berliner Philharmoniker	Mozart: Quintett für Horn u. Streichinstrumente Es-Dur KV. 407 Schubert: Oktett F-Dur, op. 166 **RM 5.–, 4.–, 3.–, 2.–**
Sonntag, den 26. August, 10½ Uhr	Ev. Gemeindehaus Zehlendorf, Teltower Damm 4-8	Paul Bildt-Staatstheater Ilse Tödten (Sopran) Gustav Beck (Klavier) Rolf Italiaander (einführende Worte)	Thomas Mann: „Lotte in Weimar". Eine Vorlesung aus seinem letzten Werk. Goethelieder der Goethezeit **RM 6.–, 4.–, 2.–**
Mittwoch, den 29. August, 18 Uhr	Zehlendorf, Park Argentinische Allee 30	Berliner Philharmonisches Orchester	4. Abendmusik: **RM 5.–, Stehplatz RM 2.–**

Kasseneröffnung: 17 Uhr

Vorverkauf: Buchhandlung Holzapfel, Teltower Damm 27; „Der blaue Laden", Riemeisterstr. 39a; Rathaus Zehlendorf, Zimmer 117; Buchhandlung Petters, Limastr. 1 (Bahnhof Zehlendorf-West); Buchhandlung Gebel, Dahlem, Königin-Luise-Str. 71; Gesellschaft der Funkfreunde, Breitenbachplatz 17-19.

r Werbe-Ring, Berlin-Zehlendorf. Druck: Lindemann & Lüdecke, Berlin SO36, Oranienstr. 183

26 *Das »Amt für Volksbildung Zehlendorf« entwickelte unter dem Schutz der Amerikaner ein qualitätvolles Kulturprogramm.*

27 *Ausgebombte hinterlassen an ihren zerstörten Wohnhäusern Nachrichten für ihre Angehörigen.*

28 *Die Reichskanzlei in der Wilhelmstraße. Links das Schilderhaus war nach dem Fall Berlins der Aufenthalt für die russischen Posten, die den Zugang zur Vosstraße verwehrten.*

29 *Nun ist die deutsche Kapitulation ein geschichtliches Ereignis, auch wenn es so mancher Deutsche noch nicht wahrhaben will.*

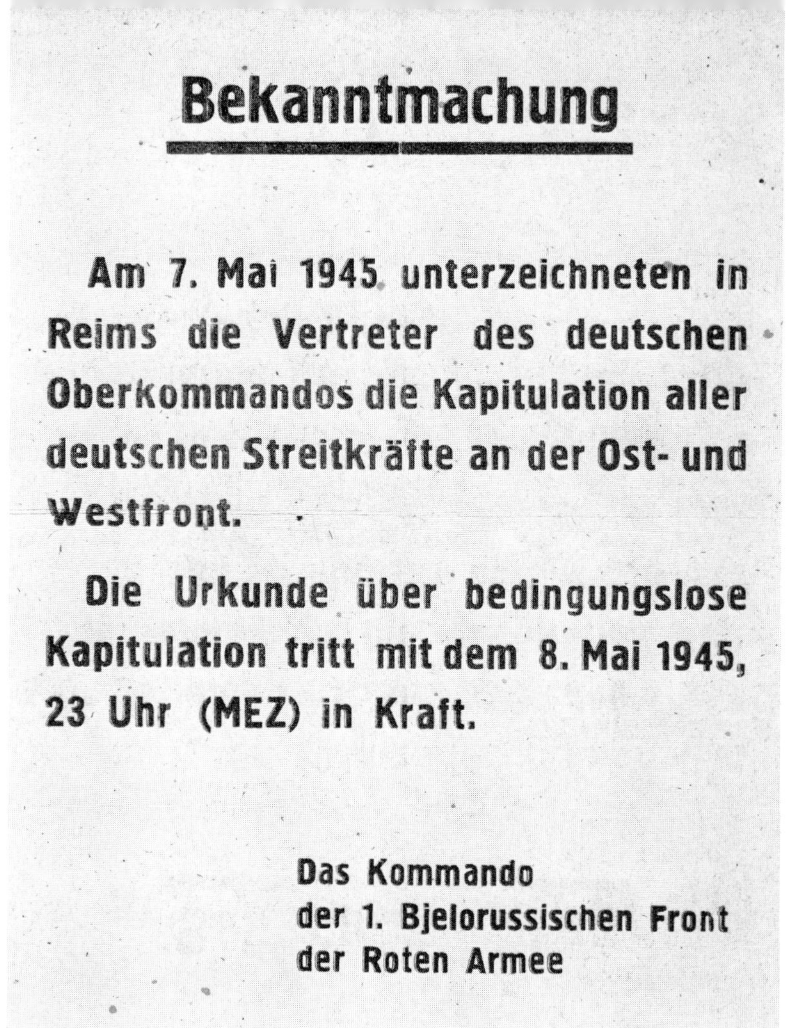

Bekanntmachung

Am 7. Mai 1945 unterzeichneten in Reims die Vertreter des deutschen Oberkommandos die Kapitulation aller deutschen Streitkräfte an der Ost- und Westfront.

Die Urkunde über bedingungslose Kapitulation tritt mit dem 8. Mai 1945, 23 Uhr (MEZ) in Kraft.

Das Kommando
der 1. Bjelorussischen Front
der Roten Armee

30 *Ein zerschossener Panzer in der Kurstraße, nahe dem Spittelmarkt.*

31 *Schwere russische Granatwerfer in der Hauptstraße in Schöneberg, während der letzten Kämpfe um Berlin im April 1945.*

32 *Bettlaken und Tücher als weiße Fahnen an den Mietshäusern: »Wir ergeben uns.«*

33 *Russische Panzersoldaten auf der Siegesfahrt durch Berlin in den ersten Maitagen.*

34 *Die Unterzeichnung der bedingungslosen Kapitulation am 8. Mai 1945 im sowjetischen Hauptquartier in Berlin-Karlshorst. Für Deutschland, sitzend von l.n.r.: Generaloberst Stumpf, Generalfeldmarschall Keitel, Generaladmiral von Friedeburg.*

35 *Für die USA General Spaatz und für Frankreich General de Tassigny (r.)*

36 *Für die russische Delegation unterzeichnet Marschall Schukow.*

37 *Am Brandenburger Tor nach der Kapitulation.* ▷

38 *Russische Straßenschilder in Berlin, im Hintergrund der Dom.*

39 *Krankentransportgerät als Ersatz für Krankenwagen.*

40 *Die Ruine des Central-Hotels mit dem berühmten Variété »Wintergarten« in der Georgenstraße gegenüber dem Bahnhof Friedrichstraße.*

41 *Ruinenviertel am Anhalter Bahnhof. Weite Teile der Stadt sind ein Trümmerfeld. Der schwere Bombenkrieg seit 1943 und die Artilleriekämpfe bei der Eroberung durch die Rote Armee haben mehr als eine halbe Million Wohnungen zerstört. Industrieanlagen, Geschäfts- und Verwaltungsviertel sind verwüstet. Statt der 4,3 Millionen Einwohner des Jahres 1939 leben 1945 noch 2,8 Millionen in Berlin.*

42 *Die zerstörte päpstliche Nuntiatur in der Rauchstraße, früher jahrelanger Amtssitz des Nuntius Pacelli, seit 1939 Papst Pius XII.*

◁ 43 *Von Mai 1945 bis August 1946 trafen 450 000 Heimkehrer in Berlin ein, davon blieben 123 000 in der Stadt wohnhaft.*

44 *Allein im August strömten täglich 30 000 Flüchtlinge aus dem Osten durch Berlin, 1,3 Millionen bis zum Oktober: die Antwort auf die millionenfache Massenvernichtung, die Deportationen und Verteibungen im deutschen Namen. Im Bild: Ein Flüchtlingslager auf dem Kasernengelände in der Kruppstraße.*

45 *Blick vom Alten Stadthaus auf das Rathaus und die Marienkirche.*

46 *Die Ruine des Polizeipräsidiums in der Alexanderstraße.*

47 *Juli 1945: Amerikanische Militärpatrouille vor dem schwer beschädigten Gestapo-Hauptquartier in der Prinz-Albrecht-Straße, in dem Zehntausende gequält, gefoltert und zum Tode verurteilt worden sind.*

48 *Blick vom Turm des Alten Stadthauses auf die Spandauer Straße, Eiergasse und die dachlose St.-Nicolai-Kirche.*

49 *Blick von der Marmorbalustrade des Kaiser-Friedrich-Denkmals am Hindenburgplatz zum Reichstag.*

50 *Blick von der Marmorbalustrade des Kaiserin-Friedrich-Denkmals. Links auf der Balustrade die Büste des Philosophen Eduard Zeller.*

51 *». . . und das war nicht Babel, nein, das war Berlin.« Evakuierte kommen nach Kriegsende zurück.* ▷

52 *General Eisenhower und General Sokolowski während einer Parade der sowjetischen Truppen am 5. Juni 1945 auf dem Flughafen Tempelhof.*

54 *Nissenhütten am Bahnhof Hohenzollerndamm, nach englischem Muster gebaut als Ersatz für die zerstörten Wohnhäuser.*

◁ 53 *Die vier Siegermächte übernehmen »die oberste Regierungsgewalt«: »Deutschland, das für den Krieg verantwortlich ist . . . unterwirft sich allen Anforderungen, die ihm jetzt oder später auferlegt werden.« Die Unterzeichnung der Viermächte-Erklärung fand am 5. Juni 1945 in Berlin im Hauptquartier Marschall Gregory Schukows statt. Zu den Mitgliedern der britischen und amerikanischen Delegationen gehörten (v.l.n.r.): General Dwight D. Eisenhower, US Vizeadmiral Robert L. Ghormley, General Eisenhowers Berater in deutschen Angelegenheiten Robert Murphy, Sir William Strang, politischer Berater Feldmarschall Montgomerys, und Feldmarschall Bernard L. Montgomery.*

55/56 *Als die Zeiten sich etwas normalisiert hatten, wurden Leichenumbettungen aus den Notgräbern in Parkanlagen vorgenommen.*

57 *Der verwüstete Tiergarten und die Tiergartenstraße mit der Italienischen Botschaft (Mitte) sowie der Japanischen Botschaft (rechts). Nach der Kapitulation Deutschlands war das »Diplomatenviertel« südlich des Tiergartens ohne Funktion.*

58 *Die Amerikaner besetzen in der Zeit vom 1. bis 4. Juli ihren Sektor. Im Hintergrund das Brandenburger Tor und der noch nicht abgeholzte Tiergarten.*

59 *In der ehemaligen Kaserne der SS-Leibstandarte »Adolf Hitler« in der Finckensteinallee (jetzt Andrews Barracks), feiern die Amerikaner die Übernahme ihres Sektors in Berlin mit einer Parade. Unser Bild zeigt die Teilnahme russischer Truppen. Auf dem Dach der Kaserne weht die amerikanische und die russische Flagge.*

60 *7. September 1945. Siegesparade der Alliierten auf der Charlottenburger Chaussee, im Hintergrund die Siegessäule. Rechts und links noch die Bäume des Tiergartens, die dann im Winter 45/46 abgeholzt wurden.*

61 *In der Nürnberger Straße fährt die U-Bahn im provisorisch abgestützten Tunnel*

62 *Ein Notherd im Freien.*

63 *Der Leipziger Platz mit der Ruine des Kaufhauses Wertheim, von Alfred Messel, 1897–1904 erbaut.*

64 *Der zerstörte Hochbahnhof Nollendorfplatz.*

65 *Enttrümmerung in der Straße Unter den Linden, vom Brandenburger Tor in Richtung Rathaus gesehen.*

66 *Die Ruine der Wilhelmshallen am Zoo.*

67 *Angehörige der Roten Armee regeln den Verkehr Unter den Linden.*

68 *Flaggenparade der vier Besatzungsmächte vor der Alliierten Kommandantur in Dahlem.*

69 *Das ehemalige Kammergericht im Kleistpark ist jetzt Sitz des Alliierten Kontrollrates.*

70 *Die Berliner Prachtstraße, der Kurfürstendamm (vom Bahnhof Halensee in Richtung Gedächtniskirche gesehen), wurde ziemlich bald enttrümmert.*

71 *Die Siegesallee und die Siegessäule im abgeholzten Tiergarten, der 1946 zu Kleingärten parzelliert wurde.*

72 *Auf dem Berliner Weddingplatz wurde am 21. August 1945 im Rahmen einer kurzen militärischen Feier die britische Flagge eingeholt und die französische Trikolore gehißt, als französische Truppen die Bezirke Reinickendorf und Wedding übernahmen.*
Der Befehlshaber der britischen Kampfverbände in Berlin, Brigadegeneral Spurling (Mitte) und der Befehlshaber der französischen Besatzungszone, General de Beauchesne (rechts), wohnten der Feier bei.

73 *Marlene Dietrich – der berühmteste Star aus Berlin – besuchte ihre in Berlin lebende Mutter im Sommer 1945. Sie kam als »Soldat« in amerikanischer Uniform, als »Star in Battledress«. 1946 trat sie in Rolf Italiaander's Show »Swell Fair« ausschließlich für alliierte Soldaten auf. Außer ihrem alten Freund Hubert (»Hupsi«) von Meyerinck durfte niemand davon wissen. Aber sie sang u.a. jene Lieder, die sie zuerst hier in Berlin gesungen und mit denen sie ihren Weltruhm begründet hatte.*

74 *Die Potsdamer Altstadt wurde durch den Luftangriff am 14. April 1945 erheblich zerstört. Von links nach rechts sieht man die Ruinen von Stadtschloß, Nicolaikirche und Rathaus.*

75 *Der total zerstörte Sockel des von Albert Wolff 1871 geschaffenen bronzenen Reiterstandbildes König Friedrich Wilhelms III. im Lustgarten.*

NACHRICHTENBLATT

für die deutsche Bevölkerung

Nr. 20 **13. Mai 1945**

Abschließende Operationen der Roten Armee

(Aus dem Bericht des Informationsbüros der Sowjetunion vom 12. Mai 1945)

Im Laufe des 12. Mai setzten die Truppen der Leningrader Front die Übernahme der kapitulierenden Verbände und Truppenteile der deutschen Gruppierung in Kurland fort. Vom 9. bis 12. Mai gaben sich 140 408 Soldaten und Unteroffiziere, 5083 Offiziere und 28 Generale gefangen. Unter den gefangenen Generalen befinden sich, außer den früher genannten, der Chef des Stabes der Kurländischen Gruppierung der deutschen Armeen, Generalleutnant Fertsch, der Kommandierende General des XXXVIII. Armeekorps, General der Artillerie Herzog, der Kommandierende General des I. Armeekorps, Generalleutnant Usinger, der Kommandierende General des X. Armeekorps, General der Artillerie Tomaschki, der Kommandeur der 205. I.D., Generalmajor Giese, der Kommandeur der 132. I.D., Generalmajor Demme, der Kommandeur der 225. I.D., Generalmajor Risse, der Kommandeur der 300. I.D., Generalmajor Ebert, der Kommandeur der 81. I.D., Generalleutnant Benzeweni, der Kommandierende General des XVI. Armeekorps, Generalleutnant Weber, der Kommandeur der 207. Sicherungsdivision, Generalmajor Bauer, der Kommandant des befestigten Raumes von Kurland, Generalleutnant Band, der Stadtkommandant von Libau, Generalmajor Müller, der Kommandant des rückwärtigen Gebietes der Kurländischen Gruppierung, Generalmajor Rauser, der Chef des Veterinärwesens der Kurländischen Gruppierung, Generalleutnant Keller. In dieser Zeit wurde folgende Beute übernommen und gezählt: 75 Flugzeuge, 307 Panzer und Sturmgeschütze, 1427 Feldgeschütze, 557 Granatwerfer, 3879 MG's., 52887 Gewehre und MP's., 219 gepanzerte Mannschaftswagen, 310 Radiostationen, 4281 Kraftfahrzeuge, 240 Traktoren und Schlepper, 3442 Fahrzeuge mit Kriegsgut, 14056 Pferde.

Die Truppen der 2. Bjelorussischen Front beendigten im Raum der Weichselmündung, östlich Danzig, auf der Putziger Nehrung, nordöstlich Gdingen, und auf der Insel Bornholm die Übernahme der kapitulierenden deutschen Truppen. Vom 9. bis 12. Mai gaben sich 59 106 Soldaten und Unteroffiziere, 1728 Offiziere und 12 Generale gefangen. Unter den gefangenen Generalen befinden sich, außer den früher genannten, der Chef des Stabes der 2. deutschen Armee, Generalmajor Macher, der Chef der Armee-Lehrgänge der 2. Armee, Generalleutnant Noack, der Kommandierende General des XX. Armeekorps, General der Infanterie Speck, der stellvertretende Kommandeur der 203. I.D., Generalmajor Grottena.

In der Tschechoslowakei und Österreich säuberten Truppen der 1., 4., 2. und 3. Ukrainischen Fronten die besetzten Gebiete von versprengten deutschen Abteilungen und Gruppen der Truppen des Generalfeldmarschalls Schörner und des Generalobersten Weler.

Truppen der 1. Ukrainischen Front nahmen vom 9. bis 12. Mai 168 000 Soldaten und Offiziere gefangen, die sich desorganisiert ergaben, ferner sieben Generale. Unter den gefangenen Generalen befinden sich, außer den früher genannten, der Pionierführer der 4. Panzerarmee, Generalleutnant Bardin, der Generalarzt Janson und Generalleutnant Hitzegr, z. b. V. beim Protektorat Böhmen und Mähren.

Die Truppen der 4. Ukrainischen Front nahmen vom 9. bis 12. Mai 56 280 deutsche Soldaten und Offiziere gefangen, die sich desorganisiert ergaben.

Die Truppen der 2. Ukrainischen Front nahmen vom 9. bis 12. Mai 135 000, die sich desorganisiert ergaben, und 8 Generale gefangen. Unter den gefangenen Generalen befinden sich der Kommandierende General des II. deutschen Gebirgsjägerkorps, Generalleutnant Zesier, der Kommandierende General des LXXII. Armeekorps, Generalleutnant Schmidt, der Kommandeur der 6. Panzerdivision, Generalleutnant Waldenfels, der Kommandeur der 76. I.D., Generalmajor Rörner, der Kommandeur der 320. I.D., Generalmajor Gilian, der Chef des Stabes des 4. Wehrkreises, Generalmajor Gerlach, der Kommandant des Flugplatzbodenpersonals, Generalmajor Nichus. In derselben Zeit machten die Truppen der Front folgende Beute: 50 Flugzeuge, 291 Panzer und Sturmgeschütze, 658 Feldgeschütze, 269 gepanzerte Mannschaftswagen, 2100 Kraftfahrzeuge.

Die Truppen der 3. Ukrainischen Front nahmen vom 9. bis 12. Mai 114 766 deutsche Soldaten und Offiziere, die sich desorganisiert ergaben, gefangen, ferner 5 Generale.

So wurden im ganzen vom 9. bis 12. Mai über 700 000 deutsche Soldaten und Offiziere und 63 Generale gefangengenommen, die Gruppe deutscher Soldaten und Offiziere eingerechnet, die die Übergabe an die Truppen der 3. Bjelorussischen Front am 11. Mai beendeten.

76 *Eine Nummer des sowjetischen Nachrichtenblattes für die deutsche Bevölkerung vom 13. Mai 1945.*

Tägliche Rundschau

Nr. 1 — Frontzeitung für die deutsche Bevölkerung — 15. Mai 1945

Die Zeitung der Roten Armee in Berlin

Die Rote Armee in Berlin. . . . Sie kam hierher als Siegerin in einem Kriege, wie es in der Geschichte noch keinen gegeben hat. Hinter ihr liegt das Heldenlied von Stalingrad, das zum Symbol soldatischer Standhaftigkeit und Kriegskunst geworden ist. Hinter ihr liegen die historischen großen Siege dieses Krieges: im Bogen von Orel und am Dnjepr, an der Weichsel und an der Oder, der Sturm Belgrads und Budapests, die Einnahme von Warschau und von Wien.

Im letzten Jahr des Krieges trug die Rote Armee ihre Fahnen durch die Hauptstädte von sieben europäischen Staaten: Rumäniens und Bulgariens, Polens und Jugoslawiens, Ungarns, Österreichs und der Tschechoslowakei. Überall begrüßte die Bevölkerung dieser Hauptstädte die Rote Armee als ihre Befreierin. Aus eigener Erfahrung überzeugten sich die Völker Europas nicht nur von der Kampfkraft und der Disziplin der Roten Armee, sondern auch von der Gerechtigkeit ihrer Kriegsziele, dem hohen politischen Niveau und der Menschlichkeit ihrer Soldaten und Offiziere.

Das ist auch selbstverständlich, denn die Rote Armee ist eine Armee, die den Frieden und die Freundschaft unter den Völkern verteidigt. Sie wurde nicht geschaffen, um fremde Länder zu erobern, sondern um die Grenzen ihrer Heimat zu schützen. Sie achtet die Rechte und die Unabhängigkeit aller Völker. Im Juni 1941, als Hitlerdeutschland die Sowjetunion treulos überfiel, als es den Nichtangriffspakt grob und niederträchtig brach, sah sich die Rote Armee gezwungen, ins Feld zu rücken, um die Heimat vor den fremdländischen Eroberern zu decken. Sie führte den gerechten Vaterländischen Befreiungskrieg. Und sie siegte, sie zerschlug die hitlersche Kriegsmaschine und zwang die Reste der Hitlerarmee zu vollständiger und bedingungsloser Kapitulation.

Die Rote Armee ist in Berlin einmarschiert voll heiligen Hasses gegen die hitlerschen Kriegsverbrecher, diese treulosen Vertragsbrecher, diese blutigen Angreifer, die Europa mit Galgen bedeckten und es im eigenen Blute ertränkten. Vielen sowjetischen Soldaten, die heute durch die Straßen Berlins gehen, sind zu Hause nur abgebrannte Häuser und zerstampfte Felder geblieben: Männer wurden aufgehängt, Greise und Kinder zuhauf erschossen, Millionen Mütter, Schwestern, Frauen, Bräute in die deutsche Sklaverei getrieben. Trotzdem — die Rote Armee hat das deutsche Volk niemals mit der Hitlerclique gleichgesetzt und wird es niemals mit ihr gleichsetzen.

Ganz zu Beginn des Krieges erklärte Marschall Stalin in seinem ersten Aufruf an das Sowjetvolk am 3. Juli 1941:

„In diesem Befreiungskrieg werden wir nicht allein dastehen. In diesem großen Krieg werden wir treue Verbündete an den Völkern Europas und Amerikas haben, darunter auch am deutschen Volk, das von den faschistischen Machthabern versklavt ist."

Leider hat das deutsche Volk bei sich selbst nicht genügend Kraft gefunden, um sich zum entscheidenden Kampf gegen seine Tyrannen zu erheben; leider hat es seinen Beitrag für die allgemeine Sache des Kampfes der freiheitsliebenden Völker gegen die hitlerischen Räuber nicht geleistet.

Jetzt, wo die Rote Armee gemeinsam mit den Truppen unserer Verbündeten die nazistische Tyrannei vernichtet hat, müssen die Deutschen vor der ganzen Welt beweisen, daß Hitler — nicht Deutschland, daß die nazistische Bande — nicht das deutsche Volk ist. Die Rote Armee rechnet auf die Unterstützung des deutschen Volkes bei der Durchführung aller Maßnahmen, die im Interesse des deutschen Volkes selbst liegen, im Interesse seiner Gegenwart und Zukunft.

Die Rote Armee kam nach Deutschland als Siegerin, aber nicht als Unterdrückerin. Ihr Ziel ist — das nazistische Tyrannensystem zu vernichten, die hitlerischen Kriegsverbrecher aufzuspüren und zu bestrafen, und alles zu tun, um der Möglichkeit eines neuen deutschen Angriffs, eines neuen Krieges in der Zukunft vorzubeugen. Doch niemals kannte die Rote Armee ein Ziel wie die Vernichtung des deutschen Volkes oder die Zertrümmerung des deutschen Staates. Die Fürsorge des sowjetischen Kommandos für die Verbesserung der Nahrungsmittelversorgung der deutschen Bevölkerung, die von den Hitlerbehörden in den Hunger getrieben wurde, legt davon ein beredtes Zeugnis ab. Dafür spricht auch die Einsetzung von Bürgermeistern aus der einheimischen deutschen Bevölkerung und die Sorge um die schnellstmögliche Wiederherstellung der Kommunalbetriebe und normaler Arbeitsbedingungen in den deutschen Städten und Dörfern. Dafür spricht schließlich die Herausgabe unserer Zeitung „Tägliche Rundschau" — der Zeitung der Roten Armee für die deutsche Bevölkerung.

Die Aufgabe unserer Zeitung besteht darin, dem deutschen Volk die Wahrheit über die Rote Armee und die Sowjetunion nahezubringen, den Deutschen zu helfen, in der gegenwärtigen politischen Lage die richtige Orientierung zu finden, mit den Überbleibseln der hitlerschen Barbarei aufzuräumen und alle Kräfte zur schnellsten Wiederherstellung eines normalen Lebens anzuspannen.

Abschließende Operationen der Roten Armee

(Bericht des Informationsbüros der Sowjetunion vom 14. Mai 1945)

Die Anzahl der Kriegsgefangenen, die im Bericht des Informationsbüros der Sowjetunion vom 13. Mai angegeben wurde, hat sich im Verlauf des 14. Mai an der gesamten Front auf 170 000 deutsche Soldaten und Offiziere und 10 Generale vergrößert.

Insgesamt wurden somit in der Zeit vom 9. bis 14. Mai an der gesamten Front mehr als 1 230 000 deutsche Soldaten und Offiziere sowie 101 Generale gefangengenommen.

An die Bevölkerung der Stadt Berlin

Um die regelmäßige Versorgung der Berliner Bevölkerung mit Lebensmitteln sicherzustellen, hat das Sowjetische Militärkommando durch den Kommandanten der Stadt Berlin der Stadtverwaltung ausreichende Mengen von Lebensmitteln zur Verfügung gestellt.

Gemäß Befehl des Militärkommandanten der Stadt Berlin, Generaloberst BERSARIN, sind ab 15. Mai 1945 folgende feste Lebensmittelrationen **pro Person und Tag** festgesetzt worden:

Brot

1. Schwerarbeiter und Arbeiter in gesundheitsschädlichen Betrieben . . . . 600 g
2. Arbeiter, die nicht in schweren oder gesundheitsschädlichen Berufen tätig sind . . . . . 500 g
3. Angestellte . . . . 400 g
4. Kinder, nichtberufstätige Familienangehörige und die übrige Bevölkerung . . . . 300 g

Nährmittel

1. Schwerarbeiter und Arbeiter in gesundheitsschädlichen Betrieben . . . . 80 g
2. Arbeiter, die nicht in schweren oder gesundheitsschädlichen Berufen tätig sind . . . . . 60 g
3. Angestellte . . . . 40 g
4. Kinder, nichtberufstätige Familienangehörige und die übrige Bevölkerung . . . . 30 g

(Fortsetzung Seite 4)

Elfte Tagung des Sowjetischen Parlaments

Vor kurzem beendete der Oberste Sowjet der Sowjetunion in Moskau seine 11. Tagung, in der das Staatsbudget der Sowjetunion für 1945 festgelegt wurde. Das Budget, dessen Endsumme 307 Milliarden Rubel übersteigt, wurde angenommen. Verglichen mit 1944 ist das Staatsbudget der UdSSR für 1945 um über 57 Milliarden Rubel höher. Dies zeigt deutlich, wie stark der Sowjetstaat am Ende des Krieges geworden ist.

Staatsanleihe überzeichnet

Die am 5. Mai 1945 von der Sowjetregierung ausgeschriebene 4. staatliche Kriegsanleihe über 25 Milliarden Rubel war bis zum Abend des 13. Mai mit 26.384.685.000 Rubel gezeichnet, also um 1.384.685.000 Rubel überzeichnet worden.

Das Finanzkommissariat der UdSSR gab Anweisung, ab 14. Mai 1945 Zeichnungen nicht mehr entgegenzunehmen.

Übergabe von neun italienischen Provinzen in die Verwaltung der italienischen Regierung

London, 11. Mai (TASS). Reuteragentur meldet, daß nach einer Erklärung des Kommissars der Verbündeten Kommission, Konteradmiral Allery Stown, 9 weitere italienische Provinzen in die Verwaltung der italienischen Regierung übergegangen sind. Nach Übergabe dieser 9 Provinzen stehen nunmehr 3/5 des italienischen Territoriums mit einer Bevölkerungszahl von 24 Millionen Personen unter italienischer Oberhoheit.

„Vor drei Jahren erklärte Hitler vor aller Welt, daß zu seinen Zielen die Aufteilung der Sowjetunion, die Loslösung des Kaukasus, der Ukraine, Bjelorußlands, des Baltikums und anderer Gebiete gehört. Er erklärte direkt: „Wir werden Rußland vernichten, damit es sich nie mehr erheben kann". Das war vor drei Jahren. Doch diese wahnwitzigen Ideen Hitlers sollten nicht in Erfüllung gehen, das Kriegsgeschehen verwehte sie in alle Winde. In Wirklichkeit trat gerade das Gegenteil von dem ein, wovon die Hitleristen phantasierten. Deutschland wurde aufs Haupt geschlagen. Die deutschen Truppen kapitulieren. Die Sowjetunion feiert den Sieg, obwohl sie nicht beabsichtigt, Deutschland aufzuteilen oder zu vernichten."

(Aus der Botschaft Marschall Stalins an das Sowjetvolk vom 9. Mai 1945)

77 Die erste Nummer der »Täglichen Rundschau« vom 15. Mai 1945 mit der Bekanntgabe der Lebensmittelrationen pro Person und Tag für die Bevölkerung.

Erscheint täglich

Einzelnummer 10 Pf.

Berliner Zeitung

Nummer 5

Freitag, den 25. Mai 1945

1. Jahrgang

Europa beginnt ein friedliches Leben

Vom Nazismus befreite Länder festigen die Freundschaft mit den UdSSR

Diplomatische Beziehungen UdSSR—Dänemark wieder aufgenommen / Amerikanische Mission nach Moskau
Paasikivi lobt den Heldenmut der Völker Rußlands

Legende und Wirklichkeit

Im letzten Bericht des Oberkommandos der deutschen Wehrmacht, der am Tage der Kapitulation durch den Flensburger Sender verbreitet wurde, hieß es, daß die deutsche Wehrmacht in diesem Kriege Taten vollbracht habe, die ewig fortleben werden und daß die deutsche Wehrmacht angeblich der großen Uebermacht erlegen sei. Das deutsche Oberkommando versucht, an die Geschichte zu apellieren, die die Taten der deutschen Wehrmacht richtig einschätzen werde; zugleich versicherte Graf von Schwerin-Krosigk in einem Aufruf, den er anläßlich der Kapitulation erließ, daß die Deutschen mit Stolz auf den Weg zurückblicken könnten, den sie durchschritten haben.

Wenn man ernst über die Ergebnisse nachdenkt, auf die die deutsche Wehrmacht am Ende ihres langen und erbitterten Kampfes zurückblickt, so klingen alle diese Erklärungen des deutschen Oberkommandos, des ehemaligen Ministers von Schwerin-Krosigk und andere einfach als bittere Ironie. Wie kann eine Armee sich ewigen Ruhm zuschreiben, wenn sie in allen entscheidenden Schlachten des Krieges geschlagen wurde, vollständig entwaffnet wurde und vollzählig an der Spitze mit ihren Generalen und Feldmarschallen in Gefangenschaft geriet. Welche Armee kann darauf stolz sein, daß sie bedingungslos kapitulierte und sich auf Gnade und Ungnade der Sieger ergab? Nein, nicht die deutsche Wehrmacht kann sich den Ruhm der historischen Erfolge zuschreiben, die ewig leben werden. Die Geschichte wird die Taten der deutschen Wehrmacht richtig einschätzen, sie wird die Siege und Niederlagen der deutschen Waffen würdigen.

Tatsächlich, in den ersten Jahren des Krieges, hat Deutschland Polen, Norwegen, Dänemark, Belgien und Frankreich besiegt. Dann hat Deutschland im Balkanfeldzug Jugoslawien und Griechenland besetzt. Deutschland hat kleine und in militärischer Hinsicht schwache Länder, die keine starken Armeen und wirtschaftliche Hilfsquellen hatten, besiegt. Was Frankreich betrifft, so war es auch hier ein kleiner Krieg. Der Sieg der deutschen Waffen wurde erleichtert durch die Intriguen in dem damals halb zerfallenen Staat Frankreich. Erst in der Sowjetunion stieß Hitler auf wirklichen Widerstand, und da zeigte es sich, daß Hitler, wie ein russisches Sprichwort sagt, „wie eine Löwe gegen die Lämmer, aber gegen den Löwen wie ein Lamm" war.

Also hat die deutsche Wehrmacht keinen Grund stolz zu sein. Die deutsche Wehrmacht wurde zerschlagen durch die Vereinigten Armeen. Und das deutsche Oberkommando hat kapituliert.

Weshalb treten denn dann das deutsche Kommando und die deutschen Minister mit Erklärungen auf, als hätte die deutsche Wehrmacht nicht eine Niederlage erlitten, sondern einen Sieg errungen? Weshalb sprechen sie von gewaltigen Erfolgen der deutschen Waffen, auf die man angeblich ewig stolz sein kann? Sie wollen scheinbar — und das ist das allergefährlichste für das deutsche Volk — eine neue Legende schaffen, daß die deutsche Armee nicht zerschlagen wurde, sondern vor der Uebermacht der Kräfte der Gegner gewichen ist. Wozu brauchen sie so eine Legende? Um genau so wie mit der 1918 nach der Niederlage Deutschlands geschaffenen Legende, das Ansehen der deutschen Armee als Voraussetzung für die Vorbereitung irgendeines neuen Krieges in der Zukunft zu erhalten.

Es gibt nichts Unklügeres als die Schaffung einer solchen Legende. Es gibt nichts Gefährlicheres für Deutschland als solche kriegerischen Stimmungen geschlagener Generale und ihrer Hintermänner. Die deutsche Wehrmacht hat eine grausame Niederlage erlitten. Das ist eine schwere und bittere Tatsache für alle Deutschen. Doch man muß sie anerkennen. Zweimal während des letzten Vierteljahrhunderts hat Deutschland Niederlagen erlitten. Diese bittere historische Lehre muß beachtet werden. Deutschland muß seine Zukunft auf dem Wege der friedlichen Entwicklung und der freundschaftlich-nachbarlichen Beziehungen mit allen Ländern aufbauen. Darin und nur darin ist die Garantie und die Grundlage für Deutschlands zukünftigen Wiederaufbau gegeben.

Wiederaufnahme der diplomatischen Beziehungen zwischen der UdSSR und Dänemark

Am 10. Mai wandte sich die nach der Befreiung Dänemarks neugebildete dänische Regierung an die Sowjet-Regierung mit der Bitte um Gesandtenaustausch. Ferner ersuchte sie um die Zustimmung zur Ernennung des Herrn Dessing zum außerordentlichen Gesandten und bevollmächtigten Minister Dänemarks in der Sowjetunion.

Am 16. Mai setzte die Sowjet-Regierung die dänische Regierung in Kenntnis, daß sie ihren Vorschlag auf Wiederherstellung der Beziehungen der beiden Länder in dem Sinne auffaßt, daß die neue dänische Regierung den Abbruch der diplomatischen Beziehungen Dänemarks mit der Sowjetunion, die die ehemalige dänische Regierung am Tage des Ueberfalls Hitlerdeutschlands auf die Sowjetunion im Juni 1941 vollzog, verurteilt. Die Sowjetunion erklärt sich mit der Ernennung des Herrn Dessing zum außerordentlichen Gesandten in der Sowjetunion einverstanden.

Rede Paasikivis

Helsinki, 24. Mai. Auf einem Empfang, den der Vorsitzende der finnisch-russischen Kontrollkommission, Generaloberst Shdanow, anläßlich des Sieges über Hitlerdeutschland veranstaltete, und dem namhafte Vertreter des finnischen politischen und kulturellen Lebens beiwohnten, hielt der finnische Ministerpräsident Paasikivi eine Rede, in der er unter anderem erklärte: „Der Heldenmut der Völker Rußlands erregte die Bewunderung der ganzen Welt. Es hat wenige Kriege gegeben, in denen ein angegriffenes Volk eine so starke und mutige Abwehr geleistet hätte, wie es in diesem großen Krieg der Fall war, der jetzt mit einem Sieg abgeschlossen wurde. Bei uns in Finnland sieht man immer mehr ein, daß der Sieg der Sowjetunion unserem Volke die Möglichkeit schuf, selbständig und unabhängig zu leben. Das Abkommen über den Waffenstillstand hat uns die Gelegenheit gegeben, aus dem Weltkriege friedlich auszuscheiden, noch bevor derselbe zum Abschluß kam. Ich hoffe, es vergeht keine lange Zeit, bis wir imstande sein werden, das Abkommen über den Waffenstillstand mit einer stabileren Ordnung zu vertauschen, die auf einer innigen und festen Freundschaft unserer Völker gegründet sein wird."

Presse-Erklärung von Schubaschitsch und Masaryk

Mexiko, 19. Mai (TASS). Die Zeitung „El National" veröffentlicht eine Unterredung ihres Korrespondenten mit den Außenministern Jugoslawiens und der Tschechoslowakei. Im Laufe der Unterredung kam die Rede auf die Beziehungen dieser Länder zu der Sowjetunion.

Der Außenminister Jugoslawiens, Schubaschitsch, erklärte: „Unsere Regierung und die Regierung der Tschechoslowakei waren gebildet, bevor die Sowjetunion in unsere Länder zur Befreiung der Völker beider Länder einmarschiert ist. Die Partisanen Marschall Titos kämpften schon, als die Rote Armee noch keine strategischen Pläne bezüglich Jugoslawiens hatte. Die Regierung Benesch ist dieselbe, welche sich im Exil in London befunden hat. Unsere Freundschaft mit der UdSSR, die in dem Vertrag über die gegenseitige Hilfe zum Ausdruck kommt, ist ein auf gegenseitige Gerechtigkeit gestütztes Einvernehmen!

Masaryk betonte: „Es ist so, daß wir der UdSSR die Befreiung eines bedeutenden Teiles unseres Territoriums verdanken, und daß diese durch die schnellen Operationen der anglo-amerikanischen Truppen vollendet wurde. Unser Vertrag garantiert beiden Staaten volle Handlungsfreiheit. Wir betrachten die UdSSR als unseren heutigen und immerwährenden großen Bundesgenossen. Wir können das Verhalten der UdSSR gegenüber unserem Land in der Zeit der Münchener Periode nicht vergessen."

Russisch-amerikanische Zusammenarbeit

London, 23. Mai. Wie der amerikanische Kriegsberichterstatter Frank Gillard meldet, arbeiten die amerikanischen Truppen mit den russischen Streitkräften in vorbildlicher Art und Weise zusammen. Im tschechoslowakischen Grenzgebiet haben die Amerikaner sehr viel deutsches Kriegsmaterial, insbesondere Fahrzeuge, den russischen Truppen übergeben. Deutsche Soldaten, die sich hinter die amerikanischen Linien geflüchtet hatten, wurden ebenfalls an die sowjetischen Streitkräfte ausgeliefert.

Hopkins' und Davies' Mission

New York, 24. Mai. Aus einer Erklärung des Weißen Hauses in Washington geht hervor, daß der ehemalige intime Berater Präsident Roosevelts, Harry Hopkins, in einer besonderen Mission von Präsident Truman nach Moskau entsandt worden ist. Der Präsident nutzt auf diese Art und Weise die Beziehungen aus, die Harry Hopkins sich seit seinem ersten Besuche in Moskau im August 1941 geschaffen hat. Hopkins wird jetzt persönlich mit Marschall Stalin verhandeln, um besonders dringliche Fragen mit ihm zu besprechen. Der amerikanische Botschafter Averill Harriman begleitet Mr. Hopkins.

Davies, ehemaliger Botschafter in der Sowjet-Union, ist nach London abgereist, um dort mit Premier Churchill und anderen führenden britischen Regierungsmitgliedern zu konferieren.

Regierungsumbildung in der USA

Washington, 23. Mai (TASS). Präsident Truman gibt den Rücktritt des Staatssekretärs für Justiz, Butler, des Staatssekretärs für das Arbeitswesen, Perkins, des Staatssekretärs für Landwirtschaft, Wickard und des Leiters des Amtes für Kriegsversorgung, Johnson, bekannt.

Laut Erklärung Trumans wurde zum Staatssekretär für Justiz der bisherige Unterstaatssekretär im Justizministerium, Clark, zum Staatssekretär für Landwirtschaft, Anderson, zum Staatssekretär für Arbeit Schellenbach ernannt. Anderson wird gleichzeitig die Aemter des Staatssekretärs für Landwirtschaft und des Leiters des Amtes für Kriegsversorgung bekleiden. Wickard übernimmt den Posten des Leiters der Elektrifizierung der Landwirtschaft.

Vor den Neuwahlen in England

London, 24. Mai. Churchill wurde vom König in England mit der Bildung einer neuen Regierung beauftragt, die bis zu den Neuwahlen am 5. Juli die Geschäfte führen wird. Das gegenwärtige Parlament hatte eine Amtsdauer von zehn Jahren, die Koalitionsregierung war etwa fünf Jahre im Amt.

Etwa 30 Mitglieder der Labour-Party, die Minister- und sonstige Posten bekleideten, scheiden aus der Regierung aus. Mehr als 1300 Wahlkandidaten sind bisher namhaft gemacht, darunter 68 Frauen. In dem gegenwärtigen Parlament sind die Konservativen durch 351, die Arbeiterpartei durch 170 Mitglieder vertreten.

Auf der gestrigen Sitzung des Jahrestages der Arbeiterpartei legte Bevin die Außenpolitik der Partei dar. Er erklärte, zwischen den Vereinigten Staaten, Großbritannien und Rußland muß völlige Uebereinstimmung erzielt werden. Eine der Tragödien des letzten Friedensschlusses war die Abwesenheit Rußlands von der Konferenz von Versailles. Die Arbeiterpartei macht sich die Idee der kollektiven Sicherheit völlig zu eigen. Großbritannien soll an der Aufstellung von Streitkräften zur Wahrung der internationalen Sicherheit beteiligt sein. Die Labour-Partei befürwortet die Abhaltung einer Friedenskonferenz. Es muß dafür gesorgt werden, daß Deutschland nicht erneut ein Kriegspotential entwickelt. Gleichzeitig muß die Frage der Arbeitsbeschaffung für die 60 000 000 Deutschen gelöst werden. Deutschland muß sich selbst versorgen.

In letzter Stunde

Das englische Parlament wird aufgelöst

London, 24. Mai (TASS). Laut Reuter hat die Kanzlei des Premierministers bekanntgegeben, daß das englische Parlament am 15. Juni 1945 aufgelöst wird.

78 *In Europa beginnt ein friedliches Leben – das war eine Schlagzeile, welche die Berliner wieder hoffen ließ.*

79 *Eine russische Zeitung vom 1. Mai 1945.*

ДА ЗДРАВСТВУЕТ 1-е МАЯ—
ДЕНЬ СМОТРА БОЕВЫХ СИЛ ТРУДЯЩИХСЯ!

СМЕРТЬ НЕМЕЦКИМ ОККУПАНТАМ! ПРОЧИТАЙ И ПЕРЕДАЙ ТОВАРИЩУ

Вперед на врага

Над зданием германского рейхстага в Берлине развевается наше славное знамя победы.

Вторник, 1 мая 1945 г. | ЕЖЕДНЕВНАЯ КРАСНОАРМЕЙСКАЯ ГАЗЕТА | № 105

ПРИКАЗ
Верховного Главнокомандующего

1 мая 1945 г. № 20 г. Москва.

BEFEHL

der Interalliierten Militärkommandantur der Stadt Berlin

11. Juli 1945 *Nr. 1* *Berlin*

Die Interalliierte Militärkommandantur hat die Kontrolle über die Verwaltung der Stadt Berlin am 11. Juli 1945 übernommen.

Alle früher vom Chef der Garnison und Militärkommandanten der Roten Armee der Stadt Berlin und von den unter alliierter Kontrolle stehenden deutschen Behörden ausgegebenen Befehle und Anordnungen, die die Ordnung und Haltung der Bevölkerung der Stadt Berlin regulieren, sowie die Verantwortung der Bevölkerung für die Verletzung der Befehle und Anordnungen und für gesetzwidrige Handlungen gegen die alliierten Okkupationstruppen betreffend, bleiben bis auf besondere Verfügung in Kraft.

Die Militärkommandanten der Stadt Berlin

UdSSR	USA.	Großbritannien:
Generaloberst	Generalmajor	Generalmajor
GORBATOW	PARKS	LYNE

80 *Befehl Nr. 1 der Interalliierten Militärkommandantur.*

81 *Der Französische Dom auf dem Gendarmenmarkt, 1780–85 von Carl v. Gontard erbaut.* ▷

Arnold Bauer

Die Anfänge der Kultur und Politik

»Wir sind nun in der Schlacht um Berlin, und das Bemerkenswerte daran ist wohl, daß wir in Berlin weniger davon wissen als die übrige Welt.«

Margret Boveri

I.

In den westlichen Randgebieten hatten die Berliner das ebenso großartige wie schauerliche Bild des Anflugs eines amerikanischen Kampfverbandes von 1 200 Bombern in mehreren Wellen mit angesehen. Man sprach von »fliegenden Festungen«. Man hörte nur das Dröhnen und Rollen der silbern glänzenden Riesenvögel, die in gewaltigen Schwärmen am blauen Himmel dahinzogen. Es war ein sonniger Tag eines ungewöhnlich zeitigen Vorfrühlings. Der Leiter unserer Dienststelle in Berlin-Wannsee, einer Nebenstelle des Heeresarchivs in Potsdam, Major H., betrachtete das Schauspiel am Horizont mit nahezu innerlich unbeteiligt scheinender Wißbegierde, den Feldstecher in der Hand. Er nahm vor seinen militärischen Mitarbeitern kein Blatt vor den Mund. »Ein faszinierender Anblick«, bemerkte er. Als das Schauspiel vorüber war, sagte er leise, als wir zusammen in das Haus zurückgingen: »Wer Wind sät, wird Sturm ernten . . .« Noch eine dreiviertel Stunde lang hörte man durch die geschlossenen Doppelfenster nahezu pausenlos das dumpfe Geräusch der Detonationen. Am späten Nachmittag war der Himmel über Berlin düster, verfärbt zu einem rauchigen Schwefelgelb. Selbst die fünfzehn Kilometer vom Angriffsziel entfernt war die Sonne nur noch ein blasses Rund hinter dem gelblichen Rauchschleier. Der Ostwind trug den Rauchgeruch des brennenden Berlins weit hinaus. Selbst an der Havel war er noch zu spüren.

Am späten Nachmittag kamen die ersten verzweifelten Anrufe. Nicht nur von Zerstörungen, auch von Toten und Sterbenden war die Rede. Wie viele Berliner an diesem 3. Februar umkamen, hat man nie erfahren. Auch die genaue Zahl der Opfer durch den Bombenkrieg über Berlin ist niemals festgestellt worden. Die Machthaber hüteten sich, darüber etwas verlauten zu lassen, und die Alliierten waren auf Schätzungen angewiesen. Insgesamt soll der Luftkrieg in der Hauptstadt 40 000 Opfer gefordert haben.

Der Wehrmachtsbericht meldete am gleichen Tage, daß die Rote Armee gegen die Oder vorrücke, ja bereits dabei sei, einen Brückenkopf zu erobern. In dem Villenvorort Wannsee war noch nichts von der herannahenden Schlacht zu bemerken. In Wannsee gab es keine militärischen Verbände, nur einige Stellungen der Flak, die jedoch während des großen Luftangriffs von vornherein ausgeschaltet schien. Hier gab es nur Lazarette und einige militärische Dienststellen. Es sah noch recht friedlich aus. Man sah kaum eine Schadensstelle, die auf den Luftkrieg hindeutete. Dennoch waren sich die Vorortbewohner ebenso wie die Angehörigen des Roten Kreuzes und der militärischen Dienststellen der Berlin drohenden tödlichen Gefahr bewußt. Ihre Frage – zwischen Furcht und Hoffnung – lautete wie die aller Berliner, aller Deutschen in jenen Tagen: »Wie werden wir überleben?«

In der Lesart der Wehrmachtsberichte wurde nur von den »Terrorangriffen« der alliierten Luftwaffe gesprochen. Von dem ständigen Schrecken, denen die geplagten Einwohner ausgesetzt waren, sprach niemand, nicht einmal der sogenannte Feindsender. Was indes die Mehrheit der Bevölkerung täglich und stündlich – nicht weniger als der Bombenterror – in Furcht versetzte, das war der permanente Terror der Minderheit, die Gewalt der Machthaber und der ihnen Hörigen mit ihren Durchhalteparolen und ihren Drohungen gegen diejenigen, die sich dem Wahnsinn des Krieges entziehen wollten.

In großen Buchstaben malten die »Durchhalter« auf die Grundmauern zerstörter Häuser: »Unsere Mauern brechen, unsere Herzen nicht.« Im Laufe des Februar und März verließen viele, die es sich leisten konnten, unter ihnen auch Parteifunktionäre und hohe Regierungsbeamte, die Stadt und richteten einen Notdienst für die zurückgebliebenen unteren Chargen ein.

Berlin war nie völlig kriegsbegeistert. Jetzt erst recht ersehnten die Berliner nichts mehr als ein rasches Ende des sinnlos gewordenen Krieges.

Wenn sich zwei Berliner verabschiedeten, hörte man häufig den neuen Gruß: »Bleib übrig und pfleg mein Grab.« (Das wurde wirklich gesagt, oft sogar laut, und war nicht nur ein »Flüsterwitz«, als welcher diese Redewendung später in eine Witzsammlung aufgenommen wurde.)

Als bei dem schweren Luftangriff am 3. Februar 1945 der Blutrichter des Volksgerichts, Roland Freisler, im Keller des Gerichtsgebäudes von einem herabstürzenden Balken erschlagen wurde, war das kaum eine Genugtuung für die Berliner, deren mutige Widerstandskämpfer an vielen Stellen der Stadt, zumal in den Randgebieten, ihr NEIN an Wände und Mauern schrieben.

Mit der Vernichtung des Stadtkerns von Berlin und mit den Angriffen der bis zur Oder vorgedrungenen, unermeßlich stärkeren und kampfkräftigen sowjetischen Armeen hatte der letzte Akt des Dramas, die Schlacht um Berlin, begonnen.

II.

Der Monat März 1945 bedeutete für die Bewohner Berlins eine letzte Atempause, die Ruhe vor dem Sturm. Selbstverständlich war es nicht völlig ruhig. Auch Luftangriffe, wenngleich schwächer, gingen weiter. Die Rote Armee stand noch immer an der Oder, und die deutschen Machthaber nutzten die Pause aus, um noch einmal ihre entschwindende Gewalt mit unbeschreiblicher Härte zu demonstrieren.

Bereits im Februar war der Befehl erlassen worden, Standgerichte einzusetzen. Sie waren vor allem mehr gegen die Zivilbevölkerung gerichtet als gegen die Wehrmacht, die im Ganzen noch immer Disziplin wahrte, wenngleich von einem Kampfgeist kaum noch die Rede sein konnte. Die Zielrichtung dieser Standgerichte geht auch aus dem folgenden Artikel des Erlasses hervor:

»Die Standgerichte sind für alle Straftaten zuständig, durch die die deutsche Kampfkraft oder Kampfentschlossenheit gefährdet sind.«

Am 20. März erließ Hitler einen neuen Befehl, der, genau besehen, auf die Vernichtung des eigenen Volkes hinauslief: »Alle militärischen, Verkehrs-, Nachrichten-, Industrie- und Versorgungsanlagen sowie Sachwerte innerhalb des Reichsgebietes, die sich der Feind für die Fortsetzung seines Kampfes irgendwie sofort oder in absehbarer Zeit nutzbar machen kann, sind zu zerstören. Verantwortlich für die Durchführung dieser Zerstörung sind die militärischen Kommandobehörden für alle militärischen Objekte einschließlich der Verkehrs- und Nachrichtenanlagen; die Gauleiter und Reichsverteidigungskommissare für alle Industrie- und Versorgungsanlagen sowie sonstigen Sachwerte.«

Mit diesem Befehl zur »verbrannten Erde« schlug die Totenglocke des Reiches an. Wenn er nicht mehr ganz zur Ausführung kam, so war das auch dem Rüstungsminister Albert Speer zu danken, der sich in letzter Stunde von Hitler abgewandt und zur Sabotage des »Nero-Befehls« – so nannten ihn die Berliner – entschlossen hatte. Selbst die Gefolgsleute ihres auf Rache und Selbstzerstörung sinnenden »Führers« hatten endlich begriffen, daß es ihm und seinen fanatischen Anhängern nur noch darauf ankam, dem deutschen Volk die Grundlagen zum primitivsten Weiterleben zu nehmen.

Auch alle späteren Befehle Hitlers und der von ihm ernannten Kampfkommandanten in der letzten Phase des Krieges, zumal bei der Schlacht um Berlin, hatten keinen anderen Sinn. Bis zu jenen Tagesbefehlen, in denen es hieß, jeder, gleich welchen Ranges auch immer, sei augenblicklich zu töten, wenn er zum Rückzug auffordere. Es gab

Margret Boveri schreibt: »Gerüchte schwirren unstet heran, keine Nachrichten mehr. Das Radio ist stillgelegt. Seltsamerweise konnte man gestern noch mit anderen Stadtbezirken telefonieren.
Die Frauen mußten sich vor dem wilden Taumel der Eroberer verbergen. Männer, die sich schützend vor sie stellten, wurden niedergeschossen. Es empfiehlt sich, seine Taschen- oder Armbanduhren zu verstekken . . . Sind die Sieger so arm?«

Aus »Tage des Überlebens«
Piper & Co Verlag, München 1968

wohl kaum einen Berliner, der sich nicht bewußt war, daß die letzten Tage ein Ende mit Schrecken sein würden. Nachdem die Rote Armee ihren ersten Brückenkopf bei Küstrin gebildet hatte und ihn auch hielt, gab es kein natürliches Hindernis mehr für eine irgendwie zu rechtfertigende Verteidigung.
Die Flüchtlingstrecks ließen die zertrümmerte Stadt so rasch wie möglich hinter sich. Der Strom des Elends, in dem nur wenige noch über Pferd und Wagen verfügten, wälzte sich gegen Westen, der Elbe zu. Furcht beherrschte die Unglücklichen, daß ihnen Brückensprengungen auch noch den letzten Fluchtweg unmöglich machen könnten. Indessen versuchte Propagandaminister Joseph Goebbels, jetzt auch zum Stadtpräsidenten von Berlin sowie zum Reichsverteidigungskommissar ernannt, einer restlos ernüchterten Bevölkerung einzureden, daß noch nichts verloren sei. In seinem Organ »Das Reich« lobte er die angeblich vorbildliche Haltung der Berliner. Er kommentierte pathetisch die offiziellen Durchhalteparolen und wurde nicht müde, die Fata Morgana des Sieges auszumalen. Es sei wie bei einer gefährlichen Gebirgswanderung, orakelte er, der Bergsteiger meine schon, er habe sich verstiegen, doch, nach einer Wendung um eine Felswand eröffne sich ihm der rettende Pfad.
Den Endkampf um Berlin verglich er ein andernmal mit der Lage eines Menschen, dem es auferlegt sei, eine letzte Hürde zu nehmen. Dabei käme es nur darauf an, »sein Herz fest in beide Hände zu nehmen und dieses letzte Hindernis zu überspringen.« Ob der begabteste Demagoge seiner Zeit die Gleichnisse seiner Lügenpoesie selber ernst nahm? Wenn die Lage nicht so verzweifelt traurig ausgesehen hätte, die Berliner hätten angesichts solcher Tiraden nur etwas zum Lachen übrig gehabt.

Doch gleichgültig, ob Flüchtling oder Ortsgebundener, dem Krieg in seiner letzten, gefährlichsten Phase konnte niemand mehr entrinnen. Die örtliche Isolierung setzte ein, da für die wenigen noch in Betrieb befindlichen Verkehrsmittel Sondergenehmigungen erforderlich waren. Zeitungen in stark verkürzten Ausgaben wurden nur noch unregelmäßig zugestellt. Infolge häufiger Stromsperren war es auch nicht möglich, regelmäßig Rundfunksendungen zu empfangen, zumal die Nachrichten der Feindsender durch ständige Störgeräusche kaum aufzunehmen waren. Dennoch gab es immer mehr Menschen, die das Risiko nicht scheuten, BBC und andere ausländische Sender anzuhören – trotz drohender Todesstrafe.
Am 12. April veröffentlichte das Oberkommando der Wehrmacht einen neuen Wahnsinnsbefehl zur Verteidigung der Heimat: »Städte liegen an wichtigen Verkehrsknotenpunkten. Sie müssen daher bis zum äußersten verteidigt und gehalten werden, ohne jede Rücksicht auf Versprechungen oder Drohungen, die durch Parlamentäre oder feindliche Rundfunksendungen überbracht werden. Für die Befolgung dieses Befehls sind die in jeder Stadt ernannten Kampfkommandanten persönlich verantwortlich. Handeln sie dieser soldatischen Pflicht zuwider, so werden sie wie alle zivilen Amtspersonen, die den Kampfkommandanten von dieser Pflicht abspenstig zu machen versuchen oder gar ihn bei der Erfüllung seiner Aufgabe behindern, zum Tode verurteilt.«
Der Befehl, die Städte zu verteidigen, ließ auch einen Standortoffizier des Berliner Ortsteils Wannsee nicht ruhen. Er erklärte den friedlichen Villenort zur »Festung«. Begründung: »Wannsee ist ringsum von Wasserläufen umflossen.« Die vielen Lazarette, Krankenhäuser und Sanatorien in Wannsee hinderten den »Kampfkommandanten

von Wannsee« offenbar nicht, auch hier »Verbrannte Erde« spielen zu wollen.
Meine Dienststelle, die Aktensammelstelle West des Chefs der Heeresarchive, lag in einer großen alten Villa im Stil der Gründerjahre, überragt von hohen Parkbäumen. In den ehemaligen Prunkgemächern standen jetzt mit Akten gefüllte Regale: Beuteakten der Wehrmacht auf ihren vergangenen Siegeszügen. Die Rückzüge der Wehrmacht aus Ost und West hatten der Dienststelle auferlegt, auch Dokumente aus den inzwischen verlorengegangenen Gebieten aufzunehmen. So umschloß das alte Haus in Wannsee das von den Nazis eroberte Europa nur noch in der Form von gebündeltem Altpapier. Einiges davon mußte in eigens hergestellten Baracken vor dem Hause untergebracht werden.
Während die Wirklichkeit des Kriegsschicksals längst über diese vergangenen Siegeszüge mit ihren Lorbeeren hinweggegangen war, wurde hier noch das archivarische Puzzlespiel fortgesetzt, als sei nichts geschehen, so wie das ganze Wannsee dem Anschein nach eine Oase des Friedens war, in der man die Erfolge des Blitzkrieges von einst genüßlich nachkostete.
In den Märztagen 1945 allerdings war die Villa des Heeresarchivs eine Fluchtburg geworden. Die Angehörigen der Dienststellen aus Brüssel, Danzig und Königsberg waren, ebenfalls mit papierener Beute beladen, in Wannsee eingetroffen, um hier ihr Ordnungswerk fortzusetzen. Unter den aus dem Osten geflüchteten Angestellten war auch ein alter Archivar, ein baltischer Adliger, der mehr um seine Dokumente und Aktenbestände besorgt war als um die eigene Existenz.
»Das sind Bücher aus der kaiserlichen Bibliothek in St. Petersburg«, erklärte er, »sie tragen noch Stempel und Siegel des Zaren.« Daß es inzwischen eine Rote Armee gab, deren Rachefeldzug alle Erinnerungen an frühere russische »Freunde« auslöschte, hatte er nicht recht begreifen können. Die Meldungen von russischen Ausschreitungen in den von ihnen eroberten deutschen Gebieten erklärte er für Goebbels-Propaganda. »Nein«, sagte der Alte, »die russische Armee achtet die Frauen, die russischen Offiziere sind Kavaliere.« Beruhigend versicherte er außerdem, man solle doch bedenken, daß die Russen im Kampf gegen Hitlers Barbarei neuerdings so ehrenwerte Freunde und Gönner hätten wie den finnischen Marschall Mannerheim und den ungarischen Reichsverweser Admiral Horthy. Aus den Akten ginge hervor, daß beide schon vor Jahr und Tag Friedensfühler nach allen Seiten ausgestreckt hätten.
In den Märztagen lebte noch einmal der Luftkrieg mit einem schweren Bombenangriff über Potsdam auf. Als nach diesem Nachtangriff der Tag graute, war die ehrwürdige Residenz, Preußens architektonisches Juwel, nur noch ein Trümmerhaufen. Trotzdem sollte auch die uns benachbarte Festung Potsdam verteidigt werden. Wie würde das eigentlich aussehen? Das Halten einer Stadt bis zur letzten Patrone? Ich sollte einen Vorgeschmack davon erhalten.
Obwohl ich in der Uniform der Wehrmacht und mit dem Ausweis meiner Dienststelle als Angehöriger mit besonderen Aufgaben versehen war, wurde ich auf offener Straße von einem Wachtmeister der Feldgendarmerie kurzerhand aufgegriffen, festgenommen und mit der damals noch verkehrenden S-Bahn nach Spandau befördert, und zwar auf einen Kasernenhof, wo schon andere aufgelesene »Heimatsoldaten« schanzen, d. h. in den harten, festgestampften Boden des Kasernenhofs sogenannte Schützenlöcher graben mußten. So sollten offenbar Panzerdivisionen aufgehalten werden. Durch Volkssturm, Bürosoldaten und Hitlerjugend, ausgestattet mit dem Karabiner 98, einer Schußwaffe aus der Zeit der Jahrhundertwende.
Allerdings waren zu solcher Art von Verteidigung mehr martialische Bewacher – Feldgendarmerie und SS-Sonderkommandos – notwendig, als es der verlorene Haufen dieses Aufgebotes erforderte, unter dem nur ein Gedanke beherrschend war: »Wie kommen wir hier heraus?« Unter den Berlinern sagte man »Heldenklau geht um.« Aber noch bannte sie alle die Furcht vor Hitlers und seiner Schergen brutalem Vernichtungswillen: »Wer euch Befehl zum Rückzug gibt, ohne daß ihr ihn genau kennt, ist sofort festzunehmen und nötigenfalls augenblicklich umzulegen . . .«
In einer seiner Wahnvorstellungen verkündete Hitler, daß »der asiatische Ansturm vor Berlin in einem Blutbad erstickt werde.« Dabei genügte ein Blick auf die deutsche Landkarte, um zu wissen, wie es stand.
Vom Rhein her, den die alliierten Truppen, Amerikaner und Briten, seit dem 6. März überschritten hatten, drangen ihre Armeen bis in die Mitte des

Reiches vor, ohne auf nennenswerten Widerstand zersprengter deutscher Heeresgruppen zu stoßen. Währenddessen stießen die sowjetischen Armeen mit ihrem gewaltigen Potential an schweren Waffen, an Panzern und Truppenstärken auf Berlin vor und nahmen die Stadt von drei Seiten in die Zange. Gegen eine zehnfache, ja stellenweise fünfzehnfache Übermacht hatten die Deutschen allenfalls 70 000 Mann aufzustellen, Reste der geschlagenen Armeen, aufgefüllt mit kampfunerfahrenem Volkssturm und Hitlerjugend, Menschen, die kaum dem Kindesalter entwachsen waren.

III.

Trotz des Befehls, alle »wehrfähigen« Männer zur Verteidigung Berlins an der ›Front‹ einzusetzen, war es dem Leiter der Archiv-Dienststelle noch einmal gelungen, mich von dem Einsatz bei den Schanzarbeiten zurückzuholen. Ich kam zurück in das Haus am Wannsee, wo nunmehr – in den letzten Tagen des April – die Lichter erloschen. Es gab weder Gas noch Strom. Wir konnten nicht einmal über den Rundfunk die letzten Berichte des Oberkommandos der Wehrmacht hören.
Aber auch ohne diese sprachlichen Meisterstücke im Verhüllen und Beschönigen der wahren Lage wußten wir, was die Stunde geschlagen hatte. Die Geschäfte blieben größtenteils geschlossen. Die Versorgung mit dem Nötigsten war unterbrochen wie fast überall in der Stadt. Die Lazarette, die uns notdürftig mitversorgten, wurden großenteils verlegt, die Verwundeten bei Eintritt der Dunkelheit mit unbekanntem Ziel abtransportiert.
Wir hörten nicht mehr Hitlers Rede nach dem Tode des amerikanischen Präsidenten Roosevelt, in der er die Wende des Krieges verkündete. In seiner Verblendung hatte er, wie man später erfuhr, seine Situation mit dem aussichtslos scheinenden Kampf Friedrichs des Großen verglichen und den Tod des Präsidenten mit dem Ende der russischen Zarin Elisabeth, der Friedrichs Gönnerin Katharina auf den Thron folgte. Ein unsinniger Wunschtraum, dem Hirn seines Propagandaministers entsprungen.
»Im Augenblick, in dem das Schicksal den größten Kriegsverbrecher aller Zeiten (Roosevelt) von dieser Erde genommen hat, wird sich die Wende dieses Krieges entscheiden«, hieß es in dem Tagesbefehl Hitlers an die Ostfront, die es in Wirklichkeit gar nicht mehr gab. Die Angriffsspitzen der Roten Armee erreichten schon wenige Tage später den Stadtrand von Berlin.
Die Schlacht um Berlin dauerte zwölf Tage, vom 20. April bis zum 2. Mai 1945. Eine genaue Aufzeichnung der Ereignisse dieses Kampfes und der Kapitulation gleicht einem Mosaik, in das jeder Mitlebende und Mitleidende einen kleinen Stein als Erinnerungsmal einzusetzen vermag.
Was ein Widerstandskämpfer angesichts seiner Henker prophezeit hatte, wurde nun auch Wirklichkeit für Berlin, seine Bevölkerung und seine ohnmächtigen Verteidiger: »Es wird fleißig gestorben in Deutschland . . .«
Am 20. April wurde mit der Parole »Clausewitz« der Belagerungszustand ausgelöst. Der Kampfkommandant übernahm die zivile Gewalt. Nach Ablösung des Kampfkommandanten General Reimann, der nach Hitlers Meinung zu schwach war, wurde der 27jährige Oberstleutnant Bärenfänger sein Nachfolger, der trotz seiner mit dem Ritterkreuz mit Eichenlaub und Schwertern ausgezeichneten Kampfeshärte die geplanten drei Verteidigungslinien um Berlin ebensowenig aufrecht erhalten konnte wie sein Vorgänger.
Schon am 21. April war die deutsche Oderfront völlig zerbrochen, und die Spitzenverbände der sowjetischen Armee stießen bis zum inneren Verteidigungsgürtel der Hauptstadt vor. Die neue Linie der Verteidiger verlief von Lichtenberg über Niederschönhausen bis Frohnau. Am 22. und 23. April richtete sich der Hauptstoß der letzten fanatischen Anhänger des Hitlerregimes hauptsächlich gegen den »inneren Feind«.
Waffen-SS, Staatssicherheits-Hauptamt (SD) und Feldgendarmerie machten Hetzjagd auf Defätisten und Drückeberger. Wer diesen »Kettenhunden« in die Hände geriet, wurde meist kurzerhand an der nächsten Laterne aufgehängt. Wehrlose Widerstandskämpfer, die in Gefängnissen schon lange in Haft waren, vor allem die bislang noch nicht hingerichteten Teilnehmer der Verschwörung vom 20. Juli, wurden erschossen, im Gefängnis Lehrter Straße der Theologe Dietrich Bonhoeffer und der Dichter und Politologe Albrecht Haushofer sowie der letzte Kommandant des traditionsreichen Invalidenhauses Berlin, Oberst W. Staehle.
Der größte Teil der Berliner Feuerwehr mußte auf

Befehl des Kampfkommandanten Berlin mit 1400 Löschzügen verlassen. Damit war die Stadt der restlosen Vernichtung durch Artilleriebeschuß und Tiefflieger ausgesetzt, entsprechend Hitlers Befehl der »verbrannten Erde«.

Am 23. April setzte der Beschuß durch die sowjetische Artillerie, vor allem die gefürchteten »Stalin-Orgeln« so verstärkt ein, daß der Betrieb der öffentlichen Verkehrsmittel, der bis dahin mühsam genug aufrecht erhalten worden war, zum Erliegen kam. Aber noch in den letzten Tagen vor der vollkommenen Besetzung durch die Rote Armee verkehrten einzelne S-Bahn-Züge.
Was der Berliner Volkswitz einmal vorausgesagt hatte, der Krieg würde auch dann noch weitergehen, wenn man in Berlin mit der S-Bahn von der Ostfront an die Westfront käme, war eingetreten.

IV.

Unsere Dienststelle auf der »Inselfestung« Wannsee war indessen von den meisten ihrer Mitarbeiter verlassen worden. Einige hatten sich bereiterklärt, sich dem Kampfkommandanten und dem Volkssturm zu stellen. In Wirklichkeit hatten sich die meisten in alle Winde verstreut, um sich der drohenden Gefangenschaft durch die Russen zu entziehen. Schließlich waren nur noch drei Personen zur Stelle: der stellvertretende Leiter der Dienststelle, ein alter Major zur Verwendung, ein Österreicher slowakischer Abstammung, der zum Glück der russischen Sprache mächtig war, der Pförtner des Hauses und ich als Schreiber des Dienststellenleiters.
Der Major erwies sich als ein geistiger Verwandter des seligen Eulenspiegel. Sein Rettungsvorschlag lautete: »Wenn uns die SS in letzter Minute verfeuern will, so müssen wir sagen, wir seien dem Führer persönlich für die Sicherstellung von Geheimakten verantwortlich. Sollten aber die Russen gleich hinter der SS kommen, so erklären wir uns einfach als ausländische Fremdarbeiter. Ich übernehme in jedem Fall die Verantwortung. Denn in den Sternen steht geschrieben, daß wir durchkommen.« (Der Major war ein überzeugter Astrologe).
An einem strahlend schönen Frühlingstage drang zum ersten Mal der Schlachtenlärm bis in unser Parkidyll. Dumpfes Rollen der Geschütze, Einschläge der Panzergranaten. Um zu erkunden, wie es um die Schlacht bestellt sei, forderte mich der Major auf, den kleinen Aussichtsturm auf dem Dach des hochgelegenen Hauses zu besteigen. Der Rundblick, der sich uns bot, war überwältigend. Berlin war im weiten Bogen von einem blutrot schwelenden Ring umzogen infolge der Brände, die ringsum aufgeflammt waren. Nach diesem Anblick bedurfte es kaum noch eines Wehrmachtsberichtes. Von Stunde zu Stunde schloß sich der brennende Ring enger um uns in Wannsee, der »Inselfestung«.
Am 26. April war Berlin vollständig abgeriegelt; denn die beiden an der Schlacht um Berlin beteiligten sowjetischen Armeen hatten die Verbindung miteinander aufgenommen: die 1. Bjelorussische Front unter Marschall Schukow und die 1. ukraini-

Zu den Wenigen, denen es gelang, dem letzten Akt des schaurigen Dramas in der Reichskanzlei zu entgehen, gehörte der Rittmeister Gerhard Boldt. Er war der letzte Bote des bereits zum Freitode entschlossenen Hitler, und er hatte den Befehl, eine Meldung an den General Wenck, den Kommandanten der 12. Armee zu überbringen, dieser Geisterarmee, die angeblich Berlin Entsatz bringen sollte. Boldt gelang es auf abenteuerliche Weise, sich durch die russischen Linien in der Stadt zu schlagen. In der Nacht vom 1. zum 2. Mai erreichte er die Havel und fand ein Paddelboot in einem verlassenen Bootshaus. Er paddelte damit die Havel entlang, an den Uferwachen der Russen vorbei bis nach Wannsee, wo er einige Offiziere aus dem Wehrmachtsführungsstab vorfand, die noch nicht in russische Gefangenschaft geraten waren. Man verschaffte sich heimlich Zivilanzüge und marschierte weiter, oft von Rotarmisten aufgehalten und wieder freigelassen, bis an die Elbe. Es gelang der kleinen Gruppe der Offiziere, über den Strom zu setzen und sich den ersten amerikanischen Posten als Gefangene zu stellen. Der Mann, der dieses gefährliche Abenteuer überstand, hat in seinem Buch »Die letzten Tage der Reichskanzlei« die Szenen, die sich dort abgespielt hatten, wirklichkeitsnah geschildert: Szenen einer hysterischen Kollektiv-Agonie, das klägliche Bild eines gebrochenen Hitler, der meist tobte und schrie, dann aber wieder in haltloses Schluchzen ausbrach. Bis zum letzten Augenblick, schreibt Boldt, habe Hitler sich als Opfer einer »jüdischen Weltverschwörung« betrachtet. In seinem Testament hat Hitler seinem Volk den Untergang befohlen, den er selbst wählte, den Selbstmord an der Seite seiner jungen Frau Eva Braun, von deren Dasein die meisten Deutschen erst nach derem Tod etwas erfahren haben. Boldt beschreibt auch, daß fanatische Hitlerjungen die Havelbrücken in Spandau-Pichelsdorf mit Panzerfäusten verteidigt hätten, ein letztes Aufgebot, ein sinnloses Blutopfer. Von etwa 5000 Hitlerjungen sollen nach Boldts Angaben nur 500 das Gemetzel überstanden haben.

Nach Gerhard Boldt: »Die letzten Tage der Reichskanzlei«

sche Front unter Marschall Konjew. Der größte Teil von Berlin war zu diesem Zeitpunkt bereits erobert. Die sowjetischen Kommandanten ernannten in den von ihnen besetzten Stadtteilen deutsche Ortsbürgermeister ihres Vertrauens, so z. B. in Frohnau, Hermsdorf, Karlshorst und Zehlendorf.
Am 27. und 28. April tobten Straßenkämpfe in Charlottenburg, vor allem um den Hochbunker am Bahnhof Zoo, die Gefechtsstandorte Hotel Savoy und den Tanzpalast Delphi.
Über die Heerstraße erfolgte der Einmarsch der Roten Armeen vom Westen her. Jetzt gab es in Berlin auch kein Wasser, und die Einwohner mußten, meist unter Beschuß, das notwendige Wasser aus Straßenpumpen holen.
Am 28. April wurde Generaloberst Bersarin zum Chef der sowjetischen Besatzungstruppen und Stadtkommandanten von Berlin ernannt. Bersarin erließ den Befehl Nummer 1, nachdem der Stadtkommandant als Bevollmächtigter des Oberkommandos der Roten Armeen die gesamte militärische und politische Macht in der Reichshauptstadt übernahm. Bezirks- und Revierkommandanten wurden eingesetzt.
Am 29. April ging der Kampf um den Stadtkern von Berlin und die Reichskanzlei. In den Schutzräumen seines tiefen Bunkers hielten sich Hitler, Reichsleiter Bormann und Joseph Goebbels in seiner Eigenschaft als »Reichsverteidigungskommissar« auf. Als Vertreter der Wehrmacht waren noch der letzte Generalstabschef des Heeres Krebs und Hitlers Adjutant, General Burgmann in der unterirdischen Reichskanzlei verblieben (Burgmann war der Offizier, der in Hitlers Auftrag im Herbst 1944 Feldmarschall Rommel die Giftampulle gebracht hatte, mit der sich der »Wüstenfuchs« töten sollte).
Immer noch wurde in einzelnen Abschnitten der zerbrochenen deutschen Front gekämpft, von SS-Einheiten und von Gruppen der Hitlerjugend. Am gleichen Tage erschien die letzte Nummer der deutschen Frontzeitung »Der Panzerbär«. Noch immer gab es Schreiber im Solde der verlogenen Goebbels-Propaganda, die auch jetzt noch zu behaupten wagten, daß der Kampf weitergehe und die Wende zu erwarten sei. Das Motto der Kämpfer war: »Lever dood as Sklav.«
Zur selben Stunde wurden die ersten Plakate mit den Aufrufen der Roten Armee in Berlin geklebt oder als Flugblatt verteilt. Da hieß es: »Das Kommando der Roten Armee garantiert die Erhaltung des Lebens und des persönlichen Eigentums aller (auch einfachen Mitgliedern der NSDAP), die den Widerstand einstellen und sich nicht feindselig zur Roten Armee verhalten.«

V.

Während dieser ereignisreichen Vorgänge erfuhren wir auf der Insel Wannsee Eingeschlossenen nichts. Die Bewohner von Wannsee, die sich vor den Greueltaten der Rotarmisten fürchteten, klammerten sich noch mehr an die Hoffnung, daß vom Westen her die Amerikaner kämen.

Was sich in den durch die Kampftruppen eroberten Berliner Bezirken abspielte, erfuhr man – paradoxerweise – durch das Telefon, das da und dort noch funktionierte. »Versteckt die Frauen und paßt auf eure Uhren auf«, lautete die Parole der bereits »Eroberten«.
Was sich jedoch im einzelnen an politischen und strategischen Ereignissen in der zerstörten Reichshauptstadt vollzog, das wußten wir nicht. Wir merkten nur, daß unser bisher so ruhiger Villenort von allen Seiten beschossen wurde. Aber unser Pförtner erklärte fest überzeugt, die Panzerspitzen der Amerikaner stünden schon bei Werder an der Havel.
Wie es dazu kam, daß sich die Amerikaner, anders als erwartet, nicht an der Schlacht um Berlin beteiligten, las man erst Jahre später in den Memoiren der verantwortlichen Staatsmänner und Feldherren. Winston Churchill und Feldmarschall Montgomery hatten gefordert, daß General Eisenhower gemeinsam mit den Briten Berlin vor den Russen nehmen sollten. Eisenhower durfte indes nicht über die Elbe vorrücken, weil er von Washington die Anweisung erhalten hatte, auf den russischen Verbündeten Rücksicht zu nehmen und auf den Prestigeerfolg einer Eroberung Berlins zugunsten Stalins zu verzichten.
Das ist umso merkwürdiger, als schon in dem Londoner Protokoll der drei Großmächte vom September 1944 beschlossen worden war, daß die Reichshauptstadt von den drei Hauptmächten der Alliierten besetzt werden sollte.

Ein historischer Umstand mag zu dem Irrtum unseres Pförtners beigetragen haben. Nicht die ersehnten Amerikaner hatten sich Werder genähert, sondern die Spitzen der zusammengeschrumpften 12. Armee, die sich unter dem Kommando des Generals Wenck in einer Kehrtwendung von Westen nach Osten, von der Elbe bis nach Ferch am Schwielowsee durch die streckenweise dünnen sowjetischen Linien geschlagen hatte. Dort allerdings war sie endgültig zum Stehen gekommen und in Auflösung begriffen.
Obwohl in Wannsee als einem letzten deutschen Stützpunkt – der Wehrmachtsführungsstab hatte sich hierher in einen Bunker an der Havel zurückgezogen – von einer militärischen Verteidigung bis auf einige kümmerliche Panzersperren kaum etwas zu bemerken war, griffen die Russen vom anderen Seeufer mit schweren Waffen, Granatwerfern und »Stalin-Orgeln« an.
Eine Serie schwerer Einschläge traf auch das Haus unserer Dienststelle. Wir mußten in den Keller fliehen, dessen Wände wie bei einem Erdbeben erzitterten. Als wir von herabfallendem Kalk bedeckt herauskrochen, war unsere »Burg« bis auf die Mauern des Erdgeschosses wie abrasiert. Von unserem Türmchen und dem Dach war nichts mehr übrig. All die erbeuteten Dokumente und Schriftstücke, all die Gemeinkorrespondenzen einschließlich der von Marschall Mannerheim und Admiral Horthy lagen zerstreut zwischen den Steintrümmern oder bedeckten den Rasen vor dem Haus.
Der Major und ich stopften wahllos einige der Schriftstücke in Rucksäcke, um auch noch auf unserer Flucht den Anschein einer noch bestehenden Dienststelle zu erwecken. Wir verließen damit unsere Ruine und schlugen uns »seitwärts in die Büsche.« Wenn uns einer der letzten Verteidiger in SS-Uniform begegnete, wollte der Major sein Sprüchlein von dem Sonderbefehl des Führers aufsagen. Wir verzogen uns in einen tiefgelegenen, noch von Waldbäumen überwölbten Winkel und errichteten unsere »provisorische« Dienststelle in dem kleinen, zwischen Hecken verborgenen Hause des im Vorjahr 1944 verstorbenen Wannsee-Malers und Berliner Secessionisten Philipp Franck, dessen Witwe ich kannte und die dem kläglichen Überbleibsel eines Teils des Heeresarchivs Gastrecht einräumte.

Auf dem Weg dorthin begegneten uns nur wenige Soldaten in ihren letzten Gefechtsständen, meist rasch aufgeschaufelte Erdlöcher. Vor einem stand ein junger, soeben aus dem Lazarett entlassener Panzersoldat. In dem einen Arm, der ihm geblieben war, hielt der junge Mensch eine Panzerfaust. Er stand da wie angewurzelt, fast wie ein Kriegerdenkmal, in den Augen ein fanatisches Funkeln, als wolle er allein, wie einstmals Winkelried, die Übermacht des Feindes mit seinem Leibe aufhalten.
Die Ursache seines Erstarrens mochte von einem Nachrichtenwagen ausgehen, dessen Batterie-Lautsprecher eine dramatische Ansage durchgab. Einige Zivilisten standen geduckt und schweigend davor, und eine blechern unbewegte Stimme verkündete: »Der Führer ist gestern an der Spitze

seiner Truppen bei der Verteidigung der Reichskanzlei gefallen.«
In den Mienen der Umstehenden rührte sich nichts, weder Trauer noch Triumph. Das Schreckgespenst der Verteidigung bis zum letzten Mann ging noch immer um. Wer wollte bis zum letzten Blutstropfen kämpfen, wie es befohlen war? Und wenige hundert Schritt entfernt standen schon die Eroberer, die neuen Herren der Stadt, vor denen man sich nicht weniger fürchtete.
In der Nacht vom 1. zum 2. Mai waren nur noch vereinzelte Schüsse zu hören. Am frühen Morgen war es unheimlich still. Doch bald drangen neue, noch nicht gehörte Stimmen näher. Schwere Stiefelschritte dröhnten auf dem Pflaster, an Haustüren wurde heftig geschlagen. Trupps von Rotarmisten drangen in die Gärten und Häuser, sie suchten offensichtlich letzte Widerstandsnester auszuheben oder versteckte Soldaten gefangenzunehmen. Auch das Haus Franck, in das wir uns geflüchtet hatten, blieb nicht verschont.
Obwohl ich eine Baskenmütze aufgesetzt hatte, hielt man mich für einen deutschen Soldaten. Der Major, ebenfalls in Zivil, rettete uns, indem er mich für einen französischen Fremdarbeiter und sich selbst für einen Tschechen erklärte. Ich bekräftigte: »Franzos artista.«
Den Frauen allerdings nutzte es nicht, wenn sie beteuerten, Ausländerinnen zu sein. Ich begegnete einer völlig verstörten, mir bekannten französischen Fremdarbeiterin. Sie stammelte: »Je suis forcé.«
Was hatte sich inzwischen in Berlin ereignet? Wir erfuhren es erst nach Wochen. Am 1. Mai 1945 traf ein Flugzeug aus Moskau ein, in ihm die »Gruppe Ulbricht«, emigrierte Kommunisten, die in bereits ihnen übertragenen Spitzenfunktionen bei dem Aufbau einer neuen Verwaltung in Berlin unter sowjetischer Kontrolle eine führende Rolle übernehmen sollten.
Über das genaue Datum eines entsetzlichen Vorgangs in diesen letzten Tagen der Schlacht um Berlin gingen die Angaben auseinander. Nach einigen Quellen hatte schon in den letzten Apriltagen ein Kommando der SS den S-Bahn-Tunnel unter dem Landwehrkanal gesprengt, nach Ansicht anderer Zeugen soll dieses Verbrechen der Besiegten erst am 2. Mai – als Akt der Rache und Verzweiflung begangen worden sein.
Der Tunnel war die Zuflucht einer großen Anzahl von Einwohnern, Flüchtlingen und Verwundeten. Wie viele Menschen durch die eindringenden Wassermassen ertranken, weiß man bis heute nicht. Nach Schätzungen sollen es mehr als tausend Menschen gewesen sein.
Am gleichen 2. Mai streckten die restlichen, aus verschiedenen Truppenteilen zusammengeholten Einheiten der Wehrmacht und des Volkssturms die Waffen. Der letzte Stadtkommandant von Berlin, der noch kurz vor Toresschluß den tapferen, aber unfähigen Oberstleutnant Bärenfänger abgelöst hatte, General Weidling, unterzeichnete in Berlin-Tempelhof die Kapitulationsurkunde, die ihm der sowjetische Armeegeneral Tschuikow (nicht zu verwechseln mit Marschall Schukow) in Berlin-Tempelhof vorgelegt hatte. In einem Tagesbefehl Stalins hieß es: »Berlin ist vollständig erobert.«
Die sowjetischen Kommandanten beriefen sogenannte »Volkskomitees«, die ein System von Vertrauensleuten zu organisieren hatten. Schon in diesen ersten Tagen erhielten die Vertrauensleute

Eine Berlinerin schreibt: »Was ist aus den Mächtigen des Landes geworden, die sich unbesiegbar wähnten? Sie sind nur noch die Gespenster von gestern. Aber noch ist der Himmel über uns verhangen, ohne Hoffnungsschimmer. Ich sah lachende junge Russen, breitgesichtige Burschen mit den großen Schulterklappen. Eigentlich sehen sie ganz gutmütig aus. Sie verteilen Brot und Suppe an Kinder und Alte. Aber es gibt leider auch andere, die sich furchtbarer Taten schuldig machen. Im Nachbarhaus hat sich eine ganze Familie umgebracht. Der Mann war nur einfaches Parteimitglied. Bevor er sich erschoß, hatte er, dem niederträchtigen Beispiel eines Goebbels folgend, seine Frau und seine Töchter vergiftet. Es waren keine Fanatiker, keine Kriegshetzer, die Durchhalten predigten, sondern harmlose Leute, die ihren großen Irrtum mit ihrem Leben bezahlen zu müssen meinten, ihren blinden Glauben an Hitler.«

Aus »Tage des Überlebens«

ihre bleibende Bezeichnung innerhalb des sowjetischen Machtbereichs: Straßen-, Block- und Haus-Obleute. Sie sollten die Durchführung sowjetischer Armeebefehle überwachen. Sogenannten antifaschistischen Hilfskomitees wurden Polizeifunktionen übertragen.

Das erste Wort des Siegers, ein Machtwort, war gesprochen. Es verkündete eine neue Ordnung. Bleich und verstört, maßlos hungrig, stiegen die Menschen Berlins aus Bunkern und Kellerlöchern heraus. Jeder Überlebende hatte Furchtbares gesehen und meist auch selbst erleiden müssen.

Der dramatischste Moment war für jeden, den Augenblick abzupassen, da eine Macht die gegnerische Macht ablöste. Einige Minuten zu früh die weiße Fahne gehißt, konnte den Tod durch Erschießen bedeuten, und viele Soldaten und Zivilisten, die für Kapitulanten galten, sind von fanatischen Anhängern des zusammengebrochenen NS-Regimes aufgehängt oder »standrechtlich« erschossen worden. Aber selbst in diesen kritischen Momenten lag das Tragische oft dicht neben dem Komischen.

So hängten besonders vorsichtige Leute rote Teppiche zu ihrem Balkon hinaus; den verteidigenden Nazis konnten sie sagen, sie wollten sie lüften, für die kurz darauf folgenden Rotarmisten sollten sie Zeichen der Begrüßung sein.

Der Berliner Volkswitz war sogar in jenen Tagen nicht auszumerzen, es waren Signale des Lebenswillens. »Den nächsten Krieg mache ich auf russischer Seite mit«, soll ein getürmter Landser gesagt haben. Auf die Frage, wie er darauf komme, erklärte er: »Dann komme ich wenigstens in amerikanische Gefangenschaft.«

Ein anderer Berliner soll erklärt haben, nun könne er endlich seine geplante Rundtour auf dem Fahrrad durch Deutschland machen. Die Antwort darauf: »Und wat machste am Nachmittag?«

Doch ließ der Friede noch lange auf sich warten. Es war so, als ob der Krieg von dem gequälten Volk nicht lassen wollte. Eine Berlinerin notierte noch am 5. Mai: »Keine Lebensmittel. Nachbarn ausgeplündert. Ununterbrochen kommen Truppen ins Haus. Wir verstecken uns auf dem Boden oder in anderen Schlupfwinkeln ... Unruhige Nacht. Haustüren wurden eingeschlagen. Hilferufe ...«

Selbst am Tage des offiziellen Waffenstillstands notierte die Berlinerin: »Am Nachmittag Wasser getragen. Abends versuchen Russen ins Haus zu dringen. Wir hatten die Tür verbarrikadiert. Die Russen feiern die ganze Nacht. Wiederum Hilferufe.«

Auch von den Schreckenstaten der NS-Widerstandskämpfer im »Werwolf« wird berichtet. Ein Professor, Mitläufer, so teilt die eben zitierte Berlinerin mit, habe seine Amtswalteruniform im Lietzensee versenken wollen. Ein Werwolf erwischte ihn dabei und schnitt ihm die Kehle durch. Er zog um die Blutlache einen Kreis und schrieb davor: »Verräter.« An vielen Laternenpfählen hingen die Leichen der aufgehängten Deserteure der Wehrmacht.

Verzweiflung und neues Hoffen, Schwanken zwischen Entsetzen und Zuversicht kennzeichneten den Seelenzustand der Berliner von damals. So beschreibt ihn auch die Berliner Musikdozentin und Schriftstellerin Karla Höcker in ihrem Buch »Die ersten und die letzten Tage«. In ihrem Haus im Westend verkehrten viele Künstler, unter ihnen bekannte Schauspieler. Mit Trauer berichtete Karla Höcker vom Tode des beliebten Schauspielers Hans Brausewetter, der von einem Granatsplitter schwer verletzt wurde und bald darauf starb.

Gustaf Gründgens sollte seine Tätigkeit als Generalintendant der Staatstheater, zumal mit dem Wort »General« vorweg, zum Verhängnis werden. Er geriet für Monate in sowjetische Gefangenschaft. Einstweilen genoß er noch die Freiheit unter den Freunden, und im Donner der russischen Geschütze empfahl er ihnen die Lektüre von Hemingways Roman »Wem die Stunde schlägt«. Als Lektüre zum Mitnehmen auf eine »Fluchtinsel« empfahl er an erster Stelle Tolstois »Krieg und Frieden«.

Karla Höcker notierte in den ersten Maitagen in ihrem Tagebuch: »Russische Soldaten haben Fahrräder requiriert, sie machen erste Versuche, tapsig wie Urwaldmenschen. An der Ecke Nußbaumallee ein toter Rotarmist. Das Gesicht blutverschmiert, wirkt wie geschminkt. Merkwürdig: Vieles ist zu dick aufgetragen in der Wirklichkeit.«

Während dieses schaurigen Totentanzes mußten hervorragende Persönlichkeiten ihr Leben lassen, oft aufgrund von Mißverständnissen. In Klein-Machnow erschossen Rotarmisten den Erzähler Friedo Lampe, den Autor einer der schönsten Novellen deutscher Sprache: »Septembergewitter.«

Zu den wenigen aufrechten Menschen, die in jenen Tagen zwischen Entsetzen und Zuversicht einen klaren Kopf und ein tapferes Herz bewiesen, gehörte ein Mann der Bekennenden Kirche: Heinrich Grüber, Pfarrer von Kaulsdorf und später Propst in St. Marien. Grüber war wegen seines Beistandes für seine Glaubensbrüder jüdischer Abstammung Jahre im KZ gewesen. Der spätere Beauftragte der Evangelischen Kirche in der SBZ tat das Notwendigste. Während im Stadtinnern noch erbittert gekämpft wurde, bereitete er die ersten Hilfsmaßnahmen für die hungernde, verängstigte Bevölkerung vor. In seinen »Erinnerungen« verschweigt Grüber nicht, was die Berliner erdulden mußten, aber er versucht auch dem Gegner gerecht zu werden. Grüber berichtet: »Im Gemeindehaus richteten wir ein Militärlazarett ein, während wir in dem ziemlich geräumigen Haus des Ortsgruppenleiters der aufgehobenen NSDAP ein Entbindungsheim aufmachten. Da die Vergewaltigungen ständig zunahmen, suchte ich die Kommandanten auf und bat sie, diesem Treiben doch Einhalt zu gebieten. Mir wurde das zugesagt. Die Kommandanten verlangten von uns die Namen der Täter, die wir natürlich nicht wußten. Zweimal erlebte ich allerdings, daß ein schuldiger Soldat von dem Offizier, der den Vorfall untersuchte, erschossen wurde – eine Maßnahme, die wir nun auch wieder nicht gutheißen konnten. Um den Übergriffen vorzubeugen, forderte ich die Kaulsdorfer Frauen auf, die Nächte in der Kirche zu verbringen. Sie erschienen gegen 20 Uhr und legten sich auf die Kirchenbänke. Dann schloß ich die Tür ab und legte mich davor. Sobald Soldaten kamen, verwehrte ich ihnen den Zutritt: »Hier nix Frauen, hier Pope.«

Aus Heinrich Grüber »Erinnerungen aus sieben Jahrzehnten«, Köln 1968, Kiepenheuer & Witsch

In einem südlichen Vorort opferte der alte Schauspieler und grüblerische Dichter Friedrich Kayssler sein Leben, als er seine Haushälterin vor der Vergewaltigung durch die sowjetische Soldateska schützen wollte. Mit Kayssler, dem Freunde und Geistesgefährten eines Christian Morgenstern, ging eine der edelsten Gestalten jener Zeit dahin. Auf dem schmalen Grat zwischen Tod und Leben triumphierte dennoch der Wille zur Selbstbehauptung. Wer nur immer konnte, beteiligte sich an den Arbeiten des Aufräumens und der Herstellung einer improvisierten Ordnung aus dem Chaos. Grenzsituationen nach Katastrophen fachen den Lebenstrieb eher an, als daß sie ihn niederschlagen. Wer weiterleben wollte, mußte sich, jeder auf seine Weise, mit der neuen Macht abfinden. Abwartend die einen, tätig zugreifend die anderen, sicherlich die meisten. Es folgten erste Brotverteilungen, die endlosen Schlangen an den Bäckerläden, die Auseinandersetzung mit einer neuen, hastig eingesetzten Verwaltung, an der nicht immer die besten Elemente beteiligt waren.

VI.

Berlin erwachte aus seiner Lethargie.
Die sowjetische Stadtkommandantur und Generaloberst Bersarin regelten als erstes die Lebensmittelversorgung. Schwerarbeiter und anerkannte Kulturschaffende erhielten die Lebensmittelkarte Nr. 1, die ihnen eine gerade eben noch ausreichende Ernährung ermöglichte. Alles darunter waren Hungerrationen.
Erstes Ereignis auf kulturellem Gebiet: Am 7. Mai trat die Leitung der Evangelischen Kirche für Berlin und Brandenburg zusammen, unter dem Vorsitz von Generalsuperintendent Otto Dibelius, der den Titel »Bischof« annahm, um peinlichen Mißverständnissen, wiederum wegen des Wortteils ›General‹, vorzubeugen.
Schon am 9. und 10. Mai berief der Stadtkommandant Bersarin ein Gremium, das aus den Vertretern verschiedener politischer Richtungen bestand, Männer und Frauen vorwiegend aus dem Widerstand während der Hitlerzeit. Bersarin stellte eine

Sicherung der Versorgung in Aussicht und äußerte sein Erstaunen darüber, daß noch so viele Kinder in Berlin zurückgeblieben seien.

Am 11. Mai fand im jüdischen Krankenhaus in der Iranischen Straße (Bezirk Wedding) der erste öffentliche jüdische Gottesdienst nach mehr als zehnjähriger Unterbrechung statt. Im jüdischen Krankenhaus waren mehrere von dem SS-Regime, teilweise im Ausland, festgenommene jüdische Bürger noch vor ihrer Deportation an Entkräftung gestorben, unter anderem der letzte Chefredakteur des »Berliner Tagblatt«, Theodor Wolff, einer der führenden Publizisten der Weimarer Republik.

Der Berliner Rabbiner Martin Riesenburger gab in einer später erschienenen Schrift einen erschütternden Bericht über das erste Zusammenfinden der wenigen in Berlin überlebenden jüdischen Menschen, die bei christlichen und sozialistischen Freunden »untergetaucht« waren. Riesenburger schreibt:

»Sie vegetierten jahrelang unter falschem Namen. Sprach man sie mit ihrem richtigen Namen an, so ließ sie diese Anrede erschrecken. Aus ihren Augen sprach noch immer die panische Angst vor der Gestapo.«

Der Rabbiner hielt seine erste Predigt am Vorabend des Sabbat (am 10. Mai). Er konnte oft nicht weitersprechen, da nur Weinen und Schluchzen den Raum erfüllte. Wie groß die Zahl der fehlenden Menschen unter den jüdischen Bürgern war, darüber wußte niemand Auskunft zu geben.

Am 12. Mai empfing Bersarin in Berlin-Lichtenberg die Mitglieder des neu eingesetzten Magistrats, unter ihnen der katholische Gefängnispfarrer von Plötzensee, Buchholz, der so viele zum Tode Verurteilte getröstet hatte, und der Chirurg Ferdinand Sauerbruch.

Besonders erstaunlich ist die Tatsache, daß sich schon Mitte Mai kulturelles Leben regte. Am 13. Mai fand das erste öffentliche Konzert statt, ausgeführt vom Berliner Kammerorchester unter der Leitung des Dirigenten Hans von Benda (im Rathaus Schöneberg).

Mit der »Gruppe Ulbricht« war auch der emigrierte Schriftsteller und Publizist Fritz Erpenbeck gekommen. Wie Erpenbeck berichtete, hat der außerordentlich aktive und von kulturellen Ambitionen beseelte Generaloberst Bersarin Vorschläge und Anregungen gegeben. Bersarin sagte: »Suchen Sie geeignete Menschen, einerlei aus welchem weltanschaulichen Lager, aber ehrliche Hitlergegner. Bringen Sie sie mit den Kommandanten der Bezirke in Verbindung.«

Bersarin, der am Beginn seiner beruflichen Laufbahn Buchbinder gewesen war, dachte an alles, nicht nur an »Kultura«. Alle vorhandenen Bäckereien sollten wieder in Betrieb genommen, Trümmer und Panzersperren beseitigt werden, und sogar die Friseure sollten ihre Arbeit wieder aufnehmen, denn, so meinte Bersarin, »dann kriegt alles gleich wieder ein freundliches Gesicht.«

Aber was nach Bersarins Meinung vor allem wieder zum normalen Leben gehörte, war der Neubeginn von Theater, Musik, Kabarett und Filmdarbietungen. Es war gar nicht so leicht, die geeigneten Kräfte aufzutreiben. So manches Fronttheater mit mehr gutem Willen als Begabung kam nun wieder zum Zuge. Andererseits gelang es einem Genie der Bühne wie Jürgen Fehling nicht, die notwendigen organisatorischen Aufgaben für ein neues Theaterleben zu lösen. Darüber berichtete Herbert Ihering.

Als Kuriosum sei die erste kulturelle Veranstaltung, gleich am ersten Tage nach der Kapitulation in Berlin, registriert. Es war in Neukölln, wo der Hunger nach geistiger Nahrung offenbar so stark war wie der nach dem täglichen Brot, zu dem die Menschen Schlange standen.

Dort hatte sich ein »revolutionäres Kabarett« gebildet, obwohl von einer Revolution nicht die Rede war. Nach Augenzeugenberichten soll ein Conferencier Gedichte von Kurt Tucholsky vorgetragen haben, die überhaupt nicht in die traurige Situation paßten. Außerdem tingelte ein Dutzend Mädchen (wo hatte man die so schnell herangeholt?) über die Bühne.

Aber noch im Laufe des Mai folgten die ersten ernsthaften Bemühungen, die künstlerische und geistige Szene Berlins wieder zu beleben. Diese ersten Initiativen nach der Apathie der letzten Jahre vor dem Zusammenbruch hatten eine überraschende Resonanz.

Bereits am 18. Mai fand das erste Symphoniekonzert des Berliner Rundfunks statt, ausgeführt von Orchestermitgliedern der Städtischen Oper in Charlottenburg. Am 26. Mai dirigierte Borchert das erste Konzert der Berliner Philharmoniker im Titania-Palast in Steglitz. Gleichfalls in der zweiten Hälfte des Mai bot das Renaissance-Theater den

Herbert Ihering über die »Dorfkultur« in Berlin 1945
»Wo gerade einige Künstler wohnten, taten sie sich zusammen, wo ein Saal frei war, spielten oder rezitierten sie. Es war die große Zeit der Bezirksgruppen. Am rührigsten schienen Wilmersdorf und Zehlendorf zu sein, weil hier die meisten Schriftsteller und Theaterleute hausten . . .
Die Kunstkammer sonderte und registrierte die Künstler. Sie besetzte die leitenden Stellen und hat das geschichtliche Verdienst, die erste provisorische Ordnung in den Wildwuchs der Pläne gebracht zu haben . . .«
Ihering über Jürgen Fehling, der in einer Schulaula in Zehlendorf (Oktober 1945) den »Urfaust« inszeniert hatte:
»Wo blieb in dieser Kombination der bedeutendste Regisseur Jürgen Fehling? Er war doch bei dem Zusammenbruch in Berlin und hätte die Reste des wertvollen Staatstheaterensembles zusammenhalten können. Es war zuerst daran gedacht, ihm als Schauspieldirektor das Deutsche Theater zu geben . . . Fehling lehnte ab. Wie oft in phantasiegeschwängerten Katastrophenzeiten hatte seine Vorstellungskraft alle realen Möglichkeiten überflügelt, und was die Kraft seiner Inszenierungen war: die Rücksichtslosigkeit, Menschen, Zeit und Umwelt in den Dienst dieses einen Werkes zu stellen und alles, was daneben steht, auszuschließen oder mit ingrimmigem Haß zu verfolgen, das wurde zur Schwäche, wenn es sich darum handelte, ein ganzes Theater aufzubauen . . .«

Aus »Theaterstadt Berlin«: Ein Almanach, Bruno Henschel und Sohn, Berlin 1948

Schwank »Raub der Sabinerinnen« dar. Schon der Titel der bewährten alten Klamotte wurde von den Berlinern mit bissigen Anspielungen auf bestimmte Exzesse der Eroberer kommentiert.
Allerdings konnte nur ein kleiner Teil der Einwohner an diesen ersten »Kulturereignissen« teilnehmen. Benachrichtigungen gingen nur von Mund zu Mund. Es gab noch immer kein Telefon, und die meisten Berliner hatten, einem Kommandanturbefehl nachkommend, ihre Radioapparate abgeliefert.
Das war ein besonders widersinniger Befehl, weil zu gleicher Zeit die neuen Machthaber ihre ersten Proklamationen und Anordnungen an die Bevölkerung über den Rundfunk bekanntgaben. Das einzige Verkehrsmittel war das Fahrrad. Erstaunlicherweise waren noch eine Menge Fahrräder übriggeblieben, obwohl die Soldaten der Kampftruppe außer den Uhren auch die Fahrräder als Beute bevorzugt hatten. Die meisten warfen diese Beute allerdings wieder weg, weil sie sie nicht auf den Marsch mitnehmen konnten.
Es ist zu vermuten, daß der erste private Nachrichtendienst (die sogenannten »Gelben Radler«) anstelle der noch nicht wieder funktionierenden Post aus den weggeworfenen und aufgesammelten Fahrrädern seinen Betrieb unterhielt. Im allgemei-

Friedrich Luft in seiner Bilanz des ersten Spieljahrs 1945/46:
». . . Nach dem völligen Zusammenbruch war an den Berliner Theatern so etwas wie ein Aufatmen, ein Neubeginnen, ein Glück in sich . . .
Man hatte so viel schnellen Wiederaufbau nicht für möglich gehalten. Der Applaus, der aus den kalten, schlecht bestuhlten, oft rauh improvisierten Zuschauerräumen aufklang, zeigte nur wenige kritische Einschränkungen . . .
Das Phänomen des befreiten Spiels war allen köstlich. Der Blick über die eigene Bühne in die fremde Mentalität, die Fragestellungen und die Lösungen der anderen Völker war vorerst eine zuschauende Beschäftigung, die alle nach den Jahren der geistigen Vereinsamung noch bedenkenlos in Atem hielt.
Daß künstlerisch vorerst zurückgesteckt werden mußte, war klar.«

Aus »Theaterstadt Berlin«

nen war der größte Teil der Einwohner auf das angewiesen, was sie in ihrem engsten Umkreis vernahmen. Ab und zu brachte ein Hausbewohner einige der ersten von der Besatzungsmacht verteilten Flugblätter oder Zeitungen mit.
Gesinnungsfreunde fanden sich meist in kleinem Kreise zusammen, zumal Angehörige geistiger Berufe, »Kulturschaffende«, wie man sie nach neuer Sprachregelung – die sich ungewöhnlich schnell verbreitete – bezeichnet hatte. Wenn irgendwo noch ein Saal intakt war, in einem verlassenen Kino oder in einem größeren Vereinslokal, übernahmen diese Kreise den Raum, um dort zu musizieren, zu rezitieren oder sogar kleine Bühnenszenen bei Kerzenlicht zu improvisieren.
Da man meistens keine moderne, bisher verbotene Literatur zur Verfügung hatte, beschränkte man sich auf Klassisches. Bekannte Schauspieler – erinnert sei nur an den jungen Helden der Staatstheater Horst Caspar und Marianne Hoppe – waren sich nicht zu schade, wie in der Schule, Balladen von Schiller und anderen Klassikern aufzusagen; »Dorfkultur« inmitten der Ruinenlandschaft.

VII.

Die Vorentscheidung über das künftige Schicksal Deutschlands war bereits lange vor Kriegsende getroffen worden: durch die Londoner Protokolle der Alliierten vom September 1944, nach anderen Quellen: Oktober 1944, bei den Konferenzen von Teheran und Jalta 1944/45. Die Orte, an denen sich dann dieses Schicksal tatsächlich vollzog, sind Berlin und Potsdam, wo die Konferenz der Alliierten vom 17. Juli bis 2. August stattfand. Damit war das Modell für das künftige geteilte Deutschland geschaffen.
Aber lassen sich andere geschichtliche Daten aus der Kette historischer Kausalität einfach streichen? Die Tage von Weimar 1919? Und der »Tag von Potsdam« im Jahre 1933? Für Berlin wurden die Weichen einer neuen politischen Entwicklung bereits im Mai 1945 gestellt. Am 14. Mai erfolgte die Direktive JCF (Joint Chiefs of Staff) der Regierung der USA an den Oberkommandierenden der Besatzungstruppen. Sie enthält die Vorschläge der US-Regierung für den »Kontrollrat«, eine Bezeichnung, die erstmalig in einer öffentlichen Bekanntmachung auftaucht. Dieser Kontrollrat sollte die oberste Regierungsbehörde der vier Besatzungszonen darstellen. Das Hauptziel der Amerikaner war die Dezentralisierung der deutschen Verwaltung. Die lokalen Verantwortlichkeiten sollten gestärkt und die Autonomie der deutschen Verwaltung hergestellt werden. Entnazifizierung, Entmilitarisierung, industrielle und wirtschaftliche Entwaffnung Deutschlands – das waren die gemeinsamen Ziele der Anti-Hitler-Koalition der Siegermächte.
Im Mai 1945 bemühte sich Generaloberst Bersarin, für das kulturelle Leben in Berlin zentrale organisatorische Schwerpunkte zu schaffen. Zu den Künstlern, die er berief und die ihm ihre Mitarbeit zur Verfügung stellten, gehörten Paul Wegener, Gustaf Gründgens (der später dennoch in sowjetische Haft kam), der Opernintendant Heinz Tietjen, die Schauspieler und Regisseure Ernst Legal und Viktor de Kowa. Die erste deutschsprachige Zeitung, die in Berlin erschien, war die sowjetisch redigierte »Tägliche Rundschau«, eine Tageszeitung der Roten Armee für die deutsche Bevölkerung. Die ersten Versuche, das Parteiwesen neu zu begründen, gehen auf die SPD zurück, die bereits am 16. Mai ein Organisationskomitee bildete. Die Sonderstellung Berlins wurde erstmals durch ein Dekret dokumentiert, nach dem die Berliner Post aus der ehemaligen Deutschen Reichspost herausgelöst wurde. Die künftige Bezeichnung »Magistrat Berlin, Abteilung für Post- und Fernmeldewesen« deutet bereits auf die Sonderstellung Berlins auf dem Verordnungswege.
Am 17. Mai berief der Stadtkommandant einen bisher völlig unbekannten Berliner zum Oberbürgermeister der Stadt: den pensionierten Oberingenieur Dr. Arthur Werner, der alsbald die Neubildung des Berliner Magistrats bekanntgab. Die erste Liste der Stadträte ist insofern bemerkenswert, als sie Persönlichkeiten aufweist, die sowohl Vertrauensmänner der Sowjetmacht waren – deutsche Altkommunisten, Emigranten aus der UdSSR – wie Politiker, die später in Westberlin und in der Bundesrepublik eine Rolle spielen sollten.
Am 19. Mai wurde ein neues Polizeipräsidium errichtet, dessen Leitung der Kommunist Paul Markgraf (Markgraf war vor dem Zusammenbruch Offizier der deutschen Wehrmacht und Ritter-

Oberbürgermeister Dr. Werner gab die Zusammensetzung des neuen Magistrats bekannt:

Oberbürgermeister der Stadt Berlin: Dr. Arthur Werner
1. Stellvertreter: Karl Maron (früher KPD)
2. Stellvertreter: Dr. Andreas Hermes (früher Zentrum)
3. Stellvertreter: Paul Schwenk (früher KPD)
4. Stellvertreter: Karl Schulze (früher KPD)
Abteilung für Personal und Verwaltung: Stadtrat Arthur Pieck (früher KPD); Stellvertreter: Martin Schmidt (früher KPD)
Abteilung für Ernährung: Bürgermeister Dr. Andreas Hermes; Stellvertreter: Theodor Steltzer
Abteilung für Gesundheitswesen: Stadtrat Professor Dr. Ferdinand Sauerbruch; Stellvertreter: Professor Dr. Erwin Gohrbandt
Abteilung für Städtische Betriebe: Stadtrat Ing. Walter Jirak; Stellvertreter: Dr. Hermann Focke
Abteilung für Volksbildung: Stadtrat Otto Winzer (früher KPD); Stellvertreter: Erich Otto
Abteilung für Post- und Fernmeldewesen: Stadtrat Ernst Kehler; Stellvertreter: Dr. Wilhelm Schröder
Abteilung für städtischen Verkehr: Stadtrat Ing. Fritz Kraft; Stellvertreter: Erich Knoll
Abteilung für Wirtschaft: Stadtrat Dr. Hermann Landwehr; Stellvertreter: Rudolf Kühne
Abteilung für Handel und Handwerk: Stadtrat Josef Orlopp (früher SPD); Stellvertreter: Arthur Grommann
Abteilung für Sozialfürsorge: Stadtrat Ottomar Geschke (früher KPD); Stellvertreter: Dr. Ernst Schellenberg
Abteilung für Bau- und Wohnungswesen: Stadtrat Professor Hans Scharoun; Stellvertreter: Friedrich Sommer
Abteilung für Finanz- und Steuerwesen: Stadtrat Edmund Noortwyck (früher KPD); Stellvertreter: Stadtkämmerer Dr. Erich Siebert
Abteilung für Planungen: Bürgermeister Paul Schwenk
Abteilung für Arbeitseinsatz: Stadtrat Hans Jendretzky (früher KPD); Stellvertreter: Erwin Lampka
Beirat für kirchliche Angelegenheiten: Pfarrer Peter Buchholz; Stellvertreter: Probst Heinrich Grüber

kreuzträger gewesen) übernahm. Allmählich kam auch die Gas- und Stromversorgung wieder in Gang. In Berlin waren ab 20. Mai einige Straßenbahnlinien wieder in Betrieb. Sogar zum Sport hatten die Berliner wieder Lust. Zu den ersten Fußballspielen nach dem Kriege im Stadion Lichtenberg kamen 10 000 Zuschauer (am 20. Mai). Die erste von Deutschen redigierte Zeitung Berlins war die sowjetisch kontrollierte »Berliner Zeitung« (Chefredakteur: Herrnstadt). Einer ihrer Redakteure war der später als Verleger bekanntgewordene Journalist Helmut Kindler.
Vom 22. Mai an wurde die postalische Beförderung von Briefen und Postkarten wieder aufgenommen. Da es noch keine Briefmarken gab, wurde gegen Barzahlung abgestempelt. Am 30. Mai wurde der Zugverkehr auf Teilstrecken wieder eingesetzt. Die sowjetische Kommandantur erließ eine Verfügung, nach der Verwaltungsangestellte wieder beschäftigt werden konnten. Die erste Schule nach dem Kriege, die den Unterricht wieder aufnahm, war das Katholische Gymnasium am Lietzensee, ein von den Jesuiten geleitetes Institut.
Am 3. Juni fand im Berliner Funkhaus die erste Veranstaltung für die »Opfer des Faschismus« statt. – Dem kurz zuvor begründeten Hauptausschuß für politische und rassische Verfolgte gehörten damals Persönlichkeiten aus verschiedenen weltanschaulichen Lagern an. Unter ihnen waren nicht wenige, die später nochmals politisch verfolgt werden sollten, wie der Physiker Professor Robert Havemann, der aus der Todeszelle des Zuchthauses Brandenburg befreit worden war. Ferner gehörten zu den Mitgliedern des Hauptausschusses der Propst Heinrich Grüber, der frühere Oberprä-

Die Unterzeichnung der bedingungslosen Kapitulation in Berlin-Karlshorst.
»Die Delegation, welche die endgültige Kapitulation in Berlin unterzeichnen sollte, wurde zusammengestellt. Sie bestand aus Keitel, v. Friedeburg und dem Generaloberst der Luftwaffe Stumpff.
Ein Flugzeug brachte sie aus Reims nach Berlin. Im Wagen wurden sie durch die immer noch brennende und schwelende Stadt nach Karlshorst gefahren. Dort unterzeichneten sie in Gegenwart des sowjetischen Marschalls Shukow, des englischen Luftmarschalls Tedders, des amerikanischen Generals Spaatz und des französischen Generals Lattre de Tassigny. Sie unterzeichneten »für das Oberkommando der deutschen Wehrmacht«. Sie wollten damit ausdrücken, daß sie damit nur eine militärische Kapitulation unterzeichneten, nicht aber eine Kapitulation der »Regierung«.
Das geschah in den ersten Morgenstunden des 9. Mai um 00.16 Uhr.

Aus Jürgen Thorwald »Das Ende an der Elbe« Steingrüben Verlag, Stuttgart 1950

sident und spätere Ministerpräsident von Schleswig-Holstein Dr. Theodor Steltzer und Dr. Andreas Hermes. Der Hauptausschuß proklamierte »Sühne und Gerechtigkeit als Grundlage des Wiederaufbaus.«
Am 5. Juni wurde die erste Deklaration der vier Besatzungsmächte veröffentlicht. Unter der Leitung des Kontrollrats wurde die Regierungsgewalt in Deutschland übernommen. Der Kontrollrat bestand aus den vier Oberbefehlshabern der alliierten Besatzungsarmee. Für Berlin wurde eine internationale Kommandantur errichtet. Sie hatte die Aufgabe, für das Gebiet von Groß-Berlin die politische Gewalt zu übernehmen. Die Abteilung für Finanz- und Steuerwesen gab bekannt, daß nur eine Bank, die Berliner Stadtbank, Kassengeschäfte durchführen durfte.
Trotz aller dieser Maßnahmen, Verordnungen und Befehle fand die Berliner Bevölkerung noch immer keine Klarheit und Sicherheit über ihr Geschick. Viele waren sich noch nicht einmal sicher, ob die westlichen Alliierten noch nach Berlin kämen, trotz aller offizieller Bekanntgaben. Die Haltung des typischen Berliners war skeptisch wie eh und je. Zwar hatten die gröbsten Ausschreitungen und Plünderungen durch die sowjetischen Besatzungstruppen aufgehört, doch gab es noch immer systematisch durchgeführte, immer wiederkehrende, oftmals willkürliche Haussuchungen und Verhaftungen, zumal bei Menschen, die oft in begründetem, mitunter aber auch falschem Verdacht standen, nationalsozialistische Aktivisten gewesen zu sein.
Auch persönlich nicht Betroffene waren infolge dieser Zwangsmaßnahmen verunsichert und beunruhigt. Unter den zahlreichen sogenannten »Mitläufern« des Hitler-Regimes griff eine Stimmung um sich, die nicht ohne Galgenhumor war. Die Abkürzungen der Hitler-Zeit deutete man witzig um: Pg = »Pech gehabt« oder VG (Volksgenosse) = »Vorsichtig gewesen«.
Die sowjetische Militärverwaltung war trotz mancher Mißgriffe und der Ausschweifungen der Roten Armee bemüht, das Vertrauen der Bevölkerung zu gewinnen. Vor allem suchte sie sich bei der Intelligenz beliebt zu machen, da sie gerade in diesem Teil der Bevölkerung, nicht ganz zu Unrecht, die meisten Hitlergegner vermutete. Bereits am 6. Juni konstituierte sich der Präsidialrat der »Kammer der Kunstschaffenden«. Das war eine Organisation, die zweifellos auch politische Funktionen hatte. Der Schauspieler Paul Wegener wurde als Präsident der Kammer berufen. Die Mitglieder des Präsidialrats waren hauptsächlich in Deutschland gebliebene Vertreter der sogenannten inneren Emigration oder auch politisch Indifferente, die sich selbst dazu rechneten. Dem Rat gehörten u. a. an: der Kammersänger Michael Bohnen, der greise Staatsschauspieler Eduard von Winterstein (Vater des in die UdSSR emigrierten Dramatikers und Regisseurs Gustav von Wangenheim), außerdem der Leiter des Referats Theater und Musik beim Magistrat Erich Otto und als zurückgekehrter Emigrant der Publizist Fritz Erpenbeck.
Am 9. Juni erließ der oberste Chef der sowjetischen Militäradministration den Befehl Nummer 1, der Berlin als ihren Standort bestimmte. Bereits am nächsten Tage folgte Befehl Nummer 2 der sowjetischen Militäradministration (SMA). Er

betraf die Tätigkeit von antifaschistischen Parteien und gewerkschaftlichen Organisationen im Gebiet der sowjetischen Besatzungszone.
Der frühere kommunistische Reichstagsabgeordnete, der aus der Emigration in die Sowjetunion zurückgekehrte Walter Ulbricht, trat erstmals nach dem Kriege auf deutschem Boden öffentlich hervor. Er erläuterte vor einem kommunistischen Parteigremium, daß die »bürgerliche Revolution von 1848 zu Ende geführt werden solle«. Es gelte zunächst eine parlamentarische Republik aufzubauen. Endziel sei »eine wahrhaft demokratische Republik«.
Am 11. Juni 1945 beschloß der Magistrat Berlin, demokratisch antifaschistische Parteien zu registrieren. Vorgesehen waren: SPD, KPD, Zentrum (bald darauf umgenannt in CDU) und LDP (Liberale Demokratische Partei). Die KPD veröffentlichte ihr erstes Aktionsprogramm. Dessen Schwerpunkt sollte die Schaffung eines »antifaschistischen Blocks demokratischer Parteien« sein. Am 13. Juni erschien erstmals als Zentralorgan der KPD die »Deutsche Volkszeitung«, die später in »Neues Deutschland« umbenannt wurde.
Am 7. Juli erstes Erscheinen der Zeitung »Das Volk«, herausgegeben vom Zentralausschuß der SPD. Erst am 22. Juli erschien die erste Nummer der CDU-Zeitung »Neue Zeit« (Chefredakteur Professor Dr. Emil Dovifat, früher Professor für Zeitungswissenschaft an der Universität Berlin). Als letzte Zeitung mit sowjetischer Lizenz brachte die Liberal-Demokratische Partei eine Tageszeitung »Der Morgen« am 3. August heraus.
Damit hatten die Sowjets zunächst das Monopol an Massenmedien, einschließlich des von ihnen kontrollierten Berliner Rundfunks. Die Sowjets teilten das Papier den Presseorganen zu. Die von ihnen bevorzugten Blätter hatten eine Auflage von 200 000 Exemplaren, die weniger beliebten »bürgerlichen« ca. 20 000.
Zwischen dem 1. und 4. Juli zogen endlich die Truppen der Amerikaner und Briten in Berlin ein, einige Tage später die Franzosen. Die westlichen Alliierten besetzten die Bezirke Berlins, die ihnen aufgrund der Vereinbarungen mit ihrem sowjetischen Verbündeten zugewiesen worden waren. Damit wurde Berlin eine Stadt zwischen den Welten, der kommunistisch-totalitären und der parlamentarisch-demokratischen.
Diese Zwischenstellung mit all ihren Problemen und Konflikten ist bis heute – unter wechselnden politischen Vorzeichen – geblieben. Die Gründe, weshalb die westlichen Gegner Hitler-Deutschlands erst zwei Monate nach dem Waffenstillstand die alte Reichshauptstadt besetzt haben, sind nicht restlos geklärt. Soviel ist bekannt: In einem Telegramm Stalins an Präsident Truman wurde die amerikanische Regierung ersucht, mit der Truppenverlegung nach Berlin erst am 1. Juli 1945 zu beginnen – angeblich wegen der noch immer bestehenden Verminung Berlins. In Wahrheit wollten die Sowjets für das gesamte Berlin vollendete Tatsachen schaffen. Vor allem die Einsetzung ihnen genehmer deutscher Politiker als Vorsitzende der von ihnen lizenzierten Parteien.

Die ersten Zeitschriften

Das Jahr 1945 ging zu Ende, und es regte sich überall. Man hörte von Lizenzen, die vergeben wurden, es erschienen mehrere Zeitungen, mit der Post kamen Blätter aus anderen Zonen zu uns, und Berlin war im Begriff, wieder den alten Ruf als Zeitungsstadt Deutschlands zu erwerben. Und mit den häufiger werdenden Zeitungen bekamen wir auch plötzlich die erste Zeitschrift in die Hand. Wieder das gleiche Erlebnis. Mit welchem Interesse wurde diese erste Nummer gelesen und weitergegeben. Hier fanden sich die ersten größeren Aufsätze zu Zeitfragen, und die unsichtbare Leserschaft war das Forum, vor dem das Gewissen des einzelnen im Volk erforscht wurde. Es fanden sich bekannte Namen unter den Autoren wieder, den Älteren von uns von früher her noch vertraut, und die Tradition der gewichtigen Publikationen, die mit dem Jahr 1933 verschwunden waren oder so entscheidend ihr Gesicht verändern mußten, schien wieder aufzuleben. Das Gespräch zwischen gleichberechtigten Partnern konnte beginnen, der Weg war endlich frei, und die Fülle der Fragen war kaum zu übersehen.

Aus: Hartmann Goertz »Die Flucht in die Zeitschrift«. – In: »Die Neue Zeitung«, 13. 1. 1947

Das verspätete Eintreffen der Westmächte hat sich lange Zeit als hemmend für den Wiederaufbau erwiesen, zumal der rechtliche Status der Teilstadt Westberlin jahrelang Streitobjekt war und erst in der Folgezeit eine Absicherung durch neue Verträge erfuhr. Doch die Teilung der Stadt war bereits vorgegeben, und der Vier-Mächte-Kontrollrat erwies sich bald als eine recht brüchige Klammer für den Zusammenhalt der Vier-Sektoren-Stadt. Berlin war und blieb somit ein staats- und völkerrechtliches Kuriosum, ein ständiges Streitobjekt zwischen den Siegern.

West-Berlins Sonderstellung, die zunächst als Provisorium betrachtet wurde, ist dann später immer wieder von den Sowjets willkürlich interpretiert und in Frage gestellt worden. Diese Entwicklung, die zu Lasten der Bevölkerung beider Teile der Stadt ging, hatten damals nur wenige Politiker richtig vorausgesehen. Die breite Masse der Berliner, die in Ost und West den Einzug der amerikanischen und britischen Truppen meist freudig begrüßten, ahnte nicht, was ihr in den kommenden Jahren an Prüfungen und Lasten bevorstehen würde. Sie sahen in den Truppen der Westmächte so etwas wie die Befreier von ihrer Furcht. Das war richtig, wenngleich diese Befreiung von Furcht nicht sogleich mit der von Not begleitet war, wie es die Verkündung der Atlantik-Charta von Roosevelt und Churchill im Falle ihres Sieges über die Achsenmächte versprochen hatte.

An diese Aspekte der Weltpolitik dachten jedoch die wenigsten Berliner, die in ihrer Mehrheit von Deklarationen jeder Art genug zu hören bekommen hatten. Für sie, die den totalen Zusammenbruch einer totalen Kriegsherrschaft überstanden hatten, galt es vor allem, sich mit der »kleinen Politik« der drängenden Alltagsprobleme auseinanderzusetzen.

Wie war die Situation nach dem ersten Aufatmen? Die Berliner standen vor dem nach Umfang größten Trümmerhaufen der Weltgeschichte, nicht nur dem ihrer Stadt. Die Berechnungen lauteten auf 75 Millionen Kubikmeter Schutt, den die geschwächten, hungernden Menschen, meist Frauen, aufräumen sollten. Von 200000 Häusern und öffentlichen Gebäuden waren ca. 40000 zerstört.

Man führte nach dem Schock der ersten Wochen nach der Kapitulation endlich wieder ein leidlich geregeltes, wenngleich recht erbärmliches Leben. Fleißige Hände beseitigten Barrikaden, zerfetzte Schienen der Straßenbahnen, reparierten geborstene Rohrleitungen, gesprengte Brücken. Das Leben in den Straßen nahm sich oft wunderlich aus; wo an eine rasche Wiederherstellung der Brücken nicht zu denken war, wurden behelfsmäßige Stege über die Spree und die Kanäle errichtet. Mitunter ersetzte auch ein Fährmann mit seinem Kahn – wie in grauer Vorzeit – die fehlende Brücke.

Kranke wurden auf Handwagen in die Krankenhäuser gebracht, Tote in Zeltbahnen auf die Friedhöfe.

An manchen Straßenecken und in Hauseingängen rührten sich erstmals die Händler des »Schwarzen Marktes«. Anstelle der wieder gültigen Reichsmark galt dort die »Zigarettenwährung«.

Wer sich, wie der Chronist, bei einer Rückschau die damalige Zeit vergegenwärtigt, dem wird immer wieder nur allzu deutlich offenbar, was er als Augenzeuge wahrnahm – und das war nur sein eng gezogenes Umfeld. Erst die aus vielen Quellen gespeiste Chronik späterer Zeit läßt die Zusammenhänge erkennen und läßt die Vorgänge als Ganzes betrachten.

So meldet die Zeittafel, daß am 16. Juni 1945 Generaloberst Bersarin, der kulturbesessene, deutschfreundliche Stadtkommandant bei einem Verkehrsunfall starb. Der Wagemutige war auf seinem Motorrad in voller Fahrt mit einem entgegenkommenden sowjetischen Militärauto zusammengestoßen.

Am Nachmittag des gleichen Tages hatten sich in der Nachbarschaft des Chronisten dieser Zeilen, in der Platanenallee 11 in Berlin-Westend, die Gründer einer neuen Partei zusammengefunden. Unter dem Vorsitz des Ministers a. D. Dr. Andreas Hermes beschlossen sie einstimmig, ihrer Partei, die sich zu den Grundlagen des Christentums bekannte, den Namen »Christlich-Demokratische-Union« (CDU) zu geben. Ihre Partei sollte, im Gegensatz zum ehemaligen Zentrum der Katholiken, beide christliche Konfessionen politisch zusammenführen. Zu gleicher Zeit erfolgte die Gründung einer Deutschen Demokratischen Partei, deren Name kurz darauf in Liberal-Demokratische Partei Deutschlands (LDP) geändert wurde. Den Gründungsaufruf unterzeichneten als Vorstandsmitglieder unter anderem die beiden früheren Reichsminister Dr. Wilhelm Külz und Dr. Eugen Schiffer.

Am selben Nachmittag wurde die Freilichtbühne Friedrichshain eröffnet und im Funkhaus in der Masurenallee, das noch lange sowjetisch besetzt blieb, fand das erste Konzert der Staatsoper statt.
Am nächsten Tag, dem 17. Juni, versammelten sich erstmals alte Berliner SPD-Funktionäre, die oftmals lange KZ-Haft und Verfolgungen überstanden hatten, im Lokal »Deutscher Hof« im Arbeiterbezirk Kreuzberg. Sie wählten zum Vorsitzenden den früheren Abgeordneten Otto Grotewohl. Er erläuterte sein Neun-Punkte-Programm für den Wiederaufbau Berlins, das »auf dem Boden der organisatorischen Einheit der Arbeiterklasse« durchgeführt werden sollte. Außer Grotewohl wurden in den Vorstand der SPD folgende Politiker gewählt: Max Fechner, Erich Gniffke, Gustav Dahrendorf. Es waren Männer, die in dem geteilten Deutschland sehr verschiedene politische Wege einschlagen und mitunter tragische Schicksale erleiden sollten, wie zum Beispiel Max Fechner, der später viele Jahre in einem Zuchthaus der sowjetisch besetzten Zone verbringen mußte.
Am 18. Juni wurde die Hochschule für bildende Künste wieder eröffnet. Ihr erster Direktor war der unter dem NS-Regime mit einem Malverbot belegte bedeutende deutsche Expressionist Karl Hofer. Ende Juni gab es das erste Fernsprechverzeichnis Berlins nach dem Kriege. Es registrierte 500 Anschlüsse, hauptsächlich von Behörden, und war damit schmaler als das erste überhaupt existierende Verzeichnis am Ausgang des vorigen Jahrhunderts. Sind das Marginalien am Rande der Chronik, so sollte die Konferenz vom 18. Juni der Oberbefehlshaber der drei Besatzungsmächte, USA, Großbritannien, UdSSR, in der Chronik Berlins dick rot unterstrichen erscheinen. Man kam überein, daß die einzelnen Besatzungstruppen je etwa 25 000 Mann zählen sollten (die Sowjets haben sich niemals daran gehalten). Der Stellvertreter des USA-Oberbefehlshabers, General Eisenhower, General Lucius D. Clay, machte dazu einen Aktenvermerk: »Es wurde vereinbart, daß aller Verkehr – Luft, Straße, Schiene – frei sein soll von Grenzkontrollen oder der Kontrolle durch Zollbeamte oder militärische Behörden.«
Eine andere wichtige Notiz von westlicher Seite läßt darauf schließen, warum die Sowjets so nachdrücklich darauf drangen, bis zum Juli 1945 in den Westsektoren der Stadt zu bleiben: »Die Demontagen der großen Westberliner Wirtschafts- und Industriebetriebe, unter ihnen Osram, Siemens, Borsig, AEG, durch die sowjetische Armee haben ihren Höhepunkt erreicht.« Von diesen folgenschweren Vorgängen erfuhren die Berliner offiziell so gut wie nichts. Ihnen wurden in erster Linie populäre Maßnahmen der Sowjets bekanntgemacht, die Wiedereröffnung des Zoologischen Gartens am 1. Juli (von über 1 000 Tieren hatten 46 die Bombenstürme überlebt!) oder das erste Trabrennen in Berlin-Karlshorst, dem Sitz der Sowjetischen Militäradministration. Aber wer konnte damals schon nach Karlshorst fahren? Die öffentlichen Verkehrsmittel waren vorerst nur auf Kurzstrecken der Vororte in Betrieb.
In einer der wenigen erhalten gebliebenen Kirchen Berlins, in der St.-Thomas-Kirche in Charlottenburg, gedachte bei einem ersten Gottesdienst der Bischof von Berlin, Konrad Graf Preysing, der unter dem Hakenkreuz verfolgten Priester. Der Bischof erinnerte dabei auch an den Märtyrertod des Domkapitulars von St.-Hedwig, Bernhard Lichtenberg, der während des Transports aus einem Berliner Gefängnis in das KZ Dachau schwer erkrankte und in einem Hospital gestorben war.
Wenn die Berliner meinten, mit dem Eintreffen der westlichen Alliierten würde sich ihr Alltag wesentlich ändern, so sahen sie sich enttäuscht. Gewiß, die unmittelbare Bedrohung von Leib und Leben durch eine verwilderte Soldateska bestand nicht mehr. Aber der Notstand dauerte fort: Unzureichende Versorgung, seuchenartige Krankheiten, Drangsal in vielfacher Gestalt. Auch die jubelnd begrüßten Truppen der Amerikaner und Briten ließen die harte Hand des Siegers spüren. Zumal die Amerikaner zeigten sich – nicht zuletzt aufgrund des strengen Fraternisierungsverbotes – nicht immer von einer freundlichen Seite.
In den von ihnen besetzten Stadtteilen, vornehmlich in den Villenvierteln Dahlem, Zehlendorf und Wannsee beschlagnahmten sie zahlreiche Häuser, mitunter ganze Straßenblocks, ja sogar einzelne Ortsteile. Die Besitzer und Bewohner der Häuser, gleichgültig ob ehemalige Nazis oder deren Gegner, mußten ihre Wohnstätten innerhalb von zwei Stunden räumen und durften nur das Notwendigste an Hausrat mitnehmen. Nicht immer fanden sie bei Freunden oder Nachbarn Unterkunft. Ihr Schicksal war jedoch immer noch erträglicher als das der noch immer durch Berlin ziehenden Flüchtlings-

züge. Jetzt waren es vor allem die Vertriebenen aus den deutschen Ostgebieten.
Welche Kontrastfarben zwischen Siegern und Besiegten! Auf der einen Seite feierten die Alliierten, trotz ihrer ersten Differenzen untereinander, immer noch gemeinsame Siegesfeste, begrüßten Truppen vor dem Brandenburger Tor, Briten, Amerikaner und Sowjetrussen tauschten Orden und Ehrenzeichen. Währenddessen wälzten sich Ströme des Elends durch die Stadt nach Westen. Die meisten konnten in Auffanglagern kurze Zeit verweilen, dann wurden sie weiterbefördert. Seit der Kapitulation sollen noch 500 000 Menschen aus dem Osten durch Berlin geschleust worden sein.
Noch nach dem Einzug der Westmächte, während der Sommer- und Herbstmonate, warben die Sowjets um die Gunst der Berliner. Was sie mit der einen Hand genommen hatten – Demontagen, Beschlagnahmen, Festnahmen von Verdächtigen – wollten sie mit der anderen zurückgeben. Hauptsächlich war ihnen daran gelegen, die Intelligenz nicht nur politisch und geistig zu aktivieren, sondern darüber hinaus für sich einzuspannen. Anfangs gelang ihnen das, ohne daß die so Umworbenen sich dessen immer bewußt wurden. Wer für Rundfunk und Presse arbeitete, wer als Musiker oder Schauspieler auftrat, konnte meist damit rechnen, ein russisches Lebensmittelpaket zu erhalten, ein Pajok. Wer wollte es den darbenden, »Kulturschaffenden« verdenken, wenn sie solche Geschenke annahmen?
Die Klubräume des »Kulturbundes der demokratischen Erneuerung Deutschlands« und der Saal des Künstlerklubs »Möwe«, beide im Sowjetsektor gelegen, wurden von den Sowjets dazu bestimmt, die neuen »Privilegierten« zu bewirten. Dort konnten sie essen und trinken, soviel sie wollten. So sah man denn in den Sälen des Kulturhauses in der Jägerstraße, wo einst der Herrenklub des Franz von Papen residierte, wo die Intrigen gegen die Weimarer Republik gesponnen wurden, nunmehr die in Berlin verbliebene oder heimgekehrte geistige Elite, natürlich nur die nicht durch das NS-Regime belastete.
Die »noch einmal Davongekommenen« gaben sich dort ein Stelldichein. Es war eine bunte Palette, sie reichte von unpolitischen Erfolgsschriftstellern der alten Generation wie Bernhard Kellermann und dem greisen Popularwissenschaftler und Amateurastronomen Bruno H. Bürgel über die grüblerisch-heiteren Schlesier Herbert Roch und August Scholtis bis zu den damals jungen und jäh aufleuchtenden Talenten wie Wolfgang Harich und den Dichterinnen Susanne Kerkhoff (Harichs Schwester) und Annemarie Bostroem. Ferner erschienen die Maler Max Pechstein – wie eh und je mit roter Fliege – und Heinz Trökes, der Schauspieler und satirische Feuilletonist Aribert Wäscher, viele andere Theaterleute, schließlich auch Theologen wie der literarisch beschlagene Domprediger Kleinschmidt aus Schwerin.
Gelegentlich kam auch das einzige Mitglied der Verlegerfamilie Ullstein, Heinz Ullstein, der als einziger der Familie in Berlin zurückgeblieben war und, wie ein Wunder, die Judenverfolgung überlebt hatte. Jetzt aber war er von seiner neuen Rolle überzeugt, die, wie er betonte, darin bestand, »ein Botschafter zwischen den rivalisierenden Lagern und Mächten« zu sein.
Heinz Ullstein hat sich in seinen später erschienenen Memoiren »Spielplatz des Lebens« recht freimütig über die Situation der deutschen Publizistik und der Berliner Zeitungsverleger ausgelassen: »Man hätte das Unternehmen sofort nach dem Kriege reorganisieren können. In wenigen Wochen wäre der alte Ullstein-Betrieb wieder da gewesen. Doch das war es gerade, was die Alliierten nicht wollten. Alles, was mit der Presse zusammenhing, mußte nach ihrem Wissen in andere Hände übergehen. Es war so: Ich stelle dies ohne Vorwurf fest . . . Die Alliierten dachten, daß es aus politischen Gründen gut sei, wenn sie neuen Leuten Lizenzen zum Betrieb von Zeitungen und Zeitschriften gaben . . .«
Noch längere Zeit nach dem Eintreffen der westlichen Alliierten gelang es den Kommunisten, ihren Vorsprung zu behaupten. Im Sommer 1945 beherrschten die sowjetisch lizencierten Zeitungen und Zeitschriften das Feld. Im Magistrat waren die tätigsten und zielstrebigsten Mitarbeiter der Sowjets die deutschen Kommunisten. Die SPD und die »bürgerlichen« Parteien mußten schon von Beginn der neuen Ära an um ihre Selbstbehauptung kämpfen. Für ihre Publikationen erhielten sie das kleinste Papierkontingent. Dennoch war ihre Anhängerschaft in Berlin um so größer.
Wie Arno Scholz, der spätere Herausgeber der SPD-Zeitung »Telegraf«, in seinen Erinnerungen bemerkt, hatten sich Tausende Berliner in den

Vernichtung der Naziideologie auf allen Lebens- und Wissensgebieten. Kampf gegen die geistigen Urheber der Naziverbrechen und der Kriegsverbrechen. Kampf gegen alle reaktionären, militaristischen Auffassungen. Säuberung und Reinhaltung des öffentlichen Lebens von deren Einfluß.
Bildung einer nationalen Einheitsfront der deutschen Geistesarbeiter. Schaffung einer unverbrüchlichen Einheit der Intelligenz mit dem Volk. Im Vertrauen auf die Lebensfähigkeit und die Wandlungskraft unseres Volkes: Neugeburt des deutschen Geistes im Zeichen einer streitbaren demokratischen Weltanschauung. Zusammenarbeit mit allen demokratisch eingestellten weltanschaulichen, religiösen und kirchlichen Bewegungen und Gruppen.
Überprüfung der geschichtlichen Gesamtentwicklung unseres Volkes, und damit im Zusammenhang Sichtung der positiven und negativen Kräfte, wie sie auf allen Gebieten unseres geistigen Lebens wirksam waren.
Wiederentdeckung und Förderung der freiheitlichen humanistischen, wahrhaft nationalen Traditionen unseres Volkes.
Einbeziehung der geistigen Errungenschaften anderer Völker in den kulturellen Neuaufbau Deutschlands. Anbahnung einer Verständigung mit den Kulturträgern anderer Völker. Wiedergewinnung des Vertrauens und der Achtung der Welt.
Verbreitung der Wahrheit. Wiedergewinnung objektiver Maße und Werte.
Kampf um die moralische Gesundung unseres Volkes, insbesondere Einflußnahme auf die geistige Betreuung der deutschen Jugenderziehung und der studentischen Jugend. Tatkräftige Förderung des Nachwuchses und Anerkennung hervorragender Leistungen durch Stiftungen und Preise.

Leitsätze des Kulturbundes zur demokratischen Erneuerung Deutschlands
Aus: »Aufbau«, Jahrgang 1, 1945, Heft 3

provisorisch eingerichteten Büros der SPD gemeldet. Ihre Anzahl schätzte Scholz auf das Zehnfache gegenüber den relativ wenigen Kommunisten, die sich in den Hunderten von Einzeichnungsstellen der KPD eintrugen. Die kommunistische Führung saß trotzdem am längeren Hebel. Das aber erkannten in der damals noch ungewissen Lage nur wenige vorausschauende Politiker. Den früheren Hitlergegnern war der von den Sowjets inaugurierte Plan eines »antisowjetischen Blocks« der Parteien durchaus verständlich. Gegensätze ergaben sich nur in manchem Detail öffentlicher Kundgaben. Der gemeinsame Widerstand der jetzt zur Verantwortung gerufenen Deutschen gegen das NS-Regime wirkte noch lange fort. Trotz aller weltanschaulichen Unterschiede war man in der Mehrheit bereit zur Zusammenarbeit mit allen Mächten der Anti-Hitlerkoalition. Nicht jedem waren die ersten Sprünge im Porzellan wahrnehmbar.
Erst vier Wochen nach ihrem Einzug gaben Briten und Amerikaner für ihre Sektoren eigene Zeitungen heraus. Das war vor allem auf technische Schwierigkeiten zurückzuführen. So hatten die Sowjets in dem später amerikanischen Sektor sämtliche Maschinen und fast das gesamte Inventar des Druckhauses Tempelhof (früher Ullstein) abtransportiert.
Im britischen Sektor waren die Verhältnisse noch trostloser. Die Engländer fanden nicht einmal ein geeignetes Gebäude. Eine für Tageszeitungen völlig ungeeignete Druckerei in einer Halbruine stellte die erste Zeitung der britischen Militärregierung her. Ihr Titel: »Der Berliner«. Die Arbeitsplätze mußten im Hause mit dem durchlöcherten Dach ständig gewechselt werden – »je nachdem, wo es gerade durchregnete« (Bericht des Berliner Publizisten und wissenschaftlichen Schriftstellers Joachim G. Leithäuser).
Dank ihrer größeren Mittel und ihrer qualifizierten Mitarbeiter (hauptsächlich Emigranten in Uniform) hatten die Amerikaner mit ihren Gründungen im Pressewesen mehr Erfolg. Zu den erstaunlichen Leistungen der US-Militärregierung gehört es, daß es ihnen gelang – am 8. August 1945 – eine dreimal wöchentlich erscheinende Zeitung herauszubringen, die an Qualität und Format den frühe-

ren Presseerzeugnissen des Ullstein-Verlags nahekam. Das war die »Allgemeine Zeitung«, die bis zum Satzspiegel dem alten Vorbilde der Ullstein-Presse entsprach.
Allerdings war der Chefredakteur des Blattes ein alter »Pressehase«, der dieses Kunststück im Druckhaus Tempelhof fertigbekam: Captain Hans Wallenberg, der seine journalistische Laufbahn bei der 1934 eingestellten »Vossischen Zeitung« begonnen hatte. Wallenberg – später Chefredakteur der »Neuen Zeitung« (die eine amerikanische Zeitung für Deutschland war) – sah vor allem auf hohes Niveau. Als ein wahrhafter »Talentmagnet«, wie ihn einmal der ihm befreundete Theaterkritiker Friedrich Luft nannte, verstand es Wallenberg, junge Begabungen zu entdecken und alte, bewährte zur Mitarbeit heranzuziehen.
Politisch bekannten sich sowohl das britische wie das amerikanische Presseorgan zu den überlieferten Grundsätzen einer freiheitlichen Presse, vor allem zur strengen Trennung von Nachrichten und Kommentar. In dem Geleitwort der ersten Nummer der »Allgemeinen Zeitung« erklärte Hans Wallenberg: »Nichts kann der Schaffung des Friedens dienlicher sein als die Wahrheit in der Presse, mag die Wahrheit oft auch bitter sein.« Mit solchen Grundsätzen war ein tiefer Graben zu den propagandistisch beschönigenden und die Wahrheit oft entstellenden totalitären Presseerzeugnissen gezogen – welcher Provenienz auch immer.
Am 21. August verbot die amerikanische Militärregierung in ihrem Sektor die Tätigkeit der Block-, Straßen- und Hausobleute. Dazu kommentierte die »Allgemeine Zeitung«: »Dieses System ist dem der Nazizeit nachgeahmt und in keiner Weise demokratisch.« Während das System dieser sogenannten »freiwilligen Helfer« in allen drei Westsektoren verschwand, wurde es im sowjetischen Sektor ausgebaut, »um den Weg für eine weitere antifaschistische und demokratische Entwicklung frei zu machen«.

Während der Siegesparade aus Anlaß der Kapitulation Japans kam es zum ersten offen ausgetragenen Streit der Besatzungsmächte, weil sich die Sowjets nicht an die vereinbarte Stärke der an der Parade beteiligten Truppen hielten. Schon damals wollten sie mit einem gewaltigen Aufgebot ihre militärische Stärke vor den Westmächten demonstrieren.

So eingeschüchtert die öffentliche Meinung der Berliner und ihrer Lizenzpresse auch war, erstmals regte sich wieder Kritik. Joachim G. Leithäuser bemerkte dazu: »Zwischen den beiden rivalisierenden Welten gestaltet sich das Dasein der Berliner Journalisten recht unbehaglich und später auch gefährlich ...« In einem von den Amerikanern lizensierten Presseorgan wurden diese kaum noch latent zu nennenden Spannungen offen diskutiert. Es war die erste völlig selbständige deutsche Zeitung überhaupt: »Der Tagesspiegel«, erstmals erschienen am 27. September 1945. Dem »Tagesspiegel« zuliebe, vor allem um ihm das notwendige Papierkontingent zu übergeben, stellte die amerikanische Militärregierung die »Allgemeine Zeitung« bereits im Oktober 1945 ein. Die Amerikaner begnügten sich mit einer Berliner Ausgabe der überregionalen »Neuen Zeitung« als einer Zeitung in eigener Regie.
Die Gruppe der Herausgeber des »Tagesspiegel« bestand aus Persönlichkeiten von durchaus eigenwilligem Profil: der Papiergroßhändler Heinrich von Schweinichen, der ehemalige Reichskunstwart der Weimarer Republik Edwin Redslob, dann der letzte Chefredakteur der Weltbühne, Walther Karsch, und der Romancier Erik Reger. Insbesondere Reger war es, der als Redakteur und Leitartikler einen in der Berliner Zeitungsgeschichte bislang noch nicht gekannten Zeitungscharakter prägte: den eines moralischen Demokratismus, nicht ohne ein gewisses Verkündigungspathos.
Mit den folgenden Sätzen artikulierte Erik Reger seine Mission: »Es ist die Atmosphäre der Spannung, der bewegenden Kräfte, der aufrüttelnden Begebenheiten, aus denen die Zeitung gespeist wird. Daraus erwuchs ihre Macht, wie aus der Macht die Verantwortung wuchs und aus der Verantwortung der Charakter ... In der Offenbarung Johannis verkündet der Erzengel, daß ›hinfür keine Zeit mehr sein soll‹. Wenn heute die Zeitungen verschwänden, hörte in der Tat die Zeit zu existieren auf. Wir Deutschen verstehen das jetzt. Wir haben es in den Maiwochen von 1945 erlebt.«
Im Herbst 1945 kam es noch zu mehreren Zeitungsgründungen. Die französische Militärregierung gab das Abendblatt »Der Kurier« heraus. Seine Bedeutung bestand vor allem in der Gestaltung eines geistreichen Feuilletons (Chefredakteur: Paul Bourdin). Die Sowjets wollten dem »Kurier« mit einem Boulevard-Blatt Konkurrenz

... Dem Sieg über Japan jedoch, der den 2. Weltkrieg zu einem raschen Ende bringen sollte, durften wir ein glorreiches Auftreten in Berlin nicht opfern. Parks schlug daher zur Feier des Sieges eine große internationale Parade Unter den Linden vor, was den Russen zunächst natürlich wieder als ein politisches Manöver erschien. Als sie die Idee jedoch Schukow unterbreiteten, sprang er vor Entzücken förmlich in die Höhe.
Der russische Oberbefehlshaber maß der Parade sogar so große Bedeutung bei, daß nach seinem Dafürhalten auch General Eisenhower, Feldmarschall Montgomery und General König nach Berlin eingeladen werden sollten. Außerdem sollte einer eine Rede halten. Selbstverständlich war von vornherein klar, wer der Redner sein sollte – weder Eisenhower, noch Montgomery oder König. Sie wurden noch nicht einmal um ihre Bereitschaft dazu gefragt, weil Schukow sich gleich selbst dafür anbot.
Es war die seltsamste Parade, die ich je auf dem europäischen Kontinent sah. Nur wenige Berliner widmeten ihr ihre Aufmerksamkeit, was hier an diesem schicksalhaften Platz der deutschen Geschichte ja wohl auch verständlich war. Auch Eisenhower, Montgomery und König konnten nicht teilnehmen, doch säumten Tausende alliierter Soldaten die Straße Unter den Linden als Zuschauer.
Schukow erschien in vollem Pomp... An seiner Brust und hinunter fast bis zu den Hüften funkelten soviele Orden, das nur ein Messingschild, das an die Brust des Russen genietet zu sein schien, die Last zu tragen vermochte... Schukow ist ein kräftiger Mann mit breitem Brustkorb, und dennoch war für den letzten Orden kein Platz mehr zu finden, so daß dieser in der Not an die rechte Hüfte gehängt wurde.
Ein vom Glanz dieses Anblicks geblendeter GI platzte heraus, als Schukow erschien: »Das ist der tollste Nachtclubportier, den ich je gesehen habe!«
General Eisenhower schickte als seinen Vertreter eine ebenfalls beeindruckende Persönlichkeit: General George S. Patton. Auch dieser bot einen herrlichen Anblick, wenn auch auf andere Weise. Er war in eine schlichte Kampfjacke gekleidet, an der nur ein paar Streifen für Abwechslung sorgten. Seine glänzenden Stiefel aber und sein polierter Helm stachen selbst Schukows Medaillensammlung aus. Mir scheint, daß niemand auf der Tribüne so bestaunt wurde wie er.
Schukow pflanzte sich in der Mitte der Tribüne auf und wachte eifersüchtig darüber, daß er eine eindrucksvolle Haltung beibehielt. Und jedesmal, wenn Patton seine Füße rührte, warf der russische General ihm einen nervösen Blick zu und rückte ein wenig näher an den vorderen Rand der Tribüne. Patton rückte Zoll um Zoll nach, so daß am Ende Schukows ziemlich dicker Bauch recht unansehnlich über dem Geländer hing, während Patton seine stramme soldatische Haltung bewahrte ... *Colonel Frank Howley*

82 *Frank Howley (rechts) mit Thomas Dewey, dem republikanischen Präsidentschaftskandidaten.*

machen, dem »Nachtexpreß« (Feuilleton-Chef: der damals schon recht betagte Berliner Literaturhistoriker Paul Wiegler. Der Fall des alten Ullstein-Mannes Wiegler bewies noch einmal, daß die Pressepolitik der Sowjets jetzt darauf hinausging, alte Liberale für ihre Ziele einzuspannen.)
Den Anschein einer überparteilichen Blockpolitik gab sich auch die erste Monatsschrift mit sowjetischer Lizenz, der von Johannes R. Becher und dem Kulturbund zur demokratischen Erneuerung Deutschlands herausgegebene »Aufbau« (Chefredakteur Klaus Gysi, später Kulturminister der DDR und danach DDR-Botschafter in Rom). Es ist bemerkenswert, daß es Becher und Gysi gelang, Persönlichkeiten des politischen und kulturellen Lebens aller Richtungen für ihre Zeitschrift zu gewinnen. Eine überaus heterogene Gesellschaft fand sich zusammen. Nur einige Namen einer langen Liste mögen das bezeugen: Bernhard Kellermann (deutscher Romancier), Friedrich Wolf (aus Moskau heimgekehrter Dramatiker), Manfred Hausmann (spätromantischer Fabulierer), Georg Lukàcs (marxistischer Literaturhistoriker), Hans Fallada (Autor von »Kleiner Mann was nun?«), Johannes Stroux (Altphilologe der Berliner Universität), Ferdinand Friedensburg (CDU-Politiker und späterer Bürgermeister von Berlin), ja sogar Erik Reger, allerdings vor Gründung des »Tagesspiegels«.
Ende 1945 gab es in Berlin elf Tageszeitungen. Davon erschienen nur drei in den Westsektoren. Die ersten beiden westlichen Zeitschriften waren von den Amerikanern lizenziert: die Wochenzeitung »sie«, herausgegeben von Heinz Ullstein und Helmuth Kindler. Als erste Jugendzeitschrift erschien »Horizont«, herausgegeben von dem Romanschriftsteller Günther Birkenfeld. Die Amerikaner gründeten auch den ersten westlichen Rundfunksender und nannten ihn »RIAS« (Rundfunk im amerikanischen Sektor). Indessen versuchten die sowjetischen Presseoffiziere noch immer ihre einflußreiche Position zu behaupten. Sie luden Journalisten und Schriftsteller aus Ost und West (politisch gesehen) zu ihren Empfängen nach Karlshorst ein. Ihre Gastmähler waren üppig, der Wodka floß in Strömen, und der Legende nach soll ein maßgeblicher Meinungslenker der Sowjets in gehobener Stimmung verkündet haben: »Ihr könnt euer demokratisch-parlamentarisches System haben . . .«
Ganz auf Verständigung und »Koexistenz« eingestellt waren auch die sowjetischen Offiziere, die man gelegentlich bei Empfängen im Westen sah. So erinnert sich der Schreiber dieser Zeilen einer Gesellschaft im Hause von Heinz Ullstein. Außer Amerikanern, Briten und Franzosen sah man bei diesem Vertreter des großen Pressekonzerns der Weimarer Republik auch einen sowjetischen Kulturoffizier, den Oberstleutnant Feldmann. Ich fragte ihn: »Ist es wirklich so, daß sich die Sowjetregierung an den Grundsatz des Kommunistischen Manifestes hält, nachdem in einer kommunistischen Gesellschaft ›die Freiheit eines jeden die Bedingung für die Freiheit aller‹ sei?« Feldmanns Antwort: »Selbstverständlich.«
In der Folgezeit wurde Oberstleutnant Feldmann von der Militärregierung abgelöst und seiner Funktionen als Kulturoffizier enthoben. Später soll er verhaftet worden sein. Dem Vernehmen nach wurde ihm der Prozeß gemacht. Man hat nie wieder etwas von ihm gehört.
Herbst 1945 in Berlin: Zeit der Wende und der Krise! War es eine Wendung auf dem Wege zum Besseren? Zu einer »heilen Welt«? In jenen Tagen glaubte wohl keiner daran. Das Gefühl einer unsicheren Zukunft lastete auf jedermann, ob er sich nun befreit meinte oder bedroht angesichts neu heraufziehender Gefahren.
Einen Trost gab es für alle: einen neu gewonnenen Reichtum inmitten der allgemeinen Armut, die Fülle eines unerwartet reichen und vielseitigen kulturellen Angebots.
Die Stadt war geistig wieder erwacht oder auch erweckt, wie nach einem langen schweren Alptraum der Öde und Leere vor den Kulissen einer Landschaft des Grauens und des Schreckens. Zerrissene Traditionen wurden wieder geknüpft: in sämtlichen Bereichen, der Kunst und Wissenschaft, der Musik und des Theaters. Die Alliierten führten ihre Filme vor.
Berlin war wieder an die Weltkultur angeschlossen, es war nicht mehr nur noch ein Schauplatz des großen Welttheaters. Es strahlte selbst aus, wenn auch nicht den Glanz der legendären zwanziger Jahre, so doch die geistige Kraft eines neuen deutschen Kulturzentrums. Wenngleich es der Stadt nicht bestimmt war, ein Mittelpunkt des politischen Lebens zu bleiben.
Lessings Botschaft der Toleranz und der schönen Menschlichkeit seiner »Leidenschaft zur Wahr-

Wenn wir aber nach dem Wunsch gefragt werden, der uns bewegt, diese Blätter herauszugeben, so ist es dieser, die politique de l'esprit zu treiben, um ein Wort des jüngst verstorbenen Dichter-Philosophen Paul Valéry zu gebrauchen. Darum ist uns jeder willkommen, der in diesem Sinne Wesentliches zu sagen hat, es sei auf welchem Gebiete immer. Wir stehen allen Erscheinungen offen und freuen uns jeder Diskussion, die nicht zu blindwütiger Polemik wird. Und so werden wir uns auch nicht scheuen, in diesen Tagen, die nur der trüben Gegenwart und der dunklen Zukunft zu gehören scheinen, Ältestes mit Treue zu bewahren, denn unsere große Vergangenheit ist ja das einzige, was wir wahrhaftig besitzen; wir wollen auf die gute Tradition der echten deutschen Kultur, die es trotz allem gab, zurückgreifen, die wir nicht mit Reaktion zu verwechseln so höflich wie dringend bitten.

Wenn wir unsere Zeitschrift »Berliner Hefte« nennen, so taten wir es, die wir unter dem Schutze der Trikolore stehen, mit Bedacht, denn diese Stadt hat nun einmal ihre Sendung. Ihre Kultur ist nicht zuletzt von der französischen Kolonie der vertriebenen Hugenotten entscheidend beeinflußt worden. Aber es sei ferne von uns, dem öden Lokalpatriotismus zu huldigen.

Jene Kultur des 18. Jahrhunderts wiederzuerwecken, da Bildung und Aufklärung noch nicht ihres hohen Sinnes entkleidete Begriffe waren, wäre Ziel, aufs innigste zu wünschen.

Aus: Rudolf Pechel »An den Leser«, in »Berliner Hefte« Nr. 1, Jahrgang 1, Berlin 1946

heit« wurde wieder vernommen – bei der denkwürdigen Wiedereröffnung des Deutschen Theaters mit »Nathan der Weise«. Sollte die Botschaft Lessings mit dem unvergessenen Paul Wegener als »gütiger, heiter-weiser, ganz von innerer Geistigkeit erhellter Nathan« (Walther Karsch im »Tagesspiegel«) ohne dauernde Resonanz geblieben sein? Der Appell wurde gehört, aber die Dissonanzen dieser unserer Welt, in der wir leben, dauerten fort. Und es ist das tragische Schicksal Berlins, daß die ehemalige Hauptstadt die Gegensätze der Mächte wohl am härtesten erfahren sollte.

Der Historiker Albrecht Lampe hat in einer Bilanz in der »Heimatchronik Berlin« das Stadtschicksal mit den folgenden noch heute gültigen Sätzen umschrieben:

»In der Zeit nach 1945 wurde Berlin zu einem neuralgischen Punkt in der ideologisch begründeten machtpolitischen Auseinandersetzung zwischen Ost und West, die aus der völligen Verschiedenheit zweier Staatsformen, zweier Regierungssysteme entstand. Wie in einem Brennpunkt verstärkt erscheinen hier vor allem die Auswirkungen der Spaltung, die Deutschland ebenso wie seine Hauptstadt Berlin aufs schwerste getroffen hat, und die als vorläufiges tragisches Fazit jedem eindringlich vor Augen steht.«

Günter Weisenborn

Heimkehr nach Berlin

Als ich in eure Stadt hineinmarschierte,
verwildert und zerlumpt und doch recht kühn,
da sah ich gleich, daß die Stadt nur halbhoch stand,
und das war nicht Babel, nein, das war Berlin.

Und die Häuser hatten alle einen Knicks gemacht,
wie ein Kochtopf war sie abgedeckt die Stadt.
Die Etagen waren damals flink hinabgehüpft,
so daß die Stadt heut' nur noch Erdgeschosse hat.

Ich marschierte allein durch das Ziegeldikkicht,
und ein Fußpfad drin, der hieß einst Tauentzien,
und der Wind sang ein Lied, das gefiel mir nicht,
doch es war der alte Wind von Berlin.

Manche Lampe hing da oben schief im Himmelslicht
und Gardinen wehten zart im Mondenschein.
Die einst oben schliefen, schlafen weiter unten jetzt
in den Kellern ohne Traum und Kopf an Bein.

Laut hallten in den Straßen meine Schritte,
da gingen leise viele Schritte mit.
Es sind viele mit mir heimgekommen,
hört ihr unsern Holzpantinenschritt?

Da lief ich flink durch Trümmern und Kanonen
Und was ganz war, war allein der große Mond.
Und die Scherben glitzerten und klirrten unterm Schuh
und ich lief dahin, wo ich einst gewohnt.

Wo ich liebte einst, und sie des Nachts umarmte,
Freund, da oben sah ich nichts als lauter Luft.
Ja, da steh ich nach drei Jahren in der Fremde
heimgekehrt und wart' ein wenig, daß sie ruft.

Und dann frag' ich in den Kellern nach der Liebsten:
Die, ach, die ist lange nicht mehr hier . . .
geh mal rauf, vielleicht hat sie was aufgeschrieben . . .
Die ich öffnen wollte, die war weg, die Tür . . .

83 *Britisches Sektorengrenzschild am Kemperplatz im Tiergarten, Winter 1945/46.* ▷

84 *Französisches Sektorengrenzschild in der Chausseestraße.* ▷

BRITISH
SECTOR

FIN
du
SECTEUR
FRANÇAIS

Gouvernement Militaire Français
du Grand Berlin

ORDRE

En accord avec les Alliés, je prends à la date du 12 Août 1945 le commandement du Gouvernement Militaire des Districts de Reinickendorf et de Wedding.

Conscient des devoirs que m'impose la tâche que j'assume, j'apporterai à sa réalisation toute la fermeté et toute la compréhension nécessaires.

Je poursuivrai un triple but:

— maintenir l'ordre le plus rigoureux,
— assurer, dans tous les domaines, la plus stricte justice,
— apporter, dans toute la mesure du possible, l'aide indispensable à la population.

Je suis certain que la population facilitera ma tâche. Elle sait que la France est généreuse, mais il faut qu'elle se souvienne, aussi, de tout ce que la France a souffert.

La France ne peut oublier les 175.000 otages fusillés sur son sol par les Allemands, ses villages incendiés, ses populations massacrées ou brûlées vives, ses 200.000 déportés, morts victimes des plus affreuses tortures dans les camps de concentration allemands. Fidèle à ses traditions de grandeur et de générosité, elle ne cherchera pas, après la victoire, à se venger, mais elle est en droit d'exiger des populations allemandes qu'elles prouvent, par une stricte discipline et par leur esprit de coopération, qu'elles se sont définitivement désolidarisées des crimes et des méthodes nazis dont, pendant tant d'années, au moins par leur silence, elles se sont faites les complices.

Toutes les ordonnances et tous les règlements édictés par le Commandement russe et le Commandement britannique restent en vigueur.

Berlin, le 12 Août 1945.

Le Général Commandant le Gouvernement
Militaire Français
Signé: de BEAUCHESNE

Französische Militärregierung
Groß-Berlin

Verordnung

Im Einvernehmen mit den Alliierten übernehme ich ab 12. August 1945 die Aufgaben des Militärbefehlshabers der Bezirke Reinickendorf und Wedding.

Im vollen Bewußtsein meiner Pflichten werde ich die notwendige Stärke sowie das nötige Verständnis anwenden.

Ich werde die folgenden drei Ziele verfolgen:

die Aufrechterhaltung der strengsten Ordnung;
die Ausübung der vollsten Gerechtigkeit;
die Gewährung der weitmöglichsten und unentbehrlichsten Hilfe an die Bevölkerung.

Ich bin überzeugt, daß die Bevölkerung mir die Erfüllung meiner Pflichten erleichtern wird. Sie weiß, daß Frankreich großmütig ist. Jedoch muß sie sich an Frankreichs Leiden erinnern.

Frankreich kann weder seine durch die Deutschen auf seinem Boden erschossenen 175000 Geiseln, weder seine in Brand gesteckten Dörfer, weder seine niedergemetzelten oder lebendigen Leibes verbrannten Bürger, noch seine 200000 Deportierten, die nach den schrecklichsten Folterqualen in den Konzentrationslagern als Opfer verstorben sind, vergessen. Seiner Größe und Großmütigkeitstraditionen treu hegt Frankreich nach dem Siege keine Rache. Frankreichs Recht aber ist, von der deutschen Bevölkerung zu verlangen, daß sie durch eine strenge Disziplin und Zusammenwirkung beweist, daß sie sich endgültig von den Naziverbrechen und -methoden getrennt hat, deren Mithelferin sie während so vieler Jahre, wenigstens durch ihr Stillschweigen, gewesen ist.

Alle Verordnungen und Bekanntmachungen der Russischen und Britischen Befehlshaber bleiben in Gültigkeit.

Berlin, den 12. August 1945.

Der befehlende General
der Französischen Militärregierung
Groß-Berlin
gez: de BEAUCHESNE

85 *Plakat der französischen Militärregierung mit der Bekanntmachung der Übernahme des französischen Sektors in ihre Verwaltung.*

Vermißtenanzeigen

Stalingrader! Wer von euch kann Auskunft geben über Erich Plünnecke an seine Eltern R. Plünnecke, Wilmersdorf, Livländische Str. 16

Gesucht wird **Karl Obst von Werner und Charlotte.** Bitte sofort melden.

Schütze **Karl Heinz Hoven** war im April 1945 in Oranienburg bei Berlin. Wer kann Auskunft geben über den jetzigen Aufenthaltsort? Unkosten werden erstattet! Vera Gornig, Berlin-Steglitz, Plantagenstr. 6

Wer weiß etwas über den Verbleib meines Sohnes: Panzergrenadier **Peter Brauns.** Am 30. 3. OB-Schule für Panzergrenadiere, 1. Ko., Jena-Zwätzen? Eva Brauns, Bln.-Steglitz, Schöneberger Str. 86 I

Wo ist unser **Willi? Arbeitsmann** am 31. 3. 1945 im Auffanglager Lüneburger Heide. Frieda Hinze, O 17, Friedrichsfelder Str. 42

Wer kann mir Nachricht von **Waldenburg i. Schles.** geben oder nimmt von hier Brief nach dort mit? Schilpert, Bln.-Zehlendorf, Gartenstr. 15

Wer kann Nachricht geben über den Aufenthalt meines Sohnes **Hans-Joachim Lüßen,** geb. am 19. 12. 1928 Aurich/Ostfrld. War bis z. 16. 4. 45 Arbeitsdienstlager Roskow/Wustermark. Fr. i Ortmann, Charlottenburg, Kaiser-Friedrich-Str. 15 II

Herzliche Bitte. Welcher Kamerad kann Auskunft geben über den Verbleib des Obgefr. **Georg Henschel, FP.-Nr. 00662.** Nachricht erbittet Frau Erna Henschel, Berlin SW 29, Schönleinstr. 7 III, Aufg. II

86 *Vermißtenanzeigen, veröffentlicht in »Der Berliner« vom 30. August 1945. Diese Anzeigen spiegeln die zahllosen Tragödien wider, von denen die deutschen Familien heimgesucht wurden.*

87 *Blick vom Schinkelplatz auf den durch Bomben beschädigten Dom am Lustgarten, im Sommer 1945. Rechts im Bild die Nordwestecke des Stadtschlosses.*

88 *Das von Spreng- und Brandbomben schwer getroffene Schloß Charlottenburg.*

89 *Ruine und Freigehege des Elefantenhauses im Zoologischen Garten.*

90 *Die Staatsoper Unter den Linden.*

94 *Titelseite der ersten Nummer des »Tagesspiegel« vom 27. September 1945. Sie kündigte an, daß die westlichen Siegermächte für die nicht von den Sowjets besetzten Gebiete ein föderalistisches Staatensystem anstreben.* ▷

91 *Das durch Bomben zerstörte Aquarium in der Budapester Straße.*

92 *Die zerstörte Volksbühne, erbaut von Oskar Kaufmann 1913/14.*

93 *Das Pergamonmuseum im Winter 1945–46.*

Auf dem Altar liegt Schnee, der durch das beschädigte Glasdach gefallen ist. Die weltberühmten Platten des Gigantenfrieses wurden zum Schutz in den Flachbunker am Zoo eingelagert und im Mai 1945 in die Sowjetunion transportiert. 1958 wurden sie an die DDR zurückgegeben und an ihrem alten Platz wieder angebracht.

DER TAGESSPIEGEL

NR. 1 / 1. JAHRGANG — BERLIN, DONNERSTAG, 27. SEPTEMBER 1945 — PREIS 20 PFENNIG

DREI SÜDDEUTSCHE STAATEN

INTERNATIONALE OHNE POLITIK

ERNSTE DISKUSSION AUF DEM WELTGEWERKSCHAFTSKONGRESS

PARIS, 26. September (Reuter)

Sir Walter Citrine, der Führer der britischen Delegation auf dem Weltgewerkschaftskongreß, drohte heute die britischen Gewerkschaften von der geplanten Weltgewerkschaftsföderation zurückzuziehen.

„Die Annahme der neuen Satzungen durch die britischen Gewerkschaften hängt von einem befriedigenden Ausgang der Verhandlungen mit der Internationalen Föderation der Gewerkschaften und dem Internationalen Handelssekretariat ab", erklärte er. „Wir im britischen Gewerkschaftsrat können nicht durch eine Abstimmung mit Mehrheiten zur Annahme gezwungen werden; eine neue starke Internationale muß aufgebaut werden. Der britische Gewerkschaftsrat hat nicht die Absicht, die Mitglieder der alten internationalen Gewerkschaftsföderation und des internationalen Sekretariats, die beide bereit sind, sich auf Grund angemessener Bedingungen aufzulösen, im Stich zu lassen." Die kommende Union dürfe sich nur aus Gewerkschaften zusammensetzen, die den Grundsätzen von Treu und Glauben folgen. Es sei seltsam, daß in Zentral- und Osteuropa nach allen Verwüstungen und Kriegsereignissen die Gewerkschaften sich wie ein Phönix aus der Asche erhoben hätten, mit Hunderttausenden von Mitgliedern, während vorher ihre Mitgliederzahl nur Hunderte betrug. Die Internationale dürfe nicht in das Fahrwasser der Politik geraten. Wenn sie das täte, werde sie umkommen, weil dadurch Spaltungen entstehen müßten.

HITLERS PLAN „SEELÖWE"

DREI ARMEEN SOLLTEN ENGLAND EROBERN

BERLIN, 26. September (APS)

Die Pläne für die Invasion Englands, die im Herbst 1940 stattfinden sollte, sind jetzt in Berlin aufgefunden worden. 22 Divisionen sollten nach diesen Plänen bei den ersten Landungen eingesetzt werden, weitere 17 Divisionen in Reserve gehalten werden. Außerdem waren größere Luftlande-Operationen vorgesehen.

Für den ersten Angriff wurden die 16. und die 9. Armee, die damals die Heeresgruppe A bildeten, bereitgehalten. Eine der Armeen sollte sich in Ostende, Dünkirchen, Calais, Boulogne und der Somme-Mündung einschiffen und an der Küste von Kent zwischen Margate und Hastings landen. Die andere sollte von Dieppe, Le Havre und Caen aus eingesetzt werden und Landungen zwischen Brighton und Portsmouth versuchen.

Luftlandetruppen sollten nördlich der Romnes-Sümpfe zwischen Folkestone und Hastings abgesetzt werden. Nach den Landungen der Heeresgruppe A sollten Verbände der Heeresgruppe B, die zum größten Teil aus der 6. Armee bestanden, von Cherbourg aus weitere Landungen in England westlich Bournemouth in der Bucht von Weymouth unternehmen.

Der Plan sah vor, daß die britischen und kanadischen Abwehrkräfte in Süd-England zuerst niedergekämpft werden sollten. London sollte zunächst abgeschnitten werden. Der Angriff sollte fächerförmig vorgetragen werden und zur Besetzung der wichtigsten Industriestädte in Mittel-England führen.

Das geheime Stichwort für die Invasion lautete: „Seelöwe".

PROKLAMATION EISENHOWERS

DREI STAATEN IN DER AMERIKANISCHEN ZONE

FRANKFURT a. M., 26. September (DANA)

General Eisenhower gab heute in einer Proklamation an das deutsche Volk in der amerikanischen Besetzungszone die Bildung von drei Staaten, Großhessen, Württemberg-Baden und Bayern, innerhalb der amerikanischen Zone bekannt. Jeder der Staaten wird eine Staatsregierung erhalten. Gleichzeitig wurden die Befugnisse der Staatsregierungen umrissen.

Die Proklamation hat folgenden Wortlaut:

Militärregierung Deutschland, amerikanische Zone.

Proklamation Nr. 2

An das deutsche Volk in der amerikanischen Zone.

Ich, General Dwight D. Eisenhower, Oberster Befehlshaber der amerikanischen Streitkräfte in Europa, erlasse hiermit folgende Proklamation:

Artikel I.

Innerhalb der amerikanischen Besetzungszone werden hiermit Verwaltungsgebiete gebildet, die von jetzt ab als Staaten bezeichnet werden. Jeder Staat wird eine Staatsregierung haben, die folgenden Staaten werden gebildet:

Großhessen: umfaßt Kurhessen und Nassau (ausschließlich der zugehörigen Enklaven und der Kreise Oberwesterwald, Unterwesterwald, Unterlahn und Sankt Goarshausen) und Hessen-Starkenburg, Oberhessen und den östlich des Rheines gelegenen Teil von Rheinhessen.

Württemberg-Baden: umfaßt die Kreise Aalen, Backnang, Böblingen, Crailsheim, Eßlingen, Gemünd, Göppingen, Hall, Heidenheim, Heilbronn, Künzelsau, Leonberg, Ludwigsburg, Mergentheim, Nürtingen; nördlich der Autobahn Oehringen, Stuttgart, Ulm, Vaihingen, Waiblingen, den Landkommissarbezirk Mannheim und die Kreise Bruchsal, Karlsruhe Stadt und Land und Pforzheim Stadt und Land.

Bayern: umfaßt ganz Bayern, wie es 1933 bestand, ausschließlich des Kreises Lindau.

Artikel II.

Soweit das deutsche Recht, das zur Zeit der Besetzung in Kraft war, nicht durch die Militärregierung oder den Kontrollrat für Deutschland aufgehoben, zeitweilig außer Kraft gesetzt oder abgeändert worden ist, bleibt es in jedem Staatsgebiete der amerikanischen Besetzungszone anwendbar, bis es durch neue Gesetzgebung des Kontrollrates für Deutschland oder der Militärregierung oder der hierdurch gebildeten Staaten oder eines anderen zuständigen Organs aufgehoben oder außer Kraft gesetzt worden ist.

Artikel III.

Jeder der hierdurch gebildeten Staaten hat unter Vorbehalt der übergeordneten Machtbefugnis der Militärregierung volle gesetzgebende, richterliche und vollziehende Gewalt, soweit deren Ausübung nicht mit früher und zukünftig getroffenen Maßnahmen des Kontrollrates für Deutschland oder einer von diesem errichteten zentralen deutschen Behörde im Widerspruch steht. Bis zu dem Zeitpunkt, an dem die Schaffung demokratischer Einrichtungen möglich sein wird, genügt es für die Gültigkeit staatlicher Gesetzgebung, daß sie von dem Ministerpräsidenten genehmigt und verkündet wird.

Artikel IV.

Die Befugnis zur Gesetzgebung und zur Ausübung anderer Regierungsgewalten durch Regierungspräsidenten, Landräte, Bürgermeister und andere Beamte örtlicher Verwaltung wird in dem folgenden Umfange anerkannt. Diese Befugnisse stehen den vorgenannten Beamten nach Maßgabe des deutschen Rechts zu, wie es zur Zeit der Besetzung in Kraft war und wie es zu gegebener Zeit durch den Kontrollrat für Deutschland oder durch die Militärregierung oder mit deren Genehmigung abgeändert worden ist oder abgeändert wird. Außerdem haben sie die Befugnisse, die notwendig oder angemessen sind, um die Aufgaben, deren Erledigung ihnen von der Militärregierung übertragen wird, zu erfüllen.

Dwight D. Eisenhower
General of the Army USA
Oberster Befehlshaber der amerikanischen Streitkräfte in Europa

26. September 1945.

AUFTEILUNG DER DEUTSCHEN FLOTTE

WASHINGTON, 26. September (Reuter)

Präsident Truman enthüllte heute, daß die deutsche Flotte in drei Teile aufgeteilt werden soll. Einen Teil wird England, einen Rußland und den dritten die Vereinigten Staaten erhalten. Diese Entscheidung wurde auf der Berliner Konferenz getroffen. Ueber die japanische Flotte ist noch nicht entschieden.

LONDONER KONFERENZ VOR DEM ENDE

LONDON, 26. September (Reuter)

Die Außenminister traten am Mittwochmorgen zur 23. Sitzung des Rates zusammen. Sie werden ihre Beratungen noch einige Tage fortsetzen, sie aber wahrscheinlich gegen Ende der Woche einstellen, ganz gleich, ob ein grundsätzliches Uebereinkommen erreicht wurde oder nicht. Die Konferenz kann nicht zu einem Erfolg führen, wenn über die Friedensverträge mit den Balkan-Staaten keine Einigung erzielt wird.

Es liegen glaubwürdige Berichte vor, daß die Außenminister zu einer zweiten Sitzung im November und Dezember zusammentreten werden, es scheint aber, daß noch keine endgültige Entscheidung darüber getroffen ist.

Der russische Außenkommissar erklärte anläßlich eines Empfangs der Englischen Gesellschaft für kulturelle Beziehungen mit der Sowjetunion: „Die Hauptaufgabe des Rates der Außenminister ist, den Sieg der Waffen in einen dauernden Frieden zu verwandeln. Diese Aufgabe kann jedoch nur erfüllt werden, wenn wir den demokratischen Kräften in unserem und anderen Ländern die denkbar größte Hilfe zuteil werden lassen.

NSDAP UNTER ANKLAGE?

BERLIN, 26. September (DANA)

Mit besonderem Nachdruck hat General Eisenhower die Entschlossenheit betont, allen nationalsozialistischen Einfluß an leitenden Stellen in der amerikanischen Zone auszuschalten. In einem Brief an die Befehlshaber der Militärbezirke sagt er ausdrücklich, daß diese Säuberung selbst dort zu erfolgen habe, wo sich Schwierigkeiten oder Unzulänglichkeiten ergeben.

Generalleutnant Lucius D. Clay, der Stellvertreter Eisenhowers, fügte hinzu, daß sich in der amerikanischen Zone 60—70 000 Parteigenossen in Haft befinden. Ihre Zahl werde wahrscheinlich auf 100 000 steigen. Man erwäge ernstlich, die ganze Partei als solche unter Anklage zu stellen, was zur Folge hätte, daß jedes Parteimitglied angeklagt würde.

BENZIN STATT GLUKOSE

LÜNEBURG, 26. September (APS)

Die fünfundzwanzigjährige Medizinstudentin Helene Hamermerz, die in bunter polnischer Nationaltracht zweimal der SS aus Polen nach Ungarn entwischt und zweimal von den Ungarn ausgeliefert wurde, bis sie im Lager Auschwitz landete, enthüllte am achten Tage des Belsen-Prozesses dem Gerichtshof grauenhafte Geheimnisse aus dem Hospital.

„Ich selbst", berichtete sie, „habe in Belsen, als ich auf Geheiß eines britischen Arztes Einspritzungen an Unterernährten vornehmen sollte, eine Ampulle mit der Aufschrift „Glukose" geöffnet und Benzin darin gefunden. Es fiel mir am Geruch auf. Als wir es anwendeten, erkannten wir, daß es Benzin war."

„Wie kamen Sie überhaupt darauf", fragte der Staatsanwalt, „die Ampulle zu untersuchen?"

„Ich hatte in Auschwitz von den Praktiken der SS gehört und wollte sicher gehen, bevor ich die Einspritzungen machte."

HIROHITO AMTSMÜDE

LONDON, 26. September (Reuter)

In Japan vollzieht sich die Besetzung durch die Alliierten ohne Zwischenfälle; Reuters Sonderkorrespondent in Tokio, Jack Smyth, berichtet, daß Kaiser Hirohito morgen den präzedenzlosen Schritt unternehmen und General MacArthur einen Besuch abstatten wird.

Der japanische Kaiser wird vom Oberstkommandierenden in seinem Hause und nicht in seinem Hauptquartier empfangen werden. Nach Informationen von Kreisen, die dem kaiserlich japanischen Haushalt nahestehen, wird es sich um einen reinen Höflichkeitsbesuch handeln.

Der Korrespondent erklärt, der Besuch deute an, daß der Kaiser dem japanischen Volk eindringlich zum Bewußtsein bringen will, daß er die Annahme der bedingungslosen Kapitulation ganz aufrichtig meine. Andererseits deuten japanische Kreise an, daß der Besuch im Zusammenhang stehe mit den anhaltenden Gerüchten, wonach der Kaiser abzudanken gedenke.

SPIEGEL DES ERDBALLS

FRANKREICH

Der französische Ernährungsminister Pineau gab eine Erklärung über die Ernährungslage Frankreichs ab. Er kündigte dabei einige Aufbesserungen in der Versorgung der Bevölkerung an. Die Brotrationierung soll am 1. November aufgehoben werden, das Brot enthält 5 Prozent Soja-Mehl. Zucker- und Käsezuteilungen bleiben unverändert; es besteht Aussicht, für Paris mehr Fische zu beschaffen. Die Lebensmittelrationen im großen und ganzen sind aber noch unzureichend. Bedrohlich ist vor allem die Kartoffelknappheit, eine Folge der Dürre in vielen Teilen des Landes; es werden aber trotzdem keine Kartoffeln aus der französischen Besetzungszone in Deutschland nach Frankreich geschickt.

HOLLAND

In Holland werden im Laufe der Woche alle alten Banknoten eingezogen und gegen neue eingetauscht. Sämtliche Bank- und Sparkonten sind gesperrt. Als „Taschengeld" wird den Holländern in dieser Woche ein Vorschuß von 10 Gulden ausgezahlt. Diese Maßnahme verfolgt drei Ziele: Sie soll die Gewinne des Schwarzhandels aufspüren, der Inflation vorbeugen und bei der Preis- und Lohnkontrolle helfen.

BULGARIEN

Petkow, einer der leitenden Politiker der bulgarischen Opposition, erklärte, die Opposition werde an den Wahlen nicht teilnehmen, wenn ihre Forderung unerfüllt bliebe, daß ein Nichtkommunist das Innenministerium übernehme. Das Haus des Bauernführers in Sofia ist zum Hauptquartier der Opposition geworden. Petkow behauptet, dokumentarische Beweise zu besitzen, daß die Opposition in der Provinz unter schwerem Terror stehe.

SPANIENS FALSCHE POLITIK

WASHINGTON, 26. September (Reuter)

Der stellvertretende Staatssekretär Dean Acheson erklärte heute, niemand könne erwarten, daß ein befriedigendes Abkommen zwischen den Regierungen der Vereinigten Staaten und dem Spanien General Francos erreicht werden könne.

Acheson enthüllte den Inhalt eines Briefes, den Präsident Roosevelt im vergangenen März dem amerikanischen Botschafter in Spanien Norman Armour übergeben hatte.

In dem Brief heißt es u. a.: „Da dem gegenwärtigen Regime in Spanien vom faschistischen Italien und Nazideutschland zur Macht geholfen wurde, und nachdem es sich auf totalitären Linien entwickelte, ist es natürlich, daß eine große Zahl amerikanischer Bürger ihm mißtrauen, die eine Fortführung der Beziehungen mit einem solchen Regime als schwierig ansehen."

„Wir vergessen sicherlich nicht Spaniens offizielle Stellung zu unseren Achsenfeinden und seine Unterstützung dieser Feinde zu einer Zeit, als das Kriegsglück uns weniger günstig war. Ferner können wir die Tätigkeit, Ziele und öffentlichen Aeußerungen der Falange sowohl in der Vergangenheit wie in der Gegenwart nicht außer acht lassen."

ZUCKER AUS DER NEUEN ERNTE

BERLIN, 26. September (SNB)

In den fünf östlichsten Provinzen Deutschlands sind die Vorbereitungsarbeiten für die neue Zuckerproduktion aus der Ernte 1945 beendet. Im laufenden Jahre werden die Zuckerfabriken bedeutende Mengen erzeugen. Die Fabriken aller fünf Provinzen werden zusammen hunderttausende Tonnen Zucker herstellen, wovon ein bedeutender Teil für die Bevölkerung bestimmt ist. Die größte Zeitzer Zuckerfabrik stößt im Oktober bereits 3900 Zentner Zucker täglich ab, und die Zuckerraffinerie in Halle erzeugt 160 Tonnen Raffinade täglich.

ROTE ARMEE ENTLÄSST DIE FRAUEN

LONDON, 26. September (BBC)

Die Rote Armee wird alle Frauen entlassen, mit Ausnahme von denen, die Sonderkenntnisse besitzen und freiwillig in der Armee bleiben wollen. Die nächsten zehn Altersgruppen der Armee, die nicht Offiziersrang besitzen, werden noch vor Jahresende demobilisiert.

STARTVERBOT FÜR STÖCK

HAMBURG, 26. September (APS)

Gerhard Stöck, Deutschlands Olympiasieger im Speerwerfen, wurde von der Militärregierung wegen seiner politischen Vergangenheit mit Startverbot belegt.

6,50 MARK STUNDENLOHN

WASHINGTON, 26. September (DANA)

Der Arbeitsminister Lewis Schwellenbach befürwortete eine Erhöhung des für die gesamten Vereinigten Staaten einheitlich festgesetzten Mindestlohnes, um die Wirtschaft des Landes unter Aufrechterhaltung der nationalen Kaufkraft zu stärken.

Er erklärte, daß er einen garantierten Mindeststundenlohn von 6,50 Mark vorschlage. Gegenwärtig beträgt der Mindeststundenlohn vier Mark.

JENSEITS DER SCHLAGZEILEN

MOSKAU

Der russische Fallschirmspringer Major Vasily Romanyuk stellte einen neuen Weltrekord auf. Major Romanyuk sprang aus einer Höhe von 12 800 m ab; der Fallschirm war so eingerichtet, daß er sich erst 800 m über dem Boden automatisch öffnete. Der Major sauste also 12 km mit geschlossenem Fallschirm durch die Luft.

NEW YORK

Der Fahrstuhlführerstreik in New York droht auf die großen Wohnhäuser überzugreifen. Die Bewohner der oberen Stockwerke von Wolkenkratzern sind aufgefordert worden, sich für den Notfall mit Lebensmitteln einzudecken. Das gesamte Wirtschaftsleben New Yorks ist lahmgelegt und 1½ Millionen Angestellte können ihrer Arbeit nicht nachgehen. Die Post kann nicht zugestellt werden, und in den großen Lagerhäusern häufen sich die Waren auf.

PARIS

Auf den ersten Pariser Modenschauen seit Kriegsende ist der zur Jahrhundertwende viel getragene schwarze Jett zu sehen. Er wird in Form von Knöpfen, Stickereien und Halsketten getragen.

WIEN

Die verantwortlichen Stellen der alliierten Besetzungsbehörden in Wien rechnen damit, daß es sieben bis zehn Jahre dauern wird, um die 21 000 kriegsbeschädigten Häuser Wiens wiederherzustellen. Der Kriegsschaden beläuft sich auf ungefähr 500 Millionen Dollar. In der ganzen Stadt sind Arbeiten im Gange, um die öffentlichen Werke wieder in Betrieb zu setzen. Amerikanische Maschinen, wie Straßenräumungsmaschinen, Kräne und Lastwagen werden dazu benutzt. Mit dem Wiederaufbau des Praters, der bekannten Vergnügungsstätte, wurde ebenfalls begonnen. Es wurde in Aussicht gestellt, ein Theater mit 15 000 bis 20 000 Sitzen zu errichten, dessen verschiebbares Dach es gestatten wird, das Theater im Sommer als Freilichtbühne zu benutzen.

BERLIN

Die Berliner werden aufgefordert, sich an der Auffindung eines kleinen Mädchens zu beteiligen, das am 22. Juli 1945 seiner Mutter im Kinderwagen vor der Kartenstelle 7 in der Köpenicker Straße gestohlen wurde.

PILSEN

Die Pilsener Brauerei hat Dienstag zum erstenmal seit Kriegsende Bier hergestellt. Die erste Kiste ging an Marschall Stalin.

HAMBURG

Renate Ewald, ein zweijähriges Hamburger Mädchen, das Ende August von einer unbekannten Frau entführt worden war, ist wieder da. In Recklinghausen wurde das Kind an der Hand eines jungen Mädchens entdeckt. Sofortige Rückfragen in Hamburg bestätigten die Identität des Kindes, dessen Eltern jetzt schon auf dem Wege nach Recklinghausen sind. Das Motiv der Entführung scheint wirtschaftlicher Art zu sein.

AUGSBURG

Einen originellen Einfall zur Erziehung der ehemaligen Hitler-Jugend führt die amerikanische 71. Infanterie-Division in Augsburg durch. Jeden Morgen lehrt sie 350 deutsche Knaben zwischen 9 und 15 Jahren die Kunst des Base-Balls.

Berliner Volkszählung: 2 784 000 Personen

Vom Magistrat Berlin liegen die ersten vorläufigen Ergebnisse der Volks-, Berufs- und Arbeitsstättenzählung vor. Danach betrug am 12. August die Gesamtzahl der in Berlin anwesenden Personen 2 784 000 gegenüber 4 332 000 bei der letzten deutschen Volkszählung vom 17. Mai 1939.

Die Zahl der Anwesenden erreichte damit nicht ganz zwei Drittel des Bestandes von 1939. Bei den männlichen Personen ist die Zahl nahezu um die Hälfte, bei den weiblichen um etwa ein Viertel gesunken.

	Bezirk	Männer	Frauen	Männer	Frauen	Haushaltungen
		1939		1945		
	Britische Zone:					
1	Tiergarten	94 587	116 947	28 966	48 634	34 551
2	Charlottenburg	130 896	168 524	61 220	109 780	47 370
3	Spandau	79 252	84 758	54 161	84 066	54 742
4	Wilmersdorf	84 156	122 493	36 190	67 800	46 420
	Amerikanische Zone:					
5	Kreuzberg	150 453	181 951	65 339	116 872	85 319
6	Zehlendorf	33 886	47 104	23 270	41 730	30 000
7	Schöneberg	118 001	159 879	50 602	94 768	68 850
8	Steglitz	93 229	118 413	41 492	72 961	52 900
9	Tempelhof	57 178	67 976	34 850	60 066	39 149
10	Neukölln	140 912	162 225	93 048	150 262	101 989
	Russische Zone:					
11	Mitte	122 554	140 933	45 427	77 285	53 811
12	Prenzlauer Berg	135 877	162 148	80 970	139 318	97 823
13	Friedrichshain	159 893	186 371	65 312	108 961	80 392
14	Treptow	56 237	61 287	36 759	60 701	42 595
15	Köpenick	56 316	64 130	39 806	65 709	45 999
16	Lichtenberg	92 973	103 759	55 825	89 848	59 815
17	Weißensee	42 821	47 456	28 606	45 795	31 255
18	Pankow	70 452	84 273	47 806	80 757	53 010
	Französische Zone:					
19	Wedding	149 179	172 805	80 570	131 908	96 219
20	Reinickendorf	95 920	103 317	65 244	101 428	66 292
	Zusammen	1 964 772	2 356 749	1 035 463	1 748 649	1 188 501
		4 321 521		2 784 112		

Die Zahlen für Zehlendorf, Charlottenburg und Steglitz sind geschätzt.

95 *Veröffentlichung des Ergebnisses der ersten Volkszählung nach dem Krieg, am 30.8.1945.*

96 *Das Hauptgebäude der Friedrich-Wilhelms-Universität Unter den Linden, im Sommer 1945.*

97 *Das schwer beschädigte Stadtschloß.*

98 *Eishockeyspiel im teilweise zerstörten Sportpalast. Im Hintergrund das Fernmeldeamt in der Winterfeldtstraße.*

99 *Der Innenraum der zerstörten Deutschlandhalle.*

100 *Eingang zur Druckerei der Tageszeitung »Der Kurier« in der Reinickendorfer Straße.*

101 *Programmanschlag für den 30. Dezember 1945 und den 9. Januar 1946.*

102 *Eduard v. Winterstein (1871–1961), Schauspieler und Regisseur.*

103 *Die zerstörte Bühne der Staatsoper.* ▷

104 *Horst Caspar (1913–1952) als Hamlet im Deutschen Theater in der Schumannstraße, am 10. Dezember 1945.*

105 *Der Schauspieler Paul Wegener (1874–1948) war der erste Präsident der »Kammer der Kulturschaffenden«.*

106 *Karlheinz Martin (1888–1948), Regisseur und Theaterleiter.*

107 *Jürgen Fehling (1885–1968), Regisseur.*

108 *Bruno H. Bürgel (1875–1948), Astronom und Schriftsteller.*

109 *Gustaf Gründgens (1899–1963), in einer provisorisch eingerichteten Garderobe des Deutschen Theaters, anläßlich der Aufführung »Der Snob« am 2. Mai 1946.*

111 *Probst Heinrich Grüber (1891–1975), Vertreter der evang. Landeskirche beim Magistrat von Groß-Berlin.*

◁ 110 *D. Dr. Otto Dibelius (1880–1967), ev. Bischof von Berlin-Brandenburg.*

112 *Aufruf der Christlich-Demokratischen Union Deutschlands vom 26. Juni 1945.*

113 *Der Aufruf zur Vereinigung der SPD und der KPD zur SED vom 27. März 1946.* ▷

Deutsches Volk!

In der schwersten Katastrophe, die je über ein Land gekommen ist, ruft die Partei

Christlich-Demokratische Union Deutschlands

aus heißer Liebe zum deutschen Volk die **christlichen, demokratischen und sozialen Kräfte zur Sammlung,** zur Mitarbeit und zum Aufbau einer neuen Heimat. Aus dem Chaos von Schuld und Schande, in das uns die Vergottung eines verbrecherischen Abenteurers gestürzt hat, kann eine Ordnung in demokratischer Freiheit nur erstehen, wenn wir uns auf die kulturgestaltenden sittlichen und geistigen Kräfte des Christentums besinnen und diese Kraftquelle unserem Volke immer mehr erschließen.

Unsagbar schwer ist unsere Aufgabe. Nach 1918 rettete die politische Führung Organe des staatlichen, kulturellen und wirtschaftlichen Lebens aus dem militärischen Zusammenbruch. Unzerstörte Städte und Dörfer, Fabriken, Werkstätten, Felder und Wälder blieben als Grundlage für einen allmählichen Aufstieg des Volkes erhalten.

Heute aber stehen wir vor einer furchtbaren Erbschaft, vor einem

Trümmerhaufen sittlicher und materieller Werte.

Dieses Mal trieb ein gewissenloser Diktator mit seinem Anhang einen frivol entfesselten Krieg bis zu letztem Ausbluten unseres Volkes. Hitler ließ das Land in Schutt und Verödung zurück. Mit verlogenen nationalen Phrasen und hohlen Friedensbeteuerungen hat er das eigene Volk und andere Völker getäuscht und den Idealismus unserer Jugend schändlich mißbraucht. So mußte diese Jugend, die im guten Glauben für ihr Vaterland kämpfte, das Opfer einer wahnwitzigen Führung werden. Groß ist die Schuld weiter Kreise unseres Volkes, die sich nur allzu bereitwillig zu Handlangern und Steigbügelhaltern für Hitler erniedrigten. Jede Schuld verlangt Sühne. Mit den Schuldbeladenen leidet auch die große Zahl der Deutschen, die ihren Schild reinhielten. Sie vermochten sich gegen Gewalt und Terror nicht durchzusetzen. **Kämpfer echter demokratischer Gesinnung,** evangelische und katholische Christen, zahllose jüdische Mitbürger, Männer und Frauen aus allen Schichten des Volkes litten und starben unter diesem Terror. Im Geiste ihres Vermächtnisses, geeint durch die gleiche Liebe zu unserem Volke erkennen wir unsere Pflicht, mit diesem Volke den Weg der Sühne

den Weg der Wiedergeburt

zu gehen.

Das furchtbare Ausmaß von Unrecht, das die Hitlerzeit gebracht hat, verpflichtet, die Schuldigen und ihre Helfershelfer unnachsichtig, in strenger Gerechtigkeit, jedoch ohne Rachsucht, zur Rechenschaft zu ziehen. An die Stelle des Zerrbildes einer staatlichen Gemeinschaft in der Hitlerzeit soll jetzt **der wahrhaft demokratische Staat** treten, der auf der Pflicht des Volkes zu Treue, Opfer und Dienst am Gemeinwohl ebenso ruht wie auf der Achtung vor dem Recht der Persönlichkeit, ihrer Ehre, Freiheit und Menschenwürde.

Das Recht muß wieder die Grundlage des ganzen öffentlichen Lebens werden. An Stelle der Lüge: „Recht ist, was dem Volke nutzt", muß die ewige Wahrheit treten: **„Dem Volke nutzt nur, was Recht ist".** Die Unabhängigkeit und der geordnete Gang der Rechtspflege sind wieder herzustellen. Der Ruf nach gerechten Richtern geht wie ein einziger Schrei durch das ganze deutsche Volk. Jede Willkür ist auszuschließen. Eine Gestapo mit ihrem Terror darf es nicht wieder geben. Das öffentliche Leben muß in strenger Sparsamkeit weitgehend auf Selbstverwaltung, freiwilliger und ehrenamtlicher Mitarbeit aufgebaut werden. Die Volksvertretung soll die **brüderliche und vertrauensvolle Zusammenarbeit aller die Demokratie bejahenden Parteien** und aller aufbauwilligen Kräfte verwirklichen.

Wir fordern ein öffentliches Leben, das sich **frei hält von Lüge.** Massenwahn und Massenverhetzung und eine verantwortungsbewußte Presse mit dem Willen zur Wahrheit als oberstes Gesetz. Wir verlangen **geistige und religiöse Gewissensfreiheit.** Unabhängigkeit aller kirchlichen Gemeinschaften und eine klare Scheidung der kirchlichen und staatlichen Aufgaben.

Das Recht der Eltern auf die Erziehung der Kinder muß gewahrt werden, die Jugend in Ehrfurcht vor Gott, vor Alter und Erfahrung erzogen werden. Der von der Kirche geleitete Religionsunterricht ist Bestandteil der Erziehung. Durch die verderblichen Lehren des Rassenhasses und der Völkerverhetzung hat Hitler weite Teile der Jugend vergiftet. Sie muß wieder zur Erkenntnis wahrer sittlicher Werte geführt werden. Wissenschaft und Kunst sollen sich frei entfalten und die **Lehren echter Humanität,** deren deutsche Künder der ganzen Menschheit gehören, sollen den sittlichen Wiederaufbau unseres Volkes tragen helfen.

Das unermeßliche Elend in unserem Volke zwingt uns, den Aufbau unseres Wirtschaftslebens die Sicherung von Arbeit und Nahrung, Kleidung und Wohnung ohne jede Rücksicht auf persönliche Interessen und wirtschaftliche Theorien in straffer Planung durchzuführen. Das

Notprogramm für Brot, Obdach und Arbeit

geht allem voran. Dabei ist es unerläßlich, schon um für alle Zeiten die Staatsgewalt vor illegitimen Einflüssen wirtschaftlicher Machtzusammenballungen zu sichern, daß die **Bodenschätze in Staatsbesitz** übergehen. Der Bergbau und andere monopolartige Schlüsselunternehmungen unseres Wirtschaftslebens müssen klar der Staatsgewalt unterworfen werden.

Wir bejahen das **Privateigentum,** das die Entfaltung der Persönlichkeit sichert, aber an die Verantwortung für die Allgemeinheit gebunden bleibt.

Industrie, Handel und Gewerbe sind zu entscheidender Mitarbeit am Wiederaufbau berufen und deshalb planmäßig zu fördern. Wir fordern vollen Schutz und Ausbaumöglichkeit für das **selbständige Handwerk,** das nach Zerstörung vieler industrieller Unternehmungen vor einer neuen, großen Aufgabe steht.

Eine umfassende **ländliche und gärtnerische Siedlung** muß unter weitgehender Heranziehung des Großgrundbesitzes einer möglichst großen Zahl von Deutschen den Zugang zu eigener Scholle und zu selbständiger Arbeit eröffnen. Die wirtschaftliche Sicherung eines freischaffenden Bauerntums und die Ansiedlung der Landarbeiter sind ein unerläßlicher Bestandteil jeder dauerhaften Aufbaupolitik und verlangen den stärksten Ausbau des ländlichen Genossenschaftswesens.

Den christlichen und demokratischen Lebensgesetzen in Staat und Gesellschaft entspricht der freie Zusammenschluß aller Schaffenden. **Wir begrüßen daher die einheitliche Gewerkschaftsbewegung der Arbeiter und Angestellten** zur Wahrung ihrer wirtschaftlichen und sozialen Rechte. Wir erkennen die Kraft an, die von der Arbeiterschaft in das Volksganze einströmt.

Wir sind uns der Verantwortung für die Notleidenden und Schwachen, für die Kriegsopfer, die Opfer des Hitlerterrors und für die Versorgungsberechtigten bewußt.

Eine charitative Arbeit muß sich ungehindert entfalten können. Wir sagen den **Müttern und berufstätigen Frauen,** daß alles geschehen wird, um das stille Heldentum ihres immer schwerer gewordenen Alltags schnell zu erleichtern. Für

die Beziehungen zu anderen Völkern

wünschen wir die Geltung der gleichen Grundsätze der **Freiheit und Gerechtigkeit** wie für unser persönliches und innerstaatliches Leben. Loyale Erfüllung unserer Verpflichtungen aus dem verlorenen Krieg und die äußerste Anspannung innerer Wiedergesundung sollen die Grundlagen für die Anbahnung einer vertrauensvollen Zusammenarbeit mit den anderen Völkern geben. Wir hoffen dabei auf das Verständnis der Besatzungsmächte für die grenzenlose Notlage des deutschen Volkes und auf ihre sachliche Hilfe, die deutsche Wirtschaft wieder in Gang zu bringen.

Erschüttert stehen wir an den frischen Gräbern unserer Toten. Wir vergessen **unsere Kriegsgefangenen** nicht. Auf den Trümmern unserer Häuser, unserer Dörfer und Städte gedenken wir in menschlicher und christlicher Verbundenheit der gleichen Opfer der Völker um uns. Und wir geloben, alles bis zum letzten auszutilgen, was dieses ungeheure Blutopfer und dieses namenlose Elend verschuldet hat, und nichts zu unterlassen, was die Menschheit künftig vor einer solchen Katastrophe bewahrt.

Deutsche Männer und Frauen!

Wir rufen euch auf, alles Trennende zurücktreten zu lassen. Folgt unserem

Ruf zu einer großen Partei

die mit den anderen Parteien der neuen Demokratie gemeinsam am Aufbau Deutschlands arbeiten will.

Wir rufen die Jugend, die durch den Krieg und Zusammenbruch schwer getroffen, vor allem zur Gestaltung der Zukunft mitverpflichtet ist.

Wir rufen die Frauen und Mütter, deren leidgeprüfte Kraft für die Rettung unseres Volkes nicht entbehrt werden kann.

Wir rufen alle, die sich zu uns und unserem Aufbauwillen bekennen. Voll Gottvertrauen wollen wir unseren Kindern und Enkeln eine glückliche Zukunft erschließen.

Berlin, den 26. Juni 1945.

Andreas Hermes

Heinrich F. Albert	Wilhelm Happ	Elfriede Nebgen
Hans von Arnim	Peter Hensen	Otto Nuschke
Eduard Bernoth	Artur Herzog	Rudolf Pechel
Theodor Bohner	Ernst Hülse	Eberhard Plewe
Emil Dovifat	Paulus van Husen	Ferdinand Sauerbruch
Margarete Ehlert	Jakob Kaiser	Walter Schreiber
Josef Ersing	Heinrich Krone	Martin Schwab
Johann Eudenbach	Ernst Lemmer	Hildegard Staehle
Ferdinand Friedensburg	Otto Lenz	Theodor Steltzer
Willy Fuchs	Hans Lukaschek	Heinrich Vockel
Otto-Heinrich von der Gablentz	Reinhard Moeller	Graf York von Wartenburg
	Katharina Müller	

Sitz der Reichsgeschäftsstelle der „Christlich-Demokratischen Union Deutschlands":
Berlin W 8, Jägerstr. 59-60.

Nächste Geschäfts- und Meldestelle:

Druck: Berliner Verlagsanstalt, GmbH, Schützenstraße

Erklärung des Zentralausschusses zur Urabstimmung in Berlin

Der Parteitag ist die oberste Instanz der Sozialdemokratischen Partei. Der Parteitag ist auf Grund des § 6 der Satzungen zum 19. und 20. April nach Berlin berufen worden. Nur dieser Parteitag kann über die Vereinigung der SPD und KPD endgültig entscheiden.

Alle Bezirksverbände der Partei in Deutschland wurden aufgefordert, Delegierte zu entsenden.

Es ist die Schuld einiger führender Genossen in den Westzonen, die einheitliche Beschickung des Parteitages verhindert zu haben.

Der Zentralausschuß kann sich weder dadurch noch durch andere Maßnahmen davon abbringen lassen, anders als satzungsgemäß zu verfahren.

Es entsprach weder der Parteitradition noch der Parteidemokratie, wenn die zufällig zusammengesetzte Funktionärversammlung in Berlin am 1. März verlangte, daß über die Frage der Vereinigung der Arbeiterparteien nicht der Parteitag, sondern eine Urabstimmung entscheiden müsse. **Der Parteiausschuß hat darum den Berliner Funktionärbeschluß abgelehnt.**

In allen Bezirken haben die Mitglieder auf demokratischem Wege die Delegierten zu den Bezirksparteitagen gewählt. Unter Beachtung der gleichen demokratischen Grundsätze werden auch die Delegierten zum Gesamtparteitag gewählt.

Die genannte Berliner Funktionärversammlung verlangte eine Abweichung von diesen Grundsätzen. **Andere, noch stärker besuchte Berliner Funktionärversammlungen haben gegenteilige Beschlüsse gefaßt!**

Der Zentralausschuß hat keinen Zweifel darüber gelassen, daß er der Gesamtpartei verantwortlich ist und daß nur im Gesamtrahmen der Partei eine Entscheidung getroffen werden kann. Die ordnungsgemäß gewählten Delegierten sind in der Lage, auf dem Parteitag ungehindert ihre Meinung zum Ausdruck zu bringen.

Der Zentralausschuß mußte aber mit Bedauern feststellen, **daß das Bestreben des Berliner Bezirksvorstandes, eine sachliche Aussprache in der Berliner Mitgliedschaft durchzuführen, von den Gegnern der Einheit verhindert worden ist.** Die Voraussetzung für die demokratische Entscheidung der Mitgliedschaft ist die Stellungnahme zu den Grundsätzen und Zielen sowie zu dem Statut der Einheitspartei. **Diese Stellungnahme der Mitgliedschaft wurde jedoch von den Einheitsgegnern an vielen Stellen sabotiert.** Sie haben aber noch mehr getan. Sie sind dazu übergegangen, einen offenen Kampf gegen den Zentralausschuß und die Beschlüsse des Parteiausschusses zu organisieren und sind schließlich offen zur Spaltung geschritten.

Das zeigen folgende Vorgänge:

1. Zum 14. März 1946 hatte der Bezirksvorstand die Kreis- und Abteilungsleiter zu einer Sitzung mit der Tagesordnung:

   Stellungnahme zu den Grundsätzen und Zielen und zu den Satzungen der Sozialistischen Einheitspartei

   einberufen. Die Einheitsgegner verhinderten jedoch die sachliche Stellungnahme der Parteigenossen, indem sie die Absetzung dieses Verhandlungsgegenstandes erzwangen.

2. Die Einheitsgegner verhinderten die geordnete Durchführung von Abteilungs- und Mitgliederversammlungen mit derselben Tagesordnung.

3. Die organisierte Oppositionsfraktion verteilt Flugblätter unwahren und diffamierenden Charakters mit der Aufforderung, keine Diskussion über die Frage der Vereinigung zuzulassen. In diesen Flugblättern geht man auch zu Drohungen gegenüber den ordnungsgemäß gewählten Trägern der Organisation über.

4. Diese Fraktion der Spalter veranstaltet laufend innerhalb der Partei Sonderbesprechungen und Fraktionssitzungen, die das Ziel verfolgen, die demokratische Stellungnahme der Mitgliedschaft zu sabotieren.

5. Zur Finanzierung der Fraktionsarbeit wurden Geldsammlungen veranstaltet.

6. In einer Kreisorganisation ging die Leitung dazu über, die Abbestellung der Parteizeitung zu organisieren.

7. Damit machten sich die Träger der Opposition der Parteischädigung und der Parteispaltung schuldig, so daß der Zentralausschuß schließlich, nachdem er bereits am 15. März in seinem Aufruf an die Mitglieder von Groß-Berlin auf das Bedenkliche dieser Entwicklung hingewiesen und ermahnt hatte, die Auseinandersetzungen im Geiste der Kameradschaft durchzuführen, gezwungen wurde, einige der Haupttreiber aus der Partei auszuschließen.

8. Trotzdem wurden die Flugblätter parteischädigenden Inhalts weiterhin verbreitet und die ordentlichen Veranstaltungen der Partei gestört.

9. Schließlich wurde die Sprengung von Kreistagungen organisiert, Ausgeschlossene wurden zu Referenten bestellt und Vertretern der statutenmäßigen Instanzen der Partei das Wort verweigert.

10. Entgegen den Beschlüssen des Bezirksvorstandes zur Durchführung einer einheitlichen Urabstimmung wurden in einzelnen Kreisen und Abteilungen Urabstimmungen durchgeführt, über die keinerlei Kontrolle bestand.

Durch diese Sabotagemaßnahmen der Spalter wurde eine Lage in der Partei geschaffen, bei der die wirkliche Meinung der Mitgliedschaft nicht zum Ausdruck kommen kann.

Der Zentralausschuß hat darum in seiner heutigen Sitzung beschlossen:

1. Die Frage der Vereinigung der Arbeiterparteien wird auch für Berlin nur auf dem zum 19./20. April d. J. einberufenen Parteitag und nicht durch eine Urabstimmung zur endgültigen Entscheidung gestellt.

2. **Der Berliner Mitgliedschaft wird darum dringend empfohlen, sich nicht an der Urabstimmung vom 31. März zu beteiligen, für die alle sachlichen Voraussetzungen durch die Einheitsgegner zerstört wurden.**

Diese Stellungnahme des Zentralausschusses wird gestützt durch **zahlreiche Beschlüsse von Betriebsgruppen, Abteilungsversammlungen und Kreisvertretertagungen, die bereits die Vereinigung praktisch durchgeführt haben.**

Genossinnen und Genossen!

Kämpft für die Einheit der Partei!
Kämpft für den Zusammenschluß in der

Sozialistischen Einheitspartei Deutschlands!

Berlin, den 27. März 1946.

Der Zentralausschuß
der Sozialdemokratischen Partei Deutschlands

K.-Nr. 36

1945.

Wißt Ihr noch!

Wie wir belogen wurden? - Noch, als der Kampf um Berlin bereits seinen Höhepunkt überschritten hatte, wurden aus der Goebbels-Küche Nachrichten verbreitet, die den nutzlosen Widerstand der deutschen Besatzung und das weitere Aushalten der gequälten Bevölkerung bewirken sollten.

So logen sie von Anfang an, die Hitler, Goebbels. So logen sie über Freimaurer, Katholiken, Juden und „Radfahrer". So logen sie während ihres ganzen unseligen Wirkens, die Himmler, Göring und Ley. ---

Wenn uns an diesen widerwärtigsten Gestalten etwas am widerwärtigsten ist, dann sind es ihre gemeinen Lügen, mit denen sie das deutsche Volk vergifteten und mit denen sie ihre schmutzigste Wäsche weiß waschen wollten.

Wir werden das nie vergessen und wir geloben: Wahrheit und Anständigkeit sei unser oberstes Gesetz. Alle, die Ihr in diesem Sinne am Wiederaufbau unseres deutschen Vaterlandes mitarbeiten wollt, schließt Euch uns an. Wir brauchen jeden wahrheitsliebenden, anständigen deutschen Menschen.

Liberal-Demokratische Partei Deutschlands

Bezirksgruppenverband (Berlin) Süd-West

Geschäftsstelle: Steglitz, Ahornstr. 12a - Hauptmeldestelle: Steglitz, Schloßstr. 33

Druck: Emil Werner, Berlin-Steglitz, Robert-Lück-Straße 1 - 5 000 - 9. 45

114 *Aufruf der Liberal-Demokratischen Partei Deutschlands zum Parteibeitritt.*

115 *Im Gebäude der Deutschen Staatsoper, dem Admiralspalast am Bahnhof Friedrichstraße, trat am 21. April 1946 der Vereinigungsparteitag der SPD und KPD zur Konstituierung der Sozialistischen Einheitspartei Deutschlands (SED) zusammen. V.l.n.r.: Max Fechner, Wilhelm Pieck, Otto Grotewohl und Walter Ulbricht.*

116 *Der Dichter Gerhart Hauptmann starb am 6. Juni 1946 in seiner Villa »Haus Wiesenstein« in Agnetendorf im Riesengebirge. Die Beisetzung fand auf Hiddensee statt. An der Trauerfeier nahmen u.a. teil: Wilhelm Pieck (2.v.l.) und Oberst Sergej Tulpanow (3.v.l.), Beauftragter der sowjetischen Militärregierung.*

117 *Der Berliner »Blätterwald« im September 1946.*

118 *Dr. Ing. Arthur Werner (1877–1967), der von der sowjetischen Kommandantur eingesetzte erste Oberbürgermeister Berlins nach der Kapitulation bei einer Ansprache auf der konstituierenden Sitzung der neugewählten Stadtverordnetenversammlung am 26. 11. 1946.*

119 *Dr. Kurt Schumacher (1895–1952), Vorsitzender der SPD der Bizone, bei einer Wahlkundgebung in der »Neuen Welt« in der Hasenheide am 16. Oktober 1946. Rechts neben ihm Franz Neumann, der Vorsitzende der SPD in Berlin.*

120 *Vorbereitungen zur Wahl der Stadtverordneten und Bezirksverordneten in den Verwaltungsbezirken von Groß-Berlin am 20. Oktober 1946. Sitzung des Wahlausschusses im »Neuen Stadthaus«. Ansprache des Oberbürgermeisters Dr. Werner am 16. September 1946. Im Vordergrund: Vertreter der alliierten Kommandantur.*

121 *Bekanntgabe des Wahlergebnisses am Abend des 20. Oktober 1946 im »Neuen Stadthaus« in der Parochialstraße 4. Von links: Oberbürgermeister Dr. Arthur Werner, links neben ihm: Arthur Pieck, damals Stadtrat für Personal und Verwaltung.*

122 *Die Vereidigung des neugewählten Magistrats am 5. Dezember 1946: V.l.n.r.: Luise Schröder, Dritter Bürgermeister; Paul Fuellsack, Stadtrat für Ernährung; Dr. Ferdinand Friedensburg, Erster Bürgermeister; Waldemar Schmidt, Stadtrat für Arbeit; Oberbürgermeister Dr. Otto Ostrowski.*

123 *Stadtverordnetenvorsteher Dr. Otto Suhr vereidigt Stadtrat Paul Fuellsack (Abt. für Ernährung).*

124 *Mitglieder des neugewählten Magistrats: 1. Reihe v.r.n.l.: Oberbürgermeister Dr. Otto Ostrowski, Bürgermeister Dr. Ferdinand Friedensburg, Bürgermeister Luise Schröder, Erna Maraun, (Jugendfragen); 2. Reihe v.r.n.l.: Erich Lübbe (Städtische Betriebe), Paul Fuellsack (Ernährung), Gustav Klingelhöfer (Wirtschaft).*

125 *Der am 5. Dezember 1946 neugewählte Oberbürgermeister Dr. Otto Ostrowski (SPD) bei seiner ersten Ansprache.*
V.l.n.r.: Dr. Friedrich-Wilhelm Lucht (SPD), Dr. Walter Schreiber (CDU), Ottomar Geschke (SED), Fritz Hausberg (LDP), im Hintergrund alliierte Verbindungsoffiziere.

126 *Sitzung der Alliierten Kommandatur. In der Bildmitte Frank Howley, ab 1. Dezember 1947 Stadtkommandant von Berlin, neben ihm rechts Generalmajor Alexander Kotikow.*

127 *Soldatengräber an der Havel hielten die Berliner nach der Stunde Null nicht ab, sich Badefreuden hinzugeben.* ▷

Herbert Krafft

Berliner Wirtschaft zur Stunde Null

Ihren letzten strategischen Bombenangriff auf Berlin flogen die Amerikaner am 21. April 1945. Es war der Schlußakkord jener systematischen Luftoffensive gegen die Reichshauptstadt, die im November 1943 begonnen hatte und im Februar 1945 die Innenstadt zwischen Alexanderplatz und Zoo in einen rauchenden Trümmerhaufen verwandelt hatte. Am gleichen Tage drangen sowjetische Truppen in östliche und nördliche Vororte ein.

Ein letzter Kohlenzug hatte auch noch die Stadt erreicht. Die Lebensmittelkühlhäuser waren dank der Vorsorge einiger für die Wirtschaft verantwortlicher Männer mit ein wenig »Schummelei« für die »Zeit danach« gefüllt worden; ein Problem war es nur, stets Strom für die Kühlung zu haben. Mit dem Einstellen des Pendelverkehrs auf der U-Bahnstrecke zwischen den Bahnhöfen Wittenbergplatz und Ruhleben ruhte praktisch der innerstädtische Verkehr. Gas und Strom fielen immer häufiger aus oder durften nicht mehr für Beleuchtungszwecke – außer in Krankenhäusern und Luftschutzkellern – benutzt werden. Die Kraftwerke der Bewag und ihr Verteilungsnetz waren weniger durch Bombenangriffe als durch die Kämpfe in der Stadt und Brückensprengungen in Mitleidenschaft gezogen worden. Doch wurden lebenswichtige Betriebe selbst während der Kämpfe mit Strom versorgt. Denn als die Kraftwerke Klingenberg und Rummelsburg im Südosten wegen der Kämpfe dort ausfielen, lieferten die westlichen Werke immer noch Strom, und als die westlichen Stadtteile erobert wurden, begannen Rummelsburg und Klingenberg bereits wieder zu arbeiten.

128 *Durch die zerstörte Ausstellungshalle blickt man auf den Funkturm, das Wahrzeichen von Berlin – im Volksmund liebevoll »der lange Lulatsch« genannt.*

Das Leben geht – wenn auch mühsam – weiter. Im Jahre 1939 hatte Groß-Berlin 4,34 Millionen Einwohner, davon lebten 2,76 Millionen im Gebiet der heutigen West-Sektoren. Anfang 1945 sollen – einschließlich durchziehender Flüchtlinge und rund 300 000 ausländischer Zivilarbeiter – rund fünf Millionen Menschen in der Stadt gewesen sein. 1945 sind rund anderthalb Millionen Flüchtlinge, Ausgewiesene, Umsiedler und entlassene Kriegsgefangene in die Stadt gekommen oder durch sie hindurchgeschleust worden.

Für Mitte 1945 meldet die Statistik 2,91 Millionen Einwohner in Groß-Berlin, 1,80 in den heutigen West-Sektoren; das waren etwa soviel Einwohner wie um 1900 im heutigen Gebiet von Groß-Berlin gelebt haben. Dieses Zahlenbild enthält viele Dunkelziffern.

Trotz der Ruinen kehrten im Jahre 1946 rund 360 000 Menschen nach Berlin zurück. Im März 1950 waren in West-Berlin allein rund 115 000 Militär- und Zivilpersonen als vermißt registriert.

Die Zahl der in den letzten Kriegstagen und den ersten Nachkriegstagen umgekommenen Berliner ist nicht bekanntgeworden. Unterlagen über die durch Bombenangriffe Getöteten existieren nicht mehr; sie sollen verbrannt worden sein. Die Zahl der Evakuierten kann auf eine dreiviertel Million geschätzt werden; sie dürften zum größten Teil heimgekehrt sein.

Etwas besser sind wir über die materiellen Verluste informiert. Nach einer früheren Berechnung sind durch Bomben, Beschuß und Abriß rund 87 Millionen Kubikmeter Trümmerschutt angefallen. Eine makabre Vorstellung war es, hieraus einen Zylinder in der Höhe des Funkturmes (136 Meter) mit 1,6 Kilometer Durchmesser zu errechnen. Heute zeugen von jenen grauenvollen Jahren sechs inzwischen begrünte Trümmerberge, der Teufelsberg im Grunewald, der mit seinen 115 Metern respektvoll um zwei Meter hinter den Müggelbergen zurückbleibt, der Trümmerberg im östlichen Bezirk Prenzlauer Berg (92 Meter), der Trümmerberg in Biesdorf (88 Meter), der »Bunkerberg« Humboldthöhe im Bezirk Wedding (85 Meter), der Bunkerberg im Friedrichshain (78 Meter) und der Insulaner in Schöneberg (75 Meter). Dort und in den aus Trümmersteinen errichteten Neubauten verbirgt sich rund ein Siebentel des in Deutschland »angefallenen« Trümmerschuttes.

Der Bestand an benutzbaren Wohnungen hatte sich in Groß-Berlin von 1 562 641 am 1. Januar 1943 um 32 Prozent auf 1 061 846 am 13. April 1946 verringert, und in West-Berlin von 1 061 846 auf 662 950. Der Verlust von rund einer halben Million Wohnungen in Groß-Berlin entsprach etwa dem Wohnungsbestand des Jahres 1938 in München, Augsburg und Köln zusammengenommen, oder fast dem, was Hamburg an Wohnungen besaß. Man mußte also zusammenrücken.

Im April 1946 hatten die Statistiker eine für die Praxis wenig hilfreiche, für die Situation aber kennzeichnende Zahl zur Hand: pro Bewohner standen 11,8 qm Wohnraum zur Verfügung. Dabei darf man aber nicht an Glas in den Fensterlöchern denken und an heizbare Öfen überall, soweit Heizmaterial überhaupt zur Verfügung stand.

Die Trümmerfrauen, anfangs zwangsweise aus den Wohnungen geholt, später geehrt – ihnen wurde in Neukölln sogar ein Denkmal gesetzt – verdienten 72 Pfennige die Stunde, beförderten den Schutt von Hand zu Hand mit Marmeladeneimern, was dann bald als zu unrationell abgeschafft wurde; aber sie bekamen eine Lebensmittelkarte. Ein Dach über dem Kopf zu haben, den Hunger zu stillen, einigermaßen vor Frost geschützt durch den Winter zu kommen, das war für die Masse der Berliner in den ersten Monaten wichtiger als die hohe Politik.

Bereits am 13. Mai 1945 hat die sowjetische Stadtkommandantur eine provisorische Neuregelung der Organisation der Lebensmittelversorgung für die Berliner Bevölkerung angeordnet. Damit hatte der sowjetische Stadtkommandant mehr versprochen, als er halten konnte.

Mit der Ernennung von Reichsminister a. D. Dr. Andreas Hermes, dem Zentrumspolitiker der Weimarer Jahre, zum Beauftragten für das Ernährungswesen und damit zum Leiter des Ernährungsamtes der Stadt Berlin und von Dr. Franz Mendelson, dem früheren Direktor der Landwirtschaftskammer Brandenburg, waren nach bewährtem Rezept schon Verantwortliche für eine unlösbare Aufgabe eingesetzt worden.

Sogar der stellvertretende Vorsitzende des Rates der Volkskommissare der Sowjetunion, Anastas J. Mikojan, kommt nach Berlin, und in einer Besprechung sowjetischer und deutscher Ernährungsfachleute werden nach sowjetischem Vorbild fünf Ernährungsgruppen geschaffen, die später noch politisiert worden sind, I. Schwerarbeiter, Wissenschaftler, Künstler, Betriebsführer, II. Arbeiter, III. Angestellte, IV. Kinder bis zu 15 Jahren, V. Beschäftigungslose.

Aber manch ein Lager fand sich noch in der Stadt, viele konnten sich etwas vom Lande holen, im Herbst ging es »in die Stoppeln«, geplündert wurde auch, wobei mehrere Einwohner ertappt und erschossen worden sind. Fleischereien, Bäckereien und alle Lebensmittelgeschäfte, die Nahrungsmittellieferungen der sowjetischen Armee erhalten, müssen täglich 80% ihrer Einnahmen bei der Girokasse der Stadtbank abliefern, die restlichen 20% bleiben ihnen.

Nach Einführung der Moskauer Zeit müssen die Geschäfte vormittags von 6.00 bis 12.30 und nachmittags von 14.30 bis 20.00 Uhr von montags bis sonnabends geöffnet sein, eine lange Zeit für so wenig Ware. Jedes Geschäft soll mindestens 1 500 Kunden beliefern können.

Der Leiter der Abteilung Handel und Handwerk des Magistrats, Josef Orlopp, später als Verhandlungsführer der Sowjetzone für den Interzonenhandel bekannt geworden, empfiehlt den Bezirksverwaltungen, geschlossene Geschäfte, deren Inhaber geflüchtet sind, zu beschlagnahmen und »zuverlässige Kaufleute« einzuweisen, Geschäfte, deren Inhaber der NSDAP, der SA oder SS angehört haben, nicht mehr zu beliefern, Geschäftsinhaber, die »faschistische oder militaristi-

129 *Um die regelmäßige Versorgung der Bevölkerung mit Lebensmitteln sicherzustellen, wurden gemäß dem Befehl des Militärkommandanten der Stadt Berlin, Generaloberst Bersarin, ab 15. Mai 1945 die Lebensmittelrationen pro Person und Tag festgesetzt.*

AN DIE BEVÖLKERUNG DER STADT BERLIN

Um die regelmäßige Versorgung der Berliner Bevölkerung mit Lebensmitteln sicherzustellen, hat das Sowjetische Militärkommando durch den Kommandanten der Stadt Berlin der Stadtverwaltung ausreichende Mengen von Lebensmitteln zur Verfügung gestellt.

Gemäß Befehl des Militärkommandanten der Stadt Berlin, Generaloberst BERSARIN, sind ab 15. Mai 1945 folgende, feste Lebensmittelrationen **pro Person und Tag** festgesetzt worden:

Brot

1.) Schwerarbeiter und Arbeiter in gesundheitsschädlichen Betrieben 600 gr.
2.) Arbeiter, die nicht in schweren oder gesundheitsschädlichen Berufen tätig sind 500 gr.
3.) Angestellte 400 gr.
4.) Kinder, nichtberufstätige Familienangehörige und die übrige Bevölkerung 300 gr.

Nährmittel

1.) Schwerarbeiter und Arbeiter in gesundheitsschädlichen Betrieben 80 gr.
2.) Arbeiter, die nicht in schweren oder gesundheitsschädlichen Berufen tätig sind 60 gr.
3.) Angestellte 40 gr.
4.) Kinder, nichtberufstätige Familienangehörige und die übrige Bevölkerung 30 gr.

Fleisch

1.) Schwerarbeiter und Arbeiter in gesundheitsschädlichen Betrieben 100 gr.
2.) Arbeiter, die nicht in schweren oder gesundheitsschädlichen Berufen tätig sind 65 gr.
3.) Angestellte 40 gr.
4.) Kinder, nichtberufstätige Familienangehörige und die übrige Bevölkerung 20 gr.

Fett

1.) Schwerarbeiter und Arbeiter in gesundheitsschädlichen Betrieben 30 gr.
2.) Arbeiter, die nicht in schweren oder gesundheitsschädlichen Berufen tätig sind 15 gr.
3.) Angestellte 10 gr.
4.) Kinder 20 gr.
5.) Nichtberufstätige Familienangehörige und die übrige Bevölkerung 7 gr.

Zucker

1.) Schwerarbeiter und Arbeiter in gesundheitsschädlichen Betrieben und Kinder 25 gr.
2.) Arbeiter, die nicht in schweren oder gesundheitsschädlichen Berufen tätig sind, sowie Angestellte 20 gr.
3.) Nichtberufstätige Familienangehörige und die übrige Bevölkerung 15 gr.

Kartoffeln

Für jeden Einwohner 400 gr.

13. Mai 1945.

Bohnenkaffee, Kaffee-Ersatz und echter Tee

1.) Schwerarbeiter und Arbeiter in gesundheitsschädlichen Betrieben: 100 gr. Bohnenkaffee, 100 gr. Kaffee-Ersatz und 20 gr. echten Tee **im Monat.**
2.) Arbeiter, die nicht in schweren oder gesundheitsschädlichen Berufen tätig sind, sowie Angestellte: 60 gr. Bohnenkaffee, 100 gr. Kaffee-Ersatz und 20 gr. echten Tee **im Monat.**
3.) Kinder, nichtberufstätige Familienangehörige und die übrige Bevölkerung: 25 gr. Bohnenkaffee, 100gr. Kaffee-Ersatz und 20 gr. echten Tee **im Monat.**

Salz

Für jeden Einwohner **monatlich** 400 gr.

*

Mengen und Form der Versorgung mit Milch, weißem Käse und anderen Milcherzeugnissen werden nachträglich bekanntgegeben.

*

Verdiente Gelehrte, Ingenieure, Ärzte, Kultur-und Kunstschaffende, sowie die leitenden Personen der Stadt-und Bezirksverwaltungen, der großen Industrie und Transportunternehmen erhalten die gleichen Lebensmittelrationen, die für Schwerarbeiter festgesetzt sind. Die Liste dieser Personen muß vom zuständigen Bürgermeister bestätigt werden.

Sonstige technische Angestellte in Betrieben und Unternehmen, Lehrer und Geistliche, erhalten die gleichen Lebensmittelrationen, die für Arbeiter festgesetzt sind.

*

Kranke in Krankenhäusern erhalten Verpflegung entsprechend den Sätzen, die für Arbeiter festgesetzt sind. Kranke, die besonderer Ernährung bedürfen, erhalten eine Sonderverpflegung entsprechend den Sätzen, die von der städtischen Abteilung für Gesundheitswesen festgesetzt sind.

*

Die Brotausgabe erfolgt täglich, wobei der Verbraucher das Recht hat, Brot für zwei Tage — und zwar für den Kalendertag und den nächsten Tag — zu erhalten.

Fleisch, Fett, Zucker, Nährmittel und Kartoffeln **für den Monat Mai** werden entsprechend den festgelegten Tagessätzen in zwei Zuteilungen ausgegeben:

erstmalig für die Zeit vom 15. Mai bis 21. Mai, d. h. für sieben Tage, und das zweite Mal für die Zeit vom 22. Mai bis 31. Mai, d. h. für zehn Tage.

Salz für die Zeit vom 20. bis 31. Mai wird in der Menge des festgelegten Monatsatzes ausgegeben.

Bohnenkaffee und echter Tee wird vom 25. bis 31. Mai ausgegeben, Kaffee-Ersatz vom 21. bis 31. Mai in der Menge des festgelegten Monatsatzes.

Die Ausgabe der Lebensmittelkarten mit den neu festgelegten Sätzen an die gesamte Berliner Bevölkerung erfolgt spätestens am 14. Mai ds. Js.

Bis zum 15. Mai erfolgt die Zuteilung der Lebensmittel, entsprechend den zeitweiligen Sätzen der früher an die Bevölkerung ausgegebenen Lebensmittelkarten, welche bis zum 14. Mai in Kraft bleiben.

STADTVERWALTUNG VON BERLIN.

sche« Ideen propagieren, zu verwarnen und nötigenfalls ihre Geschäfte zu schließen.
Auf den Gütern um Berlin fehlt es an Gespannen und Geräten, aber auch an Arbeitskräften. Dr. Hermes bemängelt die Demontage der Maschinen von Lebensmittelbetrieben. Aus Molkereien und Fleischereien sind unentbehrliche Geräte herausgeholt worden.
Nach Angaben vom Januar 1945 betrug die Zahl der mit Lebensmitteln zu versorgenden Einwohner – also der ansässig gemeldeten – rund 2,85 Millionen, bei der ersten Lebensmittelkartenausgabe in der zweiten Hälfte des Mai wurden rund 2,6 Millionen Lebensmittelkarten ausgegeben.
Die Einwohnerzahl hat sich im Laufe des Kampfes um Berlin also um 250 000 bis 300 000 verringert. Trotzdem spitzt sich die Ernährungslage bereits im Sommer 1945 zu. Deshalb soll die Kaninchenzucht durch die Sammlung von Küchenabfällen gefördert werden und mit Hilfe der Ziegenhaltung in städtischen Parks die Milchversorgung verbessert werden.
Nach einer Berechnung des Statistischen Amtes der Stadt Berlin mußten im Juni 1945 für den Kauf der Lebens- und Genußmittel nach Lebensmittelkarte II, also für Arbeiter, berechnet nach den festgesetzten Kleinhandelspreisen, durchschnittlich 13,32 Reichsmark aufgewendet werden. Bei rationierten Lebensmitteln betrug der Durchschnittspreis je Kilogramm für Brot 0,33 RM, Rindfleisch 2,16 RM, Margarine 1,99 RM, Zucker 0,79 RM, Kartoffeln 0,11 RM.
Teilweise mehr als das Hundertfache dieser Preise mußte auf dem schwarzen Markt, der sich trotz aller Verbote gebildet hatte, bezahlt werden. Ein Pfund »schwarze« Butter kostet dort 400 RM, eine Zigarette 15 RM. Flüchtlingen, die nach Berlin kommen, darf nicht mehr als eine Suppe und 100 Gramm Brot als Verpflegung für einen Tag gegeben werden. Sie müssen die Stadt innerhalb 24 Stunden verlassen. Ein angelsächsischer Besucher urteilt in jenen ersten Jahren: Eine über West-Berlin herumfliegende Krähe hätte ihren eigenen Proviant mitbringen müssen.

Da die Städtische Müllabfuhr wegen des Verlustes ihrer Pferde und aus Mangel an Brennstoff nicht mehr arbeiten kann, werden am 30. Juni 1945 Haushaltungen und Betriebe vom Polizeipräsidenten verpflichtet, den anfallenden Müll durch Verbrennen oder hygienisch einwandfreies Vergraben zu beseitigen.
Inzwischen waren Anfang Juli die westlichen Besatzungstruppen in ihre Sektoren eingezogen. Eine Zusammenkunft des Alliierten Oberkommandos in Marschall Shukows Hauptquartier am 7. Juli galt der Errichtung der Berliner Kommandantur und der Versorgung mit Lebensmitteln und Kohlen. Hier und in späteren Zusammenkünften wurde beschlossen, »die unaufschiebbaren Versorgungsprobleme auf der Grundlage der Anlieferung von Lebensmitteln aus allen Besatzungszonen zu lösen«. Alle »vom Sowjetkommando bisher durchgeführten Ordnungsmaßnahmen« sollten in vollem Umfange bestehen bleiben.
Doch im Juli klappt es noch nicht. So mahnt der stellvertretende Leiter der Abteilung Ernährung in einem Bericht über die Ernährungslage, daß die Fettversorgung nur zwei Drittel des Bedarfs decke, nur Kinder bis zum zweiten Lebensjahr, stillende Mütter und schwangere Frauen mit Milch versorgt werden könnten, Tuberkulose-Kranke aber nicht mehr – daß ausgesprochene Kartoffelnot herrsche und viele Bezirke in den letzten zwei Monaten kaum Obst und Gemüse erhalten hätten.
Die Rationen – nicht immer voll erfüllt – enthielten für Mai theoretisch 1 550 Kalorien, für Juli nur noch 1 345 Kalorien. Stadtrat Andreas Hermes, Leiter der Abteilung Ernährung, tritt Ende Juli zurück. Er habe sich »den Anforderungen seines Amtes in einer Zeit wie der heutigen nicht gewachsen gezeigt«, meinen die Sowjets.
Im August kommen Lieferungen der Briten und Amerikaner an, vor allem Trockenmilch, Fleisch, Öl und Mehl, so daß die Versorgung für einige Wochen gesichert ist. Die Gemüse- und Kartoffeldiebstähle auf den Feldern um Berlin halten an.
Im gleichen Monat teilt die Alliierte Kommandantur dem Oberbürgermeister mit, daß die Bevölkerung während des Winters keine Kohlen erhalten werde. Bestimmte bewaldete Teile Berlins werden für den Holzeinschlag freigegeben. Geplant ist die tägliche Anfuhr von 3 600 Tonnen Steinkohle nach Berlin. Hiervon sollen die Kraftwerke 2 000 Tonnen, die Gaswerke 700 Tonnen, die Wasserwerke 300 Tonnen und den Rest vor allem die Ernährungsindustrie erhalten.
Berlin war vor dem Kriege mit oberschlesischer Steinkohle und – vor allem für den Hausbrand – mit Braunkohle aus der Lausitz und der Provinz

Sachsen versorgt worden. Doch oberschlesische Kohle wird von den Polen beansprucht und die mitteldeutschen Gruben müssen erst in Ordnung gebracht werden.

Die Amerikaner verweisen darauf, daß es in ihrer Besatzungszone keine Kohlengruben gibt und die Engländer sind erst bemüht, die Bergwerke an der Ruhr wieder in Betrieb zu setzen. Als im September 1945 die Alliierte Kommandantur eine Herabsetzung der Berliner Stromerzeugung auf 2,2 Millionen Kilowatt-Stunden befohlen hatte, um Kohlen für den Winter lagern zu können, sieht die Bewag nur die Möglichkeit, entweder den gesamten Verkehr oder die Haushaltungen oder die Wirtschaft abzuschalten, da eine andere technische Möglichkeit nicht bestünde.

Berlin sitzt im Dunkeln und friert im Winter 1945/46. Auch die Holz-Pläne der Alliierten erwiesen sich als unrealistisch. Ein von ihnen eingesetzter Beauftragter für die Brennholzaktion berichtete, daß eine sogenannte Provinzaktion etwa 180 000 Raummeter Holz bringen sollte und mit einer Berliner Aktion weitere 600 000 Raummeter Holz beschafft werden sollten. Dem wurde entgegengehalten, zur Deckung des Minimalbedarfs in Berlin seien neun Millionen Raummeter Holz erforderlich.

Dr. Ferdinand Friedensburg, damals zeitweilig Präsident der Deutschen Zentralverwaltung für die Brennstoffversorgung in der Sowjetischen Besatzungszone, schlägt zum ersten Male vor, auch im Berliner Raum nach Kohle zu suchen. Von August 1945 bis September 1946 hat Friedensburg – einziger CDU-Mann unter den Leitern der Zentralverwaltungen gewissenhaft und eifrig versucht, das Amt in Zusammenarbeit mit den Russen zu führen, dann ist er an den Intrigen kommunistischer Mitarbeiter und seiner Weigerung, entschädigungslosen Enteignungen zuzustimmen, gescheitert und wird entlassen.

Als im November 1945 im Sowjetsektor Braunkohlenzüge ausgeladen und die Briketts nur dort verteilt werden, schafft dies in den Westsektoren Unmut, da dort Steinkohlen nur für Versorgungsbetriebe, Krankenhäuser und Nahrungsmittelhersteller geliefert werden, und es kommt zu Plünderungen der Kohlenzüge.

In den Wäldern um Berlin streifen marodierende bewaffnete Banden verschiedener Nationalität. Bei den verschiedenen Holzaktionen der Alliierten – dreimal 600 000 Raummeter sind geplant – geschlagen wird im Tiergarten, in den Berliner Stadtforsten und in der Provinz –, gehen durch Holzdiebstahl ein Viertel bis ein Drittel der zugewiesenen Mengen verloren.

Langsam kommen mehr Kohlen nach Berlin; Stein- und Braunkohlen zusammengerechnet von 112 000 Tonnen im August bis auf 165 000 Tonnen im Dezember 1945 – aber 1939 hat Berlin im Monatsdurchschnitt 600 000 Tonnen Stein- und Braunkohle erhalten.

Bis nach der Blockade ist die Brennstoffversorgung Berlins nie zufriedenstellend gelöst worden. Wie stark Politik und Wirtschaft hierbei ineinander verwoben waren, enthüllt ein Bericht über die zweite Zusammenkunft von Vertretern der alliierten Oberkommandos zur Errichtung einer Berliner Kommandantur am 7. Juli 1945 in Hoechst, der von Robert Murphy, dem »Diplomaten unter Kriegern« stammt:

»Die Diskussion über die Brennstoffversorgung entlockte Schukow einige bezeichnende Bemerkungen. Berlin benötigt für seine gegenwärtige Bevölkerung von etwa 2,8 Millionen täglich schätzungsweise 7 500 Tonnen Kohle zur Befriedigung des Notwendigsten (Hausbrand nicht einbegriffen). General Clay legte dar, daß die amerikanische Zone über keine Kohlen verfüge und die Versorgung deshalb von einer der anderen Zonen kommen müsse. Schukow stellte fest, daß dafür nur die Ruhr und die Saar in Frage kämen. Weeks (der britische General) erkundigte sich in dieser Hinsicht nach Schlesien als einer möglichen Quelle. Schukow bemerkte, daß die schlesischen Kohlenlager nunmehr unter anderer Gewalt, d. h. derjenigen Polens ständen und nicht verfügbar sind. Ich (Murphy) äußerte mich überrascht und stellte fest, daß nach meinem Dafürhalten Schlesien einen Teil der sowjetischen Besatzungszone Deutschlands bildete. Schukow korrigierte mich, indem er sagte, daß Deutschland nicht existiere und jeder wisse, daß auf der Krimkonferenz die polnische Grenze entlang der Oder und Neiße

festgelegt wurde. Ich erwiderte, ich habe bisher mit der Vorstellung gearbeitet, daß es die Aufgabe des Kontrollrates für Deutschland sei, die Rohstoffquellen dieses Gebietes zu nutzen, so wie es ... vereinbart und von den Regierungen genehmigt wurde. Schukow ließ uns gegenüber keinen Zweifel, daß keine Rohstoffquellen jenseits der Oder-Neiße-Linie für die gemeinsame Verwaltung Deutschlands herangezogen werden können ...
... Als Weeks Schukow darüber informierte, daß der Mangel an gelernten Bergarbeitern eines der Hindernisse der Ruhrkohlenproduktion sei, antwortete Schukow, daß er zur Unterstützung gern 50 000 Männer aus Berlin dorthin schicken würde. Weeks erkundigte sich, wer davon etwas von Bergbau verstünde. Schukow zuckte die Schultern und sagte, sie seien arbeitsfähig und könnten angelernt werden.«

Einen Mangel an Arbeit gab es in der zerstörten Stadt für das Handwerk, das in Ermangelung von Maschinen und Rohstoffen jedoch die Kunst der Improvisation geradezu üben mußte.
Einen Eindruck von den Sorgen der Handwerker vermittelt ein Bericht, den Stadtrat Joseph Orlopp, verantwortlich für Handel und Handwerk, der später von der SPD zur SED übergewechselt ist, im Mai 1946 in einer Magistratsratssitzung gegeben hat.
»In einer Besprechung mit den Obermeistern des Handwerks ist festgestellt worden, daß für das ganze Handwerk in Berlin so gut wie keine Rohmaterialien und keine Halbfabrikate mehr da sind. Der Handel kann nichts hereinholen ... Im Glaserhandwerk verfügt kaum noch ein Glaser über Glas, auch fehlen Kitte und Öl, so daß die arbeitenden Betriebe sowohl wie die Bevölkerung ohne verglaste Räume bleiben müssen.
Im Klempnerhandwerk fehlt es für die Reparatur der Dächer an den notwendigen Blechen aller Art, und insbesondere an Zinn. Die vom Klempnerhandwerk gesammelten Altzinkbleche können von der einzigen bestehenden Zinkhütte in Reinickendorf nicht verarbeitet werden, da es hierfür an Rohzink fehlt, welches vornehmlich in Oberschlesien und im Westen des Reiches hergestellt wird.
In Zusammenhang damit steht auch die besondere Mangellage auf dem Gebiet der Versorgung des Dachdeckerhandwerks mit Ziegeln und Dachpappe. Transportschwierigkeiten müssen hierbei überwunden werden. Im Elektrohandwerk besteht eine besondere Notlage bei der Beschaffung von Kabeln und elektrischem Zubehör.
Der Vertreter des Tischlerhandwerks hat darauf hingewiesen, daß die Herstellung von Möbeln, Särgen und Innenausbauten nicht mehr möglich ist, da es an dem notwendigen Holz fehlt. Das in Berlin vorhandene Bauholz ist für die Verarbeitung nicht brauchbar, da es fast ausschließlich verrottet ist. Das Kraftfahrzeughandwerk steht ... vor der Unmöglichkeit, ausreichend Reifen für die Instandsetzung und Umarbeitung von Kraftfahrzeugen zu verwenden. Die Notlösung, Altreifen in irgendeiner Form für Reparaturen zu verwenden, ist erschöpft.
Im Bürsten- und Pinselmacherhandwerk fehlen 70% Faserstoffe. Bei einem täglichen Verschleiß von rund 30 000 Bürsten muß die Herstellungskapazität von 2 000 Stück als absolut unzureichend angesehen werden.
Besonders tragisch liegen die Dinge im Orthopädiemechanikerhandwerk. Für die Herstellung künstlicher Gliedmaßen fehlt es an den notwendigen Paßteilen, die vornehmlich im Ruhrgebiet, im Rheinland sowie in Süddeutschland hergestellt werden.
Bei den Schuhen ist es besonders schwierig, da beim Schuhmacherhandwerk die Rohstoffe fast gänzlich fehlen. Soweit die Kunden nicht selbst Materialreste zur Verfügung stellen, lassen sich die notwendigen Reparaturen kaum noch durchführen. Es fehlt nicht nur an Leder und Gummi, sondern auch an Nägeln und Teksen, die in normalen Zeiten hauptsächlich aus dem westlichen Deutschland kamen.«
Umsatzzahlen, die für die ersten Jahre nach Null veröffentlicht werden, sind natürlich Dunkelzif-

130 *Es wurde nach allem angestanden, auch nach markenfreiem Speiseeis.*

EIS
Speisehaus
EIS
EIS
EIS
EISCONDITORE
EIS
EISCONDI

fern. Denn wer konnte schon erwarten, daß in einer Zeit, da fast alle Materialien auf dem Schwarzen Markt beschafft werden mußten, andererseits für Leistungen die Preise amtlich festgesetzt wurden, die Statistik ehrlich bleiben sollte?
Wie in allen Zeiten von Not und Reglementierung bildeten sich Möglichkeiten zur Verbesserung der Versorgung heraus. Es waren die »freien«, grauen und schwarzen Märkte.
Die freien Märkte waren bereits im Mai 1945 nach sowjetischem Vorbild von der Kommandantura zugelassen worden und sind später auch von den Alliierten sanktioniert worden. Die deutsche Verwaltung stand ihnen immer mißtrauisch gegenüber. Auf ihnen sollten die Bauern wie in den russischen Städten ihre über die Ablieferungspflicht hinaus vorhandenen Lebensmittel anbieten können. Aber die Bauern kamen nur spärlich, teils weil sie keine Transportmittel hatten, teils weil sie ihre Ablieferungspflicht nicht erfüllt hatten, teils weil ihnen die Straßen zu unsicher waren.
Die auf Befehl der Alliierten Kommandantur eingerichteten »grauen« Tauschmärkte sind problematisch. Ein Bericht des Magistrats konstatiert, aus der Höhe der dort erhobenen Eintrittsgelder gehe hervor, daß diese Märkte von Anfang September bis Ende Dezember 1945 von 754 000 Menschen besucht worden sind. Dort wurde jedoch der Schwarzhandel in bedenklichem Maße gefördert. Die Preise: für ein Brot 100 RM, ein Pfund Mehl 40 RM, ein Pfund Butter 450 RM, ein Pfund Rindfleisch 100 RM, drei Zigarren 100 RM, eine Flasche Weinbrand 1 000 bis 1 200 RM, ein Zentner Kartoffeln 250 RM, ein Paar neue Schuhe 600 bis 800 RM, eine Schachtel Streichhölzer fünf Mark.
Zur Eindämmung des Schwarzhandels auf den »grauen« Märkten beschloß der Magistrat im Februar 1946 eine Marktordnung für Tauschmärkte. Bei Nichteinhaltung der neuen Marktregeln drohen Geldstrafen in unbeschränkter Höhe, Gefängnisstrafen und Einzug der schwarzgehandelten Waren. Nur noch der unmittelbare Tausch von Gebrauchtwaren aus Privatbesitz, deren Wert nicht mehr als 75% des Neuwertpreises des Jahres 1939 beträgt, soll gestattet sein. Das war natürlich eine Illusion.
Wie stets in Notzeiten stimmen Statistik und Realität nicht mehr überein. So registriert der Magistrat eine »auffallende Differenz« zwischen der Zahl der bei den Arbeitsämtern registrierten Personen und der viel höheren Zahl der nach dem Lebensmittelkartenbezug angeblich in Arbeitseinsatz Stehenden.
Man schätzt allein in den Westsektoren die Zahl der Scheinarbeitsverhältnisse auf 200 000. Die Einrichtung regelrechter Arbeitslager in den Bezirken wird erwogen, nachdem bei einer Razzia auf dem Schwarzen Markt in der Brunnenstraße von 16 000 kontrollierten Personen im November 1945 rund 4 000 Personen keine Arbeitspapiere besaßen.
Ein Bericht der Abteilung Gesundheitswesen des Magistrats beleuchtet die Qualität der Versorgung im September 1949. Es sei gelungen, nur noch pasteurisierte Milch für Kinder auszugeben. Berlin besitze wieder etwa 4 000 Kühe im Vergleich zu 12 000 bei Kriegsbeginn.
Ein weiterer Rückgang der Milcherzeugung müsse trotzdem befürchtet werden, da die Kühe durch geringes und schlechtes Futter unterernährt und abgemolken seien. Mit Genehmigung sowjetischer Dienststellen könnten jetzt abgemolkene Kühe mit den auf dem Zentralschlachthof angelieferten Tieren ausgetauscht werden.
Trotz Besserung des immer wieder bemängelten unhygienischen Fleischtransportes sollten die Bezirksverwaltungen noch mehr darauf achten, nicht etwa mit den gleichen Wagen nacheinander Kohlen und Fleisch zu befördern.
Die Bewirtschaftung des bisher frei verkauften Pferdefleisches stehe bevor, da bereits ein halbes Kilo 50 bis 60 Mark koste. Für abgetriebene Pferde würden 2 400 bis 4 000 RM und für schwere Arbeitspferde bis zu 25 000 RM gefordert und gezahlt. Schwarzschlächter hätten bei einem Pferd mit fünf Zentnern Schlachtgewicht mühelos einen Gewinn von 15 000 bis 18 000 Reichsmark.
Ein großes Hindernis für die Normalisierung des Lebens und der Verbindungen in und mit Berlin waren die Zerstörung und Demontage der Verkehrsmittel und Verkehrswege in und um Berlin. Die Berliner Verkehrsbetriebe zogen unmittelbar nach Kriegsende die Bilanz, daß 537 Straßenbahnwagen total und 656 schwer, sowie 1066 leicht beschädigt worden waren. Von den Autobussen waren 66 total, 341 schwer und sieben leicht beschädigt und bei der Untergrundbahn 146 Wagen total, 127 schwer und 107 leicht beschädigt. Viele neue U- und S-Bahnwagen sind in die

Sowjetunion verschleppt worden und dort noch nach Jahren von deutschen Kriegsgefangenen ausgeplündert auf den Abstellgleisen östlich von Moskau wiedererkannt worden.
Ein großer Teil der Bahnverbindungen nach Berlin wurde eingleisig demontiert. Natürlich fehlte es auch an Treibstoffen, Kohle und bei manchen Strecken an Strom. Die Oberleitungsmasten der Straßenbahn waren im Bombenhagel weitgehend zerstört worden.
Trotzdem verkehrten bereits Mitte Mai 1945 die ersten U-Bahnzüge wieder und im September 1946 waren von 103 U-Bahnhöfen 97 wieder in Betrieb. Ende Mai konnte auf vier Strecken der Eisenbahn-Nahverkehr wieder aufgenommen werden, und Mitte Juni verkehrten die ersten S-Bahnzüge wieder.
Eine besondere sowjetische Leistung und Demonstration war es, daß am 27. Juni 1945 der Expreß Moskau-Warschau-Berlin auf dem Schlesischen Bahnhof empfangen werden konnte. Symbolhaft war es auch, daß wenige Wochen später als erster der stark zerstörten Bahnhöfe der Görlitzer, der einen Teil des Verkehrs in die östlichen Provinzen aufgenommen hatte, stillgelegt und aus dem »Schlesischen« der Ost-Bahnhof wurde.
Das westliche Gegenstück zur Wiederbelebung des legendären Ost-Expreß Paris-Berlin-Warschau-Moskau war die Landung eines viermotorigen Clippers der Flugverbindung New York-Amsterdam-Frankfurt-Berlin am 20. Mai 1946.
Die drei Luftkorridore auf den Strecken Berlin-Hamburg, Berlin-Bückeburg, Berlin-Frankfurt am Main waren im November 1945 vom alliierten Luftfahrtdirektorat beschlossen worden. Ein amerikanischer Vorschlag, auch auf den Strecken von Berlin nach Kopenhagen, Prag und Warschau Luftkorridore einzurichten, scheiterte am Widerspruch der Sowjets.
Magistrat und Bezirksverwaltungen erledigten den größten Teil ihres Geschäftsverkehrs per pedes oder mit beschlagnahmten Fahrrädern. Damit die Verbindung zwischen Berlin und dem Westen nicht zu eng wurde und kontrolliert werden konnte, wurden im März 1946 Interzonenpässe eingeführt, die erst nach vielen Jahren in langwierigen Verhandlungen abgeschafft werden konnten. Die damalige Meldung hierüber teilte mit: »Auf Grund der Überlastung der Reichsbahn durch Reparationslieferungen und durch den von der Sowjetischen Militäradministration erlassenen Transportplan für 1946 sind der Magistrat und die Bezirksämter im März 1946 gezwungen, die Erteilung von Reisebescheinigungen für die Bevölkerung drastisch einzuschränken. Reisebescheinigungen für Reisen in die sowjetische Besatzungszone dürfen künftig nur in wichtigen Fällen und auf entsprechenden schriftlichen Antrag ausgegeben werden.«
Gleichzeitig werden auf Anordnung der sowjetischen Zentralkommandantur für Reisen in die westlichen Besatzungszonen Interzonenpässe eingeführt, deren Erteilung auf dringende Geschäfts- und Dienstreisen beschränkt ist.
Der Antrag auf einen Interzonenpaß muß mit verschiedenen Unterlagen über den Antragssteller, Ziel, Dauer und Dringlichkeit der Reise dem zuständigen Bezirksamt eingereicht werden, das ihn über den Magistrat an die sowjetische Zentralkommandantur zur Genehmigung weiterleitet.
Die Zufahrtsstraßen nach Berlin und die ungenügende vertragliche Absicherung ihrer Rechte darauf bei ihren Verhandlungen mit den Sowjets blieb noch jahrzehntelang Anlaß zu Sorge und Konflikten. General Lucius D. Clay schildert in seinen Erinnerungen »Entscheidung für Deutschland« die am 29. Juni 1945 mit den Sowjets getroffenen Vereinbarungen.
Was Krieg, Abwanderung, Verlagerung, Zerstörung und Demontage in Berlin vernichtet haben, können einige Zahlen aus Vorkriegsjahren andeuten. Groß-Berlin hatte 1938 rund 276 325 gewerbliche Niederlassungen, davon 119 722 in Industrie und Handwerk, 156 103 in Handel und Verkehr. Die Konzentration des Kreditgewerbes in Berlin beleuchtet eine Zahl: von 180 000 im Kreditgewerbe des Deutschen Reiches Tätigen arbeiteten 39 000 (22%) in Berlin. Von 4 470 Großhandelsfirmen mit 45 657 Beschäftigten betätigten sich 1 195 Firmen im Außenhandel.
Der Einzelhandel hatte in 84 000 Geschäften aller Branchen und Größenordnungen fast 195 000 Beschäftigte. Wirtschaftliches Fundament war die Industrie, die nach ihrem Netto-Produktionswert hinter der Rheinprovinz, dem Land Sachsen und der Provinz Westfalen immerhin an vierter Stelle im damaligen Reich noch vor der Provinz Sachsen und dem Land Württemberg rangierte.
Am Nettoproduktionswert der deutschen Industrie war Berlin in wichtigen Branchen überdurch-

schnittlich beteiligt: Elektroindustrie 48,3%, Bekleidungsindustrie 35,1%, Feinmechanik und Optik 18,8%, Druck- und Papierverarbeitung 20%, Elektrizitätsversorgung 13,2% und Maschinenbau 11,7%. Das Deutsche Institut für Wirtschaftsforschung hat im Jahre 1958 Berechnungen über »Produktion und Anlagevermögen der Westberliner Industrie von 1936 bis 1945« veröffentlicht, die auch Verluste des Anlagevermögens durch Kriegsschäden und Demontagen zu erfassen versuchen.

Der Verfasser dieser Untersuchung, Alfred Kuehn, äußert sich hierbei auch zu deren Schwierigkeiten: »Während der Kriegsjahre unterlagen Produktions- und Verlustziffern der Geheimhaltungspflicht; soweit dennoch interne amtliche, regionale Daten vorhanden waren, gingen sie in den turbulenten letzten Kriegstagen, spätestens aber mit der politischen Spaltung der Stadt im Jahre 1948 verloren. Über die von der UdSSR sofort nach der Besetzung Berlins und noch vor dem Eintreffen der westlichen Verbündeten

»Wir hatten unsere Absicht dargetan, in Berlin unter Benutzung von drei Eisenbahnlinien, zwei Landstraßen und dem erforderlichen Luftraum einzuziehen. Schukow wollte nicht anerkennen, daß diese Routen notwendig seien. Er wies darauf hin, daß die Demobilisierung der sowjetischen Streitkräfte die verfügbaren Verkehrswege beanspruche. Ich entgegnete, daß wir ja nicht die ausschließliche Benutzung dieser Strecken verlangten, sondern nur den Mitgebrauch ohne andere Beschränkungen als die normalen Verkehrskontrollen und -regeln, wie sie die sowjetische Verwaltung für ihre eigenen Zwecke errichte. General Weeks unterstützte mich kräftig. Wir wußten beide, daß in dem von der Europäischen Beratungskommission ausgearbeiteten Übereinkommen Bestimmungen über den Zugang nach Berlin nicht enthalten waren.
Bestimmte Routen wollten wir nicht akzeptieren. Das hätte als Verzicht auf unser Zugangsrecht über sämtliche Wege ausgelegt werden können; aber die sowjetische Behauptung, die vorhandenen Strecken würden für Demobilisierungszwecke gebraucht, entbehrte nicht einer gewissen Logik.
Wir hatten selbst schon gemerkt, daß das Transportproblem ein Engpaß bei der Truppenverlagerung war. Darum waren Weeks und ich damit einverstanden, vorläufig eine Fernverkehrsstraße, eine Eisenbahnstrecke und zwei Luftkorridore angewiesen zu bekommen; wir behielten uns vor, die Frage im Alliierten Kontrollrat wieder aufzurollen.
Wir waren uns, wie ich gestehen muß, damals nicht ganz im klaren darüber, daß die Bedingung einhelliger Zustimmung es dem sowjetischen Veto im Alliierten Kontrollrat erlauben würde, alle unsere künftigen Anstrengungen fruchtlos zu machen. Da von diesem Treffen kein Protokoll aufgenommen wurde, diktierte ich abends meine Notizen. Darin stand: ›Es wurde vereinbart, daß aller Verkehr – Luft, Straße, Schiene . . . frei sein soll von Grenzkontrollen oder der Kontrolle durch Zollbeamte oder militärische Behörden.‹
Unmöglich konnte ich voraussehen, daß die Sowjets eines Tages auf Grenz- und Zollkontrollen bestehen würden, um sie als Vorwand für die einleitenden Maßnahmen zur Verhängung der Blockade über Berlin zu benutzen. Ich bin heute der Ansicht, daß es verkehrt war, damals nicht den freien Zugang nach Berlin als Bedingung für unseren Abzug in unsere Besatzungszone gestellt zu haben . . . . . . Ich bezweifle stark, daß irgend etwas Schriftliches besser geeignet gewesen wäre, die künftigen Ereignisse zu verhindern, als jene mündlichen Verabredungen, die wir trafen. Die Sowjetregierung scheint nach Belieben formale Gründe finden zu können, um mit ihnen die Verletzung getroffener Übereinkommen – mündlicher oder schriftlicher – rechtfertigen zu können.«

General Lucius D. Clay

durchgeführten Demontagen durften keine der deutschen Öffentlichkeit zugängliche Unterlagen gefertigt werden. Quittungen wurden ebenfalls nicht ausgestellt. Den Unternehmen selbst war es – weil die Bücher ebenfalls verloren gingen – häufig unmöglich, den Schaden später durch genauen Bestandsvergleich zu rekonstruieren. Zwar wurden die von den westlichen Besatzungsmächten durchgeführten Demontagen genau erfaßt, aber gerade diese spielten in Berlin keine Rolle.«

Nach den Berechnungen des Instituts – wobei »kein Anspruch auf eine absolute Wirklichkeitstreue der Zahlen erhoben« wird – verblieben nach den Demontagen im Mai und Juni 1945 den Westberliner Produktionsmittelindustrien 40% und den Verbrauchsgüterindustrien 76% des Anlagevermögens von 1936; die gesamte Industrie besaß nur noch die Hälfte ihrer Produktionsstätten. In den drei Jahren 1943–1945 werden die Kriegsschäden bei den Produktionsmittelindustrien auf 110 Mill. RM, oder acht Prozent des Anlagevermögens, und bei den Verbrauchsgüterindustrien auf 50 Mill. RM, oder zehn Prozent des Produktionskapitalbestandes, geschätzt, zusammen 160 Mill. RM.

Beträchtlich waren hiergegen die Demontagen; bis Mitte 1945 errechnet der Verfasser für die Produktionsmittelindustrien 800 Mill. RM und für die Verbrauchsgüterindustrien 120 Mill. RM, zusammen 920 Mill. RM. Der Bericht des Berliner Instituts faßt zusammen: »Die gesamten Verluste der Westberliner Industrie in der Zeit von 1943 bis 1945 infolge von Kriegsschäden und Demontagen betrugen – den Neuwerten in Preisen von 1938 nach – 1 080 Mill. RM. Im Vergleich zum Stand des Anlagevermögens von 1936 in Höhe von 1 580 Mill. RM – auf gleicher Basis gemessen – war dies ein auch für deutsche Verhältnisse ungewöhnlicher Substanzverlust, dessen Folgen die Westberliner Wirtschaft noch heute verspürt.«

Es sind keinerlei Schätzungen darüber bekannt, was durch Bomben, Kriegszerstörungen, Verlagerungen und Raub an privatem Hab und Gut verloren gegangen ist. Sicherlich war es weit mehr als im Durchschnitt des Bundesgebietes.

Nun gingen die Kriegs- und Nachkriegsschäden der Berliner Wirtschaft ja weit über die Demontage einzelner Betriebsstätten hinaus, es kamen die Verluste im Osten hinzu. In Jahrzehnten gewachsene Bindungen waren unterbrochen. Es gab weder Kapital, noch Betriebsmittel und Rohstoffe, noch einen kaufkräftigen Markt, aber die Notwendigkeit, eine hungernde und ihrer meisten Güter, oft auch ihrer Wohnungen beraubte Bevölkerung zu versorgen.

Sieht man von den Plünderungen der ersten Wochen nach der Besetzung durch die Sowjets ab, so sind die Demontagen in Berlin durch Beschlüsse der sogenannten »Berliner Konferenz« im Potsdamer Schlößchen Cäcilienhof, die vom 17. Juli bis 2. August 1945 dauerte, gerechtfertigt gewesen.

Der offizielle Bericht über diese Konferenz enthält in seinem Teil B. »Wirtschaftliche Grundsätze«, die für Berlin einschneidender und länger wirksam gewesen sind als für den Westen. Gefordert wurde die Vernichtung des deutschen Kriegspotentials mit der Produktion von Waffen, Kriegsausrüstungen, Flugzeugen und Seeschiffen, die Überwachung und Beschränkung der Herstellung von Metallen, Chemikalien, Maschinen auf einen genehmigten Stand der friedlichen Nachkriegsbedürfnisse Deutschlands. Darüber hinausgehende Produktionskapazitäten sollten entweder entfernt, d. h. demontiert, oder vernichtet werden.

»Bei der Organisation des deutschen Wirtschaftslebens ist das Hauptgewicht auf die Entwicklung der Landwirtschaft und der Friedensindustrie für den inneren Bedarf (Verbrauch) zu legen.« Immerhin sollte Deutschland als wirtschaftliche Einheit betrachtet werden, was sich anfangs für die sowjetischen Produktionsforderungen als nützlich erwies, bis General Clay die Reparationslieferungen aus den westlichen Besatzungszonen einstellen ließ.

In Berlin hatten die Sowjets ihre Chance zu Demontagen vor Eintreffen der westlichen Alliierten gründlich, besonders in den später westlichen Sektoren, genutzt. Die Industrie- und Handelskammer zu Berlin hat versucht, in einem Bericht anläßlich der Einweihung ihres neuen Hauses und der Berliner Börse am 18. Juni 1955 einigermaßen zuverlässige Angaben zu vermitteln:

»Zieht man eine Bilanz der Zerstörungen und Demontagen, so ergibt sich, daß Westberlin etwa 85% seiner industriellen Kapazität verloren hatte. Wie schwer dieser Eingriff war, zeigt der Vergleich mit der Sowjetzone und dem Sowjetsektor von Berlin. In der Sowjetzone wurden 45% der bei Kriegsende vorhandenen und gegenüber 1936 fast unveränderten Kapazität entnommen. Für Ostberlin ist der Kapazitätsausfall nur auf 33% der Kapazität beziffert worden, die bei Kriegsende vorhanden war, während für das Bundesgebiet ohne Berücksichtigung der Bauindustrie und reiner Rüstungsfabriken ein Demontageverlust von etwa acht Prozent errechnet worden ist.

Die Demontagen gingen weit über das Maß hinaus, das in dem vom alliierten Kontrollrat im März 1946 beschlossenen Industrieplan für Deutschland festgelegt worden war. Der Kapitalverlust, den die Berliner Wirtschaft erlitt, läßt sich nicht genau errechnen. Er ist für die Industrie ganz Berlins mit 2,5 Milliarden RM in Vorkriegswerten geschätzt worden und für West-Berlin auf gut 1,9 Milliarden RM. Eine Vorstellung vom Umfang der Zerstörung vermittelt die Tatsache, daß allein in zwanzig der größten Werke der Elektroindustrie, des Maschinenbaus und des graphischen Gewerbes rund 53 500 Maschinen demontiert wurden. Die Demontage war in zahlreichen Fällen so gründlich, daß kaum mehr als die nackten Mauern übrigblieben. Eine amerikanische Zeitung schrieb im Juli 1945: ›Das Problem der deutschen Nachkriegsindustrie ist für Berlin gelöst: Es gibt dort keine Industrie mehr.‹ «

Der in Berlin unvergessene Kommandant der ersten amerikanischen Truppe, die in die Stadt kam, und spätere Stadtkommandant Oberst (später Brigadegeneral) Frank Howley sprach vom »größten Trümmerhaufen der Weltgeschichte«.

Diese Zerstörung der industriellen Kapazität muß in Zusammenhang mit dem Austausch der westlichen Besatzungssektoren gegen das bereits von den Amerikanern besetzte industrielle Herz Deutschlands, Thüringen und der Provinz Sachsen gesehen werden; hier waren hochentwickelter Maschinenbau, Großchemie im Raume Halle-Leuna-Wolfen-Bitterfeld, Braunkohlevorkommen, große Elektrizitätswerke und die besten landwirtschaftlichen Böden Deutschlands an der Elbe und in der Goldenen Aue, wo bei Weizen und Rüben Rekorderträge erzielt wurden, schließlich das Zentrum der Saatzucht und des Obstbaues.

Wie verhielt sich nun der »kleine Mann« in der Stunde Null? In den Betrieben ist, solange es möglich war, gearbeitet worden. Dann kam die Stille des Schreckens in den Kellern, in den Wohnungen. Es wurde geplündert, aber auch bewahrt.

Die Verwandten, Freunde, Nachbarn wurden gesucht. Man ging auf die Jagd nach Lebensmitteln, die ersten schwarzen Märkte bildeten sich. Und der Zug zu den alten Arbeitsplätzen setzte ein. Zu Fuß – und wenn es stundenweit war – zogen die Menschen zu ihren Fabriken, ihren Büros. Man traf Kollegen, diskutierte, räumte auf, sicherte.

Als zunächst sowjetische Plündererertruppen auftauchen, als später die Spezialisten in Uniform mit der Demontage begannen, da ist noch manche Maschine unter Trümmern verborgen worden, manche Akte zeitweilig in die eigene Wohnung mitgenommen worden; es konnte ja helfen, die Arbeit zu sichern. So ging es wochen-, monatelang, vielfach ohne einen Pfennig Lohn oder Gehalt.

Wie ist dieses Verhalten zu erklären? War es einfach der alte Trott, die Sorge um den Arbeitsplatz, die Hoffnung, dort etwas zu essen zu bekommen, der »Stallgeruch« des alten Betriebes oder Unterbewußtsein, damit ein Stück realer Heimat verteidigen zu können? Jedenfalls hatte diese Zeit ihre lang währenden Wirkungen für das soziale und politische Klima in Berlin.

Wie sah es auf der anderen Seite aus bei den Unternehmern, den Managern, den führenden Angestellten? Sie waren nur zu einem Teil Herr ihrer Entschlüsse; die meisten von ihnen waren auf ihre Plätze befohlen worden, aber Befehle konnten bisweilen beeinflußt oder umgangen werden.

In vielen Fällen war geraten, angeordnet oder befohlen worden, Berlin zu verlassen, da es verloren sei und kaum eine Zukunft haben werde, die Betriebe aber im Westen eine Chance erhalten würden. Das klang logisch, und die Aussicht, es mit Amerikanern, Engländern und Franzosen zu tun zu bekommen, war etwas lichter als ins russische Dunkel zu blicken.

Viele haben es nicht verantwortet, die Stadt zu verlassen. Preußisches Pflichtgefühl, die Überzeugung, nichts Unrechtes verantworten zu müssen, ein Treueverhältnis den Mitarbeitern gegenüber, die Hoffnung, durch die persönliche Anwesenheit noch etwas vom Eigentum oder den anvertrauten Werten retten zu können und schließlich das menschliche Beharrungsvermögen haben ihren Teil dazu beigetragen.

Viele sind in den Fabriken getötet worden, andere haben tagelangen Verhören standhalten müssen, sind nach Rußland verschleppt worden und erst nach Jahren – die meisten mit gesundheitlichen Schäden – in die Heimat entlassen worden, einige

haben noch in Moskau die Giftampulle zerbeißen können.
In vielen Fällen haben die Sowjets auch Aufträge zur Weiterarbeit erteilt, zumindest waren sie auf das Fachwissen der Zurückgebliebenen angewiesen.
Wie die Demontagen in der Praxis vonstatten gingen, schildert Joachim G. Leithäuser in seinem Roman »Die unsichtbare Kraft«:
»Bei Luftangriffen auf die Großstadt Berlin waren die Elektrizitätswerke offensichtlich nicht als Ziel der Kampfführung angesehen worden. Zerstörungen sind lediglich bei einem Bombentreffer im Kraftwerk West und an Verteilungsanlagen entstanden. Erst im Verlauf der Schlacht um Berlin werden auch die Werke selbst in Mitleidenschaft gezogen, schwerste Schäden entstehen vor allem durch die Brückensprengungen der zurückweichenden deutschen Truppen.
Der verantwortungsbewußten Tätigkeit der Männer in den Werken und den weiten Verzweigungen des Berliner Verteilungsnetzes ist es zu danken, daß trotz aller Not wenigstens die lebenswichtigen Betriebe nie ganz ohne Strom blieben ...... Der schlimmste Schlag kommt erst nach Kriegsende, als überall in Deutschland die Demontagen beginnen. In Berlin werden 18 Kessel, 17 Turbogeneratoren und zahlreiche Umspanner, Regler und Gleichrichter (für Straßenbahnversorgung) ausgebaut und abtransportiert, und zwar die neueren Einrichtungen, während für den Betrieb die jahrzehntealten, kohlefressenden Anlagen in den Kleinkraftwerken übrigbleiben – jedenfalls in den westlichen Stadtteilen.
Im östlichen Teil, der zur russischen Besatzungszone gehört, kommen Klingenberg und Rummelsburg noch einigermaßen glimpflich davon (10% der Kessel, 4% der Turbinen demontiert) und können den Betrieb fortführen, in den westlichen Bezirken dagegen, die als amerikanisches, britisches und französisches Besatzungsgebiet gelten, wird vor Eintreffen der alliierten Truppen schnell und gründlich gearbeitet: die gesamte Ausrüstung des Kraftwerks West verschwindet, leeres Gemäuer bleibt zurück; aus den anderen kleineren Werken holt man die besten Stücke heraus (in Westberlin 53,5% der Kessel, 59,9% der Turbinen demontiert). Die Stromversorgung wird dadurch um 67,5% gemindert.«
Überall das gleiche Bild in der Industrie: bei AEG, Telefunken, Lorenz, Siemens, Schwartzkopff, um nur einige weltbekannte Firmen zu nennen; Borsig drohte sogar 1947 eine zweite Demontage nach teilweisem Wiederaufbau, diese Firma kam erst 1950 wieder auf die Beine und ist nach schweren Strukturkrisen schließlich 1970 wieder gesundet.
Die großen Rüstungsfirmen waren völlig demontiert, sie fanden nur mühsam neue Programme und sind teilweise völlig aus der Berliner Wirtschaft verschwunden.
Die Mehrzahl der Berliner Unternehmen war nicht lokal begrenzt; wegen ihrer starken Interessen im Osten des Reiches waren sie in überdurchschnittlichem Ausmaß vom Krieg und seinen Folgen betroffen. Ein Beispiel hierfür bietet die Schultheiss-Brauerei Aktiengesellschaft, zwischen den beiden Weltkriegen das größte Brauereiunternehmen des Kontinents. Erich Borkenhagen berichtet in seiner Jubiläumsschrift »125 Jahre Schultheiss-Brauerei« im Jahre 1967:
»Krieg, Zusammenbruch und Nachkriegszeit haben der deutschen Industrie hohe Vermögenseinbußen zugefügt. Dabei wurden Firmen wie die Schultheiss-Brauerei, die ihren Sitz in Berlin und zahlreiche Betriebsstätten und Vermögenswerte im Osten des Reiches hatten, besonders schwer getroffen. Nachdem alle Berliner Braustätten des Unternehmens schwerste Kriegsschäden erlitten hatten, verlor die Gesellschaft ihre Betriebsabteilungen in Breslau, Hindenburg, Beuthen und Oppeln sowie sämtliche schlesische Niederlagen, ihre erheblichen Beteiligungen in Schlesien und sonst im Osten ...
Auch die in Ostberlin gelegenen Betriebe ... sowie etwa 100 Niederlagen in Mittel- und Ostdeutschland wurden enteignet. Der umfangreiche Fuhrpark, die erheblichen Rohstoffvorräte wurden beschlagnahmt. Laufende Forderungen der Brauerei gegen das Reich und die öffentliche Hand wurden nicht bezahlt. Die zahlreichen Wertpapierkonten sowie die RM-Bankguthaben wurden blokkiert und abgewertet.
Durch die Währungsreform und die in Berlin gültigen Währungen der Westmark und Ostmark büßte Schultheiss einen großen Teil der neu erworbenen Geldmittel ein. Mit einem Gesamtverlust von über 100 Millionen Mark wurde die Schultheiss-Brauerei am Ende des Krieges nach einer hundertjährigen glanzvollen Geschichte in den tiefsten Abgrund gestürzt.«

Das alte Zeitungsviertel in der Kochstraße mit den Verlagshäusern von Mosse, Scherl und Ullstein war ebenso zerstört wie das Konfektionsviertel um den Hausvogteiplatz oder das Exportviertel Ritterstraße. Die Mehrzahl der Bankengebäude, Versicherungszentralen, der Waren- und Kaufhäuser – unter ihnen die Flaggschiffe der Kaufhauskonzerne Hertie, Karstadt – das von der SS gesprengt worden ist – Wertheim und das Kaufhaus des Westens lagen in Trümmern. Die Tresore auch der kleinen Kunden in allen Stadtteilen waren ausgeraubt, die Konten gesperrt.

Vom ersten Tage an zeigte die sowjetische Besatzungsmacht nicht nur den Willen, die Ordnung herzustellen und ein Minimum an Versorgung zu sichern, sie ging auch zielbewußt in Richtung auf die Sowjetisierung Berlins und damit Deutschlands vor.

Zeugnis dafür ist der berühmte Befehl Nr. 1 des am 28. April zum Chef der Besatzung und Stadtkommandanten von Berlin ernannten Generalobersten Nikolai Bersarin. Dieser Befehl ging weit über das für eine Besatzungsmacht notwendigerweise Anzuordnende hinaus und ist sicherlich nicht im Berliner Befehlsstand, sondern in Moskau entstanden.

Neben der Mahnung zur Ordnung, der Auflösung nationalsozialistischer Organisationen, den Vorschriften für die Versorgung, der Aufforderung, Waffen, Radioempfänger, Fotoapparate, Kraftfahrzeuge usw. abzuliefern, der Festsetzung einer Meldepflicht für Druckereien, der Einführung von Ausgehzeiten für die Bevölkerung enthält dieser Befehl besondere Bestimmungen für Banken, die noch lange die Entwicklung eines vielseitigen Kreditapparates behindert haben. Hierzu heißt es in diesem Befehl:

»6. Inhaber von Bankhäusern und Bankdirektoren haben alle Finanzgeschäfte zeitweilig einzustellen. Alle Safes sind sofort zu versiegeln. Man hat sich bei den militärischen Kommandaturen sofort mit einem Bericht über den Zustand des Bankwesens zu melden.

Allen Bankbeamten ist kategorisch verboten, jegliche Werte zu entnehmen. Wer sich der Übertretung dieses Gebotes schuldig macht, wird nach den Gesetzen der Kriegszeit strengstens bestraft.«

Dieser Befehl war der Versuch, ein staatliches Bankenmonopol nach sowjetischem Muster zu schaffen. Ob die Russen nicht gewußt haben, daß die Bankbeamten kaum noch Werte hätten entnehmen können – sie konnten bestenfalls verstreute Unterlagen retten und haben es auch getan –, weil fast alle Safes von sowjetischen Soldaten aufgebrochen und ausgeraubt worden waren?

Nach einem kurzen Zwischenspiel, in dem die Banken knapp drei Wochen wieder geöffnet werden sollten, wurde auf Veranlassung des sowjetischen Stadtkommandanten am 5. Juni 1945 eine »Neuordnung des Berliner Bankwesens« vom Stadtkämmerer Dr. Siebert veröffentlicht. Es war die für die spätere Entwicklung des Berliner Kreditwesens so einschneidende »Ruhens-Anweisung«:

> Hinsichtlich der Wiederingangsetzung des Zahlungsverkehrs, insbesondere der Banken und Sparkassen, haben die bisherigen Erfahrungen gezeigt, daß für den Neuaufbau innerhalb des Stadtbezirks Berlin der große und weitverzweigte Apparat der vielen verschiedenen Banken zu kompliziert ist. Die meisten Berliner Banken sind zudem die Zentralbanken für ganz Deutschland, also für Gebiete, für die die Stadt Berlin zur Zeit nicht zuständig ist und mit denen sie noch keine Verbindung hat. Für die schnelle und zweckmäßige Versorgung des Wirtschaftsraumes der Stadt Berlin und für die genaue Kontrolle des Zahlungsmittelumlaufs muß das Bankwesen einfach und einheitlich sein. Der Magistrat der Stadt Berlin hat daher im Einvernehmen mit dem Herrn Stadtkommandanten beschlossen, daß in Berlin nur noch eine Bank, nämlich die Berliner Stadtbank, Kassengeschäfte ausführen darf. Als neue Berliner Stadtbank ist die Reichsbank bestimmt worden. Sie führt ab heute den Namen ›Berliner Stadtbank‹ und untersteht damit dem Magistrat und dem zuständigen Abteilungsleiter des Magistrats, Dr. Siebert. Innerhalb der 21 Verwaltungsbezirke sind je eine Bezirksbank errichtet worden. Dies sind die bisherigen Reichsbanknebenstellen oder da, wo solche nicht bestanden, neu organisierte Banken. Die bisherigen alten Stadtbanken, Giro-Sparkassen und Zweigkassenstellen bleiben sämtlich als Zweigstellen der neuen Berliner Stadtbank bestehen.

Sämtliche übrigen Banken und Bankanstalten in Berlin, sowohl die öffentlich-rechtlichen als auch die genossenschaftlichen und privaten, müssen sofort ihren Kassenverkehr einstellen; sie ruhen vorläufig. Alle vorhandenen Kassenbestände der wieder stillgelegten Banken müssen sofort an die neue Berliner Stadtbank abgeliefert werden.
Durch diese Anordnung erklärt sich auch die Frage der Freigabe von Guthaben bei Banken. Eine Freigabe ist also nicht möglich, solange die Banken ruhen. Alle Anträge auf Gewährung der Mittel zu Lohnzahlungen, Aufbauarbeiten, Lebensmittel- und Warenversorgung der Berliner Bevölkerung sind von jetzt an bei den Bezirksbanken der Berliner Stadtbank einzureichen, die in solchen Fällen, in denen Arbeiten und Waren notwendig sind, ein Konto eröffnen wird.

Der Magistrat der Stadt Berlin

Die Sparkasse war übrigens von dieser »Ruhens-Anordnung« nicht betroffen. Sie hatte am 23. April 1945 ihren Geschäftsverkehr eingestellt. Bis zum 9. Mai 1945 hatte sie ihre Zentrale am Alexanderplatz, also im späteren Ostsektor. Von ihren 97 Zweigstellen lagen 41 im Sowjetischen Sektor und 56 in den West-Sektoren.
Das Gebäude am Alexanderplatz war in den letzten Kampftagen mit nahezu sämtlichen Unterlagen abgebrannt, der Tresor durch Sprengungen der Kampftruppe unter Wasser gesetzt und die Ruine schließlich von den Sowjets beschlagnahmt. Man hatte vorsorglich und auf Befehl die Lochkartenabteilung mit ihren Maschinen sowie Belege und Duplikate nach Ziewingen, einem Ort südöstlich von Frankfurt an der Oder an der Straße nach Breslau verlagert. Dort sind die Unterlagen während der Kampfhandlungen restlos vernichtet worden.
Am 15. Mai 1945 wurden 75 Geschäftsstellen gemäß einer Anordnung der sowjetischen Besatzungsmacht wieder eröffnet. Es wurden keinerlei Rückzahlungen auf die alten Konten geleistet, aber neue Spareinlagen entgegengenommen. Vom 16. Mai ab waren Rückzahlungen aus den neuen Guthaben zugelasssen. Anfangs wurden Spareinlagen nicht einmal verzinst.
Trotzdem kamen die Sparer. Im Mai wurden bereits 2 000 Sparkonten über 2,5 Millionen RM, im Juni 4 000 über 3,9 Millionen RM eröffnet, und im Dezember 1945 verwaltete die Sparkasse wieder 67 000 Sparkonten über 91,3 Millionen RM. Im »Verordnungsblatt der Stadt Berlin« erschien bereits am 20. August 1945 ein erstes Inserat der Sparkasse unter dem Motto »Wiederaufbau durch Sparen!«
Ob es die Sorge war, das Geld in den unsicheren Zeiten zu Hause zu halten, ob es die Furcht vor einer späteren Beschlagnahme »gehamsterter« Banknoten gewesen ist, ob es die Unmöglichkeit war, größere Geldbeträge legal auszugeben oder der rational nicht zu ergründende Spartrieb, ist wohl kaum zu klären.
Das Sparkassengeschäft war anfangs ein reines Verlustgeschäft. Hereingenommene Spareinlagen konnten nur bei dem aus der Stadtbank hervorgegangenen Berliner Stadtkontor angelegt werden. Dieses zahlte für Guthaben der Sparkasse vom 1. Juli 1945 ab 1% Zinsen. Die Sparkasse gab jedoch vom 1. November ab für Spareinlagen gemäß Anordnung der Alliierten Kommandantura 1½% Zinsen.
Auch die Vergabe von Krediten wurde der Sparkasse 1945 noch nicht genehmigt. Sie mußte ihr Defizit durch einen Zuschuß der Stadt decken. In den ersten beiden Jahren ihres seltsamen Neugeschäfts erhielt sie von ihrem Gewährsträger rund sieben Millionen RM zur Deckung ihrer negativen Zinsmarge. Das Direktorium der Sparkasse hat sich erfolgreich gegen das Ansinnen gewehrt, das alte Vermögen zur Deckung der Kosten für das Neugeschäft anzugreifen.
Auch hat die Sparkasse ihre juristische und geschäftliche Selbständigkeit verteidigen können, denn es bestanden Pläne, die Sparkasse dem Stadtkontor anzugliedern. Damit wäre sie zu einem Instrument der gemeindlichen Geldpolitik degradiert worden. In ähnlicher Weise hat die Volksbank ihren alten genossenschaftlichen Rechtsstatus verteidigen müssen. Dieses Institut wurde im Januar 1946 zum Neugeschäft zugelassen.
Damit wurde die Berliner Bevölkerung hart getroffen, die weder an ihre Konten noch an ihre Depots herankommen konnte; es hat in gleicher Weise die Wirtschaft beim Start in eine neue Zukunft behindert, die außerdem auch ihre über den Bankenap-

parat laufenden Geschäftsverbindungen nicht wieder beleben konnte.
Die Organisationen der Wirtschaft waren »aufgelöst« und verboten. Tendenzen zur Sozialisierung gab es – mit Ausnahme der LDP – in allen Parteien. Zwar wurde im Januar 1946 eine – wenn auch noch eingeschränkte – Handels- und Gewerbefreiheit durch Kommandanturbefehl hergestellt. Im Mai 1946 sollte aber schon eine »Industrie- und Handelskammer der Stadt Berlin« geschaffen werden, deren Mitgliederversammlung aus 20 Vertretern der Unternehmer und zehn der Gewerkschaften bestehen sollte. Ihr Präsident sollte vom Magistrat ernannt werden, dem Präsidium sollten außerdem je vier Vertreter der Unternehmer, der Gewerkschaften und der Stadtverwaltung angehören. Die Kammer sollte auch Aufgaben der wirtschaftlichen Planung und Rohstoffverteilung übernehmen.
Am Widerstand der Wirtschaft sind diese Pläne gescheitert. Außerdem haben die Amerikaner utopische Pläne zur Sozialisierung verhindert. Endgültig sind sie allerdings erst mit der Eingliederung West-Berlins in das Rechts-, Wirtschafts- und Finanzsystem der Bundesrepublik zu Grabe getragen worden.
Ein besonders dunkles Kapitel jener Tage war die von den Sowjets im Oktober 1946 gestartete Aktion »Ossawakim«. Unter diesem Rubrum lief die Deportation deutscher Facharbeiter und Wissenschaftler wichtiger Schlüsselindustrien aus der sowjetischen Besatzungszone und Ostberlin in die Sowjetunion. Dabei wurden auch Familienmitglieder der Betroffenen mit deportiert. Mancher ging freiwillig, andere wurden gezwungen.
Im Sowjetischen Sektor waren vor allem Mitarbeiter der AEG und der NAG, einer AEG-Tochter in Oberschöneweide, der Askania-Werke in Friedrichshagen und der GMA (Gesellschaft für elektrische Meßapparate) in Köpenick betroffen; in der sowjetischen Besatzungszone wurden Mitarbeiter der alten IG-Farben und optischer Werke entführt.
Der britische Vertreter in der Alliierten Kommandantur protestierte mit Zustimmung seiner amerikanischen und französischen Verbündeten im Kontrollrat, weil sich unter den nach der Sowjetunion geschickten Facharbeitern auch Bewohner des britischen Sektors befanden. Die sowjetische Maßnahme verstoße gegen Anordnungen der Alliierten Kommandantur und des Kontrollrates, nach denen jegliche Anstellung oder jeder Wechsel des Arbeitsplatzes durch die Arbeitsämter vorgenommen werden sollte. Außerdem stehe diese Arbeitsverpflichtung im Widerspruch zu den Menschenrechten.
Die Art, in der die Arbeiter abtransportiert wurden – nachts, nach nur kurzer Benachrichtigung – sei eine Methode, die ganz Berlin alarmiert und Furcht hervorgerufen hätte. Es hatte bereits in den ersten Wochen nach der Kapitulation, während der Demontage der Maschinen, auch Deportationen von Arbeitskräften gegeben, und es sollten Monate und Jahre systematischen, meist politischen Menschenraubes folgen, bei dem mancher Gegner über die graue Sektorengrenze geholt oder telefonisch gelockt worden ist.
Auch das Zusammenleben mit den westlichen Alliierten war in den ersten Jahren verständlicherweise nicht einfach, schließlich waren es Besatzungsmächte, die nach einem grauenvollen, durch Deutschland begonnenen Krieg und furchtbaren Greueln des nationalsozialistischen Regimes als Sieger und Verbündete der Sowjets gekommen waren, aber es waren humanere Bedingungen, unter denen das Leben neu beginnen konnte.
Ferdinand Friedensburg, an die Spitze des Deutschen Institutes für Wirtschaftsforschung berufen, schildert eine beinahe burleske Szene:
»Wir fingen in einem halbzerstörten Gebäude an, das einer Versicherungsgesellschaft gehörte, das sie aber infolge der Zerstreuung der Belegschaft nicht voll ausnutzen konnte. Ich sehe noch einen unserer leitenden Mitarbeiter . . . vor mir, wie er mit aufgespanntem Regenschirm am Schreibtisch saß und seine Arbeitspapiere vor dem aus der lecken Decke herabträufelnden Regen schützte.
Als sich das Provisorium nach kurzer Zeit als unzumutbar herausstellte, bezogen wir mit der kleinen, aber unwahrscheinlich arbeitslustigen Zahl eine der vielen leeren Villen in Dahlem, die uns der Bezirksbürgermeister zur Verfügung stellte. Wir richteten uns häuslich und recht behaglich ein und glaubten an eine höchst zweckmäßige Dauerlösung.
Nach wenigen Wochen, Anfang Juli, trafen aber die Amerikaner in unserem Stadtteil ein und beschlagnahmten sofort für ihre unzähligen und meist recht anspruchsvollen Dienststellen alle halbwegs brauchbaren Häuser. Unser Heim sollte nunmehr ein Geheimdienstbüro beherbergen, und man gab uns zum Auszug zwei Stunden Zeit,

innerhalb derer wir aber nichts an Möbeln oder Material mitnehmen durften.
Das kam einer völligen Betriebsstillegung gleich, da wir ohne Schreib- und Rechenmaschinen usw., die die Mitarbeiter während des Bombenkrieges in ihren Wohnungen geborgen hatten, überhaupt nicht weiterarbeiten konnten und ein Ersatz noch auf Monate nicht in Frage kam. Wir haben uns aber geholfen.
Die vor der Straßenfront zur Sicherung der Befehlsausführung stationierten Posten wurden von unseren jungen, hübschen Mitarbeiterinnen in eine ausgedehnte Unterhaltung verwickelt, während die ganze übrige Belegschaft auf der rückwärtigen Gartenseite in rasender Eile alles Brauchbare und Transportfähige durch die Fenster hinaus – und auf die Nachbargrundstücke beförderte.«
Ende 1946 hatte Berlin wieder 3,2 Millionen Einwohner, 1,15 Millionen weniger als 1939. Die Bevölkerung hatte sich in dieser Zeit um 26,5% verringert, die Zahl der Wohnungen um 32,0%, der Wohnräume um 39,3%.
In der Industrie waren rund 230 000 Beschäftigte gemeldet. Die maschinelle Kapazität – bezogen auf täglich acht Stunden Arbeitszeit – war im Durchschnitt des Jahres 1946 zu etwa 60% ausgelastet, die Demontageschäden waren noch nicht ersetzt. Immerhin waren im Frühjahr 1946 schon 323 Berliner Aussteller zur Mustermesse und 432 Firmen zur Technischen Messe dort vertreten.
Die Kosten der auf Lebensmittelkarten für 30 Tage zugeteilten Lebens- und Genußmittel betrugen im November 1946 in den Westsektoren für Schwerarbeiter 21,87 RM, für Arbeiter 16,32 RM und für Angestellte 12,32 RM.
Im Dezember 1946 waren 8 790 Personenkraftwagen zugelassen im Vergleich zu 112 918 im Juni 1938. Es gab einschließlich der Selbständigen 1,47 Millionen Erwerbstätige, rund 236 000 Rentenempfänger, 300 000 Unterstützungsempfänger, darunter 145 000 Hauptunterstützte. Und in 371 Wärmestuben suchten im Winter 1946 täglich 32 000 Besucher Schutz vor der Kälte.
Berlin und seine Menschen sollten nicht zur Ruhe kommen. Der Sturmflut der Niederlage, dem Abwehrkampf gegen den Kommunismus folgten 1948/49 die Blockade, 1958 das Chruschtschow-Ultimatum, 1961 der Mauerbau mit allen realen und psychologischen Einflüssen auf das Wirtschafts- und Sozialleben.
Erst das Viermächteabkommen über Berlin und der Grundlagenvertrag von 1972 haben dann mit der Hoffnung auf Entspannung und der Festlegung von Regeln für den Verkehr zwischen der Bundesrepublik Deutschland und West-Berlin für Bevölkerung und Wirtschaft Erleichterungen gebracht.
Nach grober Schätzung waren die Schäden durch Zerstörung, Demontage und Blockade etwa 1965 durch Neuinvestitionen ausgeglichen. Im Jahre 1966 war mit 99,3 % auch die Höchstauslastung des Beschäftigtenpotentials erreicht. Mit der Vollbeschäftigung stellte sich das Problem, Menschen für Berlin zu gewinnen.
Nach einer Ende 1978 veröffentlichten Neuberechnung des Deutschen Instituts für Wirtschaftsforschung Berlin hatte das Brutto-Anlagevermögen der Berliner Wirtschaft 1950 – auf der Preisbasis 1962 – 28,6 Milliarden DM betragen; 1975 erreichte es ein Volumen von 80,2 Milliarden DM, hat sich also im Verlaufe von 25 Jahren verdreifacht.

Treck-Leitstelle Cammin

Cammin i. Pom., den 4. 3. 1945
Gülzowerstr. 2

Treck-Laufzettel

Treckführer [illegible]

aus [illegible] (Heimatort) .... (Heimatgau) [illegible]

hat Befehl von Cammin über [illegible] in den vorgeschriebenen Auffangsraum zu marschieren.

Treckstärke:

Erwachsene: 3 Kinder: ...... Pferde: ...... Wagen: ......

Zur Übernachtung eingewiesen:			verpflegt			Futter		Bescheinigung der Ausgabestelle
am	nach	von Leitstelle	am	kalt	warm	am	Menge	

2

Der Bezirksbürgermeister
des Verwaltungsbezirks Neukölln
der ~~Reichshauptstadt~~ Stadt Berlin

Geschäftszeichen: Zentralbüro.

Im Antwortschreiben bitte vorstehendes Geschäftszeichen anzugeben.

Berlin-Neukölln, den 26. Mai 1945.
Berliner Straße 64
Fernruf 62 00 11
Hausanschluß

Bescheinigung.

Herr Richard K o r t ü m , geboren am 9.8.1893, wohnhaft in Berlin-Neukölln, Neckarstr. 11, ist bei der Kriegskommandantur Neukölln -Bezirksbürgermeister, Hochbauamt- beschäftigt.

Es wird gebeten, Herrn Kortüm ungehindert passieren zu lassen und von einer Heranziehung zu anderen Arbeiten abzusehen.

Im Auftrage:
[Unterschrift]

Перевод

Удостоверение.

Ричард Кортюм, род. 9.8.93, жительств. Нейкёльн, Некарштр. 11. служит в комендатуре района Нейкёльн у бургомистра в отдел. надземн. строительном.

Просим пропускать беспрепятственно

Mat. 4014 a. Din A 5. 10 000. 1. 45. C/1380

136 *Ungezählte Berliner Familien mußten 1945 ihre Wohnungen für Angehörige der Besatzungsmächte räumen. Dasselbe geschah in allen besetzten deutschen Städten.*

◁ 134 *Ein Treck-Laufzettel, ausgestellt am 4. März 1945, der 3 erwachsenen Personen den Befehl gab, von Cammin in Pommern über Swinemünde in einen nicht genannten Auffangraum zu marschieren. Zwei der genannten waren am 12. Oktober 1945 in Berlin.*

◁ 135 *Bescheinigung des Bezirksbürgermeisters von Neukölln, ausgestellt am 26. Mai 1945 in deutscher und russischer Sprache.*
»Es wird gebeten, Herrn Kortüm ungehindert passieren zu lassen und von einer Heranziehung zu anderen Arbeiten abzusehen«.

РАЙОН. ПРАВЛЕНИЕ
БЕРЛИН-РЕЙНИКЕНДОРФ.

Берлин-Рейникендорф, 24.9.1945 г.

Справка.

Выдана гражд. Паула Труппнер

местожительство в городе Берлине - Рейникендорф-О.

ул. Брейткопф № 107, в том, что ~~ему~~/ей/~~им~~ разрешено

отправиться в : Рейхенбах / Тюр.

чтобы разыскать и вернуть оттуда сюда своих детей и родственников/~~эвакуированные вещи~~.

Просим безпрепятственно пропускать ~~его~~/ее/~~их~~ и предоставить ~~ему~~/ ей/ им возможность ехать поездом туда и обратно в гор. Берлин.

За РАЙОННЫЙ НАЧАЛЬНИК
БЕРЛИН-РЕЙНИКЕНДОРФ - ОСТ.

/подпись/

Ванер

137 *Eine Bescheinigung, ausgestellt am 24. September 1945 von der Bezirksverwaltung Reinickendorf, die Frau Paula Truppner berechtigt, mit der Eisenbahn nach Reichenbach in Thüringen und zurück nach Berlin zu reisen. Zweck der Reise: Aufsuchung von Angehörigen (Kind). Gültig war die Bescheinigung bis zum 10. Oktober 1945. Eine Seite war in Deutsch, die andere in Russisch abgefaßt.*

138 *Ein Brief des Bezirksbürgermeisters von Charlottenburg an seinen Amtskollegen in Schöneberg: Er bittet für die Heimatlosen, die für einen Transport in ein Flüchtlingslager der britischen Besatzungszone vorgesehen sind, aber infolge Überfüllung z. Zt. nicht aufgenommen werden können, um Lebensmittel-Übergangskarten, da sie in Friedenau im Bezirk Schöneberg Quartier gefunden hätten.*

Der Bezirksbürgermeister
des Verwaltungsbezirks Charlottenburg
der Stadt Berlin

Berlin-Charlottenburg, 12.10.45

.... Str. ....

Geschäftszeichen:
Angabe bei Antwort erbeten

An den
Herrn Bürgermeister
von Schöneberg.

Frau Klara Griebenow, geb. Zubke und Fräulein Erna Zubke, sind für den Rücktransport in die Britische Besatzungszone vorgemerkt. Da sich der Abgang dieser Transporte noch verzögert und in den Flüchtlingsheimen infolge Ueberfüllung niemand mehr aufgenommen werden kann, stehen Frau Griebenow und Fräulein Zubke zur Zeit ganz unversorgt da. Sie haben Friedenau, Taunusstr. 2 Quartier gefunden. Ich bitte , ihnen für die Uebergangszeit bis zur Abfahrt derTransporte Lebensmittel-Uebergangskarten auszuhändigen.

Der Bürgermeister
i.A.

Dr. Heinrich

7.

139 *Das Kaufhaus des Westens, »KaDeWe«, ist völlig ausgebrannt.*

140 *Die beim Brand durch die Hitze geschmolzenen Schaufensterscheiben des »KaDeWe«.*

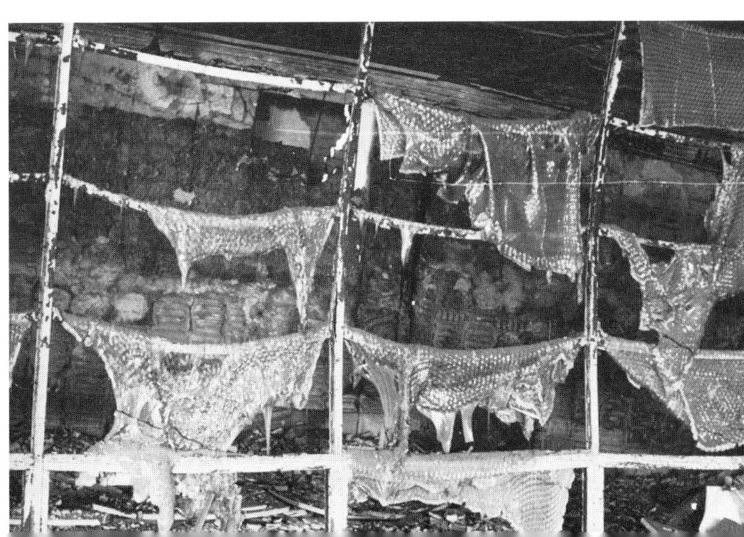

143 *Im Winter 1945 wurden 19 Volksgaststätten eröffnet. Hier wurde an Berliner Einwohner, die über keine eigene Kochgelegenheit verfügten, warmes Essen abgegeben.*

◁ 141 *Schrebergärten im Tiergarten nach der Abholzung der Bäume. Links in der Ecke ist das Reichtagsgebäude und rechts das Brandenburger Tor zu sehen.*

◁ 142 *Schrebergärten in der Straße Am Karlsbad. Jede Gelegenheit wurde wahrgenommen, um Salat und Gemüse zu züchten.*

144 *Im Hof eines Kuhstalles stehen die Menschen Schlange, um ihre bescheidene Milchration in Empfang zu nehmen. Im Dezember 1945 gab es in Berlin zur Milchversorgung 12 000 Kühe.*

145 *Im Viktoriapark auf dem Kreuzberg: Verdorbene Lebensmittel werden in eine Grube geschüttet und mit Erde abgedeckt.*

148 *Der Mittel-Lichthof des Warenhauses Wertheim am Leipziger Platz. – Einst das größte und schönste unter den Berliner Kaufhäusern, jetzt nur noch eine traurige Ruine.* ▷

146/147 *Fähre in der Innenstadt im Zuge der gesprengten Möckernbrücke, die lange die einzige Verbindung über den Landwehrkanal zum Anhalter Bahnhof war.*

149 *Lokomotive eines »Hamsterzuges« im Anhalter Bahnhof.*

150 *Ein amerikanischer LKW transportiert für das »Vereinigte Hilfswerk vom Internationalen Roten Kreuz« Schweizer Spenden nach Berlin. Das Bild zeigt, wie der LKW gerade das Brandenburger Tor passiert.*

151 *Schwarzer Markt: Razzia am Reichstag; im Hintergrund ist das sowjetische Ehrenmal zu erkennen, das in den Formen eines breiten Ehrentores gehalten und von einem bronzenen Sowjetsoldaten gekrönt ist. 1945 wurde es aus dem Marmor der Reichskanzlei erbaut.* ▷

155 *Im Volkspark Hasenheide im Bezirk Neukölln wurde der »Trümmerfrau« ein Denkmal gesetzt. Eine überlebensgroße Steinfigur, geschaffen 1955 von Katharina Singer.*

152/153/154 *Die Trümmerfrauen. Die unrationelle Eimerkettenenttrümmerung wurde bald abgeschafft. Danach hatte man zur Erleichterung die sogenannten »Trümmerloren«. Jeder Stein wurde per Hand fein säuberlich abgeklopft und für die Wiederverwendung bereitgestellt.*

156 *Nach der Sprengung des S-Bahn-Tunnels im Landwehrkanal durch die SS am 2. Mai: der Tunnel nahe der Haltestelle Stettiner Bahnhof.*

158 *Instandsetzungs- und Säuberungsarbeiten an den Wagen der S-Bahn nach Rückgang der Überschwemmung im Juni 1945.*

157 *Der zerstörte Straßenbahnhof in der Kreuzbergstraße.*

159 *Eine Glaserwerkstatt im Freien: Bilder werden entrahmt und aus mehreren Scheibenteilen werden Fenster neu verglast. Fenster waren jetzt wichtiger als verglaste Bilder.*

160 *Reparaturarbeiten am U-Bahntunnel – sogar mittels Handmeißel – auf der Strecke Gleisdreieck-Kurfürstenstraße.*

161 *Eine Notbrücke über den Landwehrkanal ersetzt die zerstörte Herkules-Brücke. Im Vordergrund der Greifarm eines Baggers zur Wiederschiffbarmachung des Kanals.*

162/163 *Die »Deutschen Werke« in Spandau während und nach den Demontagearbeiten, die auf Befehl der sowjetischen Militäradministration durchgeführt wurde.*

164 *Das Kesselhaus des Kraftwerkes West nach der Demontage.*

165 *Der zerstörte Potsdamer Bahnhof ist nach Beseitigung des Trümmerschuttes wieder in Betrieb.*

166 *Die zerstörten Gasometer der Gasanstalt in der Gitschiner Straße im Bezirk Kreuzberg.*

167 *Blick vom Kronprinzenufer über die Spree zum Lehrter Bahnhof. Links im Hintergrund erkennt man das Kuppelskelett des ehemaligen Ausstellungsgebäudes, das zuletzt als Luftfahrtmuseum diente.*

Nächste Seite:
168 *Die Kartoffelanlieferung wurde nicht erst in den Laden gebracht, sondern gleich von der Straße weg verkauft.*

Zeittafel 1945/46

1945

4.–11. Februar Konferenz von Jalta. Beschluß über die Aufteilung Deutschlands in Besatzungszonen.
12. April Franklin Delano Roosevelt gestorben. Er war seit 1933 Präsident der USA.
21. April Letzter amerikanischer Luftangriff auf Berlin.
22. April In schweren Kämpfen dringen die sowjetischen Truppen in die Stadt ein.
28. April Generaloberst Bersarin wird zum Chef der Besatzung und Stadtkommandanten von Berlin ernannt.
29. April Ernennung einer neuen Reichsregierung unter Großadmiral Karl Dönitz.
Letzte Ausgabe der Berliner Frontzeitung »Der Panzerbär« erscheint.
Die deutsche 12. Armee unter General Wenck unternimmt den letzten Entlastungsangriff für die Reichshauptstadt.
30. April Adolf Hitler begeht im Bunker der Reichskanzlei Selbstmord.
1. Mai »Gruppe Ulbricht« trifft in Bruchmühle bei Berlin ein.
2. Mai General Weidling unterzeichnet in Tempelhof die Kapitulationsurkunde für Berlin.
4. Mai Das Oberkommando der Wehrmacht meldet das Ende des Kampfes um die Reichshauptstadt.
Der Berliner Rundfunk nimmt seine Tätigkeit wieder auf.
4. Mai Die sowjetische Militärverwaltung beginnt mit dem Abtransport der Kunstschätze der Berliner Museen aus den Flakbunkern.
5. Mai Die sowjetische Stadtkommandantur ordnet die provisorische Neuregelung der Organisation der Lebensmittelversorgung der Bevölkerung an.
7. Mai Gesamtkapitulation der deutschen Wehrmacht in Reims.
Generaloberst Bersarin ernennt den Reichsminister a. D. Dr. Andreas Hermes zum Beauftragten für das Ernährungswesen.
Unter dem Vorsitz des Generalsuperintendenten der Kurmark, D. Dr. Otto Dibelius, konstituiert sich eine provisorische neue Kirchenleitung der evangelischen Kirche.
8. Mai Unterzeichnung der bedingungslosen Kapitulation Deutschlands in Berlin-Karlshorst.
Erste Eheschließung nach dem Ende der Kampfhandlungen.
9. Mai Erste Versuche zur Neubildung des Magistrats.
11. Mai Erster jüdischer Gottesdienst in der Synagoge des jüdischen Krankenhauses in der Iranischen Straße.
13. Mai Wiederaufnahme des Straßenbahn- und U-Bahnbetriebes.
Erstes öffentliches Konzert des »Berliner Kammerorchesters« im Bürgersaal des Schöneberger Rathauses.
14. Mai Der neugebildete Magistrat wird durch Marschall Schukow bestätigt.
15. Mai Ausgang von 5 Uhr bis 22.30 Uhr.
Aufhebung der Verdunkelung.
Die »Tägliche Rundschau« erscheint.
Die Sparkasse der Stadt Berlin wird wieder geöffnet.
17. Mai Oberbürgermeister Dr. Werner gibt die Zusammensetzung des neuen Magistrats bekannt.
18. Mai Im Funkhaus in der Masurenallee findet das erste Konzert des Deutschen Opernhauses statt.
19. Mai Errichtung des Polizeipräsidiums.
20. Mai Erstes Fußballspiel nach dem Krieg.
21. Mai Die »Berliner Zeitung« erscheint.
22. Mai Post befördert wieder Briefe und Postkarten.
23. Mai Verhaftung der Regierung Dönitz in Flensburg.
25. Mai Die Staatliche Ingenieurschule Gauß unterrichtet wieder.
26. Mai Erstes Konzert der Berliner Philharmoniker.

27\. Mai Erste Theateraufführung im Renaissance-Theater.

1\. Juni Gerichte beginnen mit ihrer Tätigkeit. »Kabarett der Komiker« wiedereröffnet. »Tribüne« eröffnet.

5\. Juni Errichtung des Alliierten Kontrollrates.

6\. Juni Gründung der Kammer der Kunstschaffenden.

9\. Juni Marschall Schukow wird Chef der sowjetischen Militäradministration in Berlin-Karlshorst. Die Post gibt die ersten Berliner Nachkriegsbriefmarken heraus.

10\. Juni Zulassung antifaschistischer Parteien und Gewerkschaften.

11\. Juni KPD konstituiert sich.
13\. Juni Die »Deutsche Volkszeitung« erscheint.

15\. Juni Städtische Oper eröffnet mit einem Ballettabend im ehemaligen Theater des Westens in der Kantstraße.

16\. Juni Generaloberst Bersarin tödlich verunglückt.

17\. Juni SPD konstituiert sich. »Freier Deutscher Gewerkschaftsbund« gegründet.

18\. Juni Hochschule für bildende Künste unter Leitung von Professor Carl Hofer wiedereröffnet.

22\. Juni Die Staatsdruckerei erhält Druckerlaubnis.

25\. Juni Gründung des »Kulturbundes zur demokratischen Erneuerung Deutschlands«. Die Bauschule nimmt Lehrbetrieb wieder auf.

26\. Juni Unterzeichnung der Charta der Vereinten Nationen in San Francisco. CDU konstituiert sich. Das »Deutsche Theater« wiedereröffnet.

27\. Juni Fernsprechverzeichnis mit 500 Anschlüssen veröffentlicht.

30\. Juni Im »Deutschen Theater« feierliche Eröffnung der Staatsoper.

1.–4. Juli Räumung von Sachsen und Thüringen durch die Amerikaner und Einrücken der amerikanischen und britischen Truppen in Berlin.

5\. Juli LPD gegründet.

7\. Juli Interalliierte Militärkommandantur gebildet. Die Zeitung »Das Volk« erscheint.

10\. Juli Das Verordnungsblatt der Stadt Berlin erscheint.

15\. Juli Volkshochschule nimmt Tätigkeit auf. Erste Kunstausstellung nach dem Kriege veranstaltet vom »Kultur-Kollektiv« in der Aula der Handelsschule in der Halleschen Straße.

17\. Juli Beginn der Potsdamer Konferenz.
21\. Juli Gründung des Deutschen Frauenbundes.

22\. Juli Die »Neue Zeit« erscheint.
30\. Juli Konstituierende Sitzung des Kontrollrates.

2\. August Der Postverkehr wird aufgenommen.

3\. August Die Zeitung »Der Berliner« erscheint. Die Zeitung »Der Morgen« erscheint.

4\. August AFN beginnt seine Sendungen.

8\. August Die »Allgemeine Zeitung« erscheint. scheint.

12\. August Französische Truppen besetzen ihren Sektor. Das Ergebnis der Volks- und Arbeitsstättenzählung wird bekanntgegeben.

15\. August Hebbel-Theater wird eröffnet.

17\. August Das Variete »Palast« wird eröffnet.

19\. August Sergiu Celibidache dirigiert zum ersten Mal in Berlin ein Konzert des »Berliner Kammerorchesters«.

21\. August Die Alliierte Kommandantur teilt dem Oberbürgermeister mit, daß die Bevölkerung während des Winters keine Kohlen erhalten wird. Er hat deshalb bewaldete Teile Berlins zu bestimmen, in denen die Zivilbevölkerung zu Heizungszwecken Holz schlagen darf.

24\. August Tauschmärkte und Kommissionsgeschäfte werden eingerichtet.

26\. August Arbeitsbeginn der neugegründeten Volkshochschulen.

27\. August Gründung der »Jürgen-Fehling-Theater-Gesellschaft«.

2\. September In der Gruft des Berliner Doms wird eine Notkirche eröffnet.

3\. September Die Berliner Universität beginnt ihre Tätigkeit mit Vorkursen.

4\. September Die Städtische Oper bringt als erste Aufführung »Fidelio«.

7\. September Siegesparade der Alliierten.

9\. September Der Botanische Garten wird wiedereröffnet.

10\. September Das Naturkundemuseum wird wiedereröffnet.

11. September Ausgehverbot von 23 Uhr bis 5 Uhr.
27. September »Der Tagesspiegel« erscheint zunächst dreimal wöchentlich.
1. Oktober Hochschule für Musik nimmt Lehrbetrieb wieder auf.
6. Oktober Jürgen Fehling eröffnet sein Theater in Zehlendorf.
9. Oktober Erste Musterschau des Berliner Handwerks.
»Die Freie Gewerkschaft« erscheint.
11. Oktober Erste Magistrats-Pressekonferenz.
17. Oktober Auf der Potsdamer Chaussee wird das sowjetische Panzerdenkmal enthüllt.
21. Oktober Eine »Käthe-Kollwitz-Gedächtnisausstellung« wird eröffnet.
24. Oktober Der Briefverkehr zwischen Berlin und den westlichen Besatzungszonen wird aufgenommen.
26. Oktober »Aktion Storch«, Evakuierung unterernährter Kinder beginnt.
Erste Verlagslizenz für Peter Suhrkamp.
1. November Wiederbeginn der Rentenzahlung.
Eröffnung von 19 Volksgaststätten.
11. November Die »Allgemeine Zeitung« stellt ihr Erscheinen ein.
»Der Tagesspiegel« erscheint jetzt täglich.
Das Denkmal der Roten Armee im Tiergarten wird eingeweiht.
12. November »Der Kurier« erscheint zunächst dreimal wöchentlich als Abendblatt.
19. November Halbjähriges Bestehen des Magistrats, öffentliche Kundgebung und Rechenschaftsbericht.
Schulspeisung beginnt.
20. November Beginn der Kriegsverbrecherprozesse in Nürnberg.
21. November Die Singakademie veranstaltet ihr erstes Konzert.
25. November SPD führt nach zwölfjähriger Pause erste Bezirkskonferenz durch.
7. Dezember Der »Nacht-Express« erscheint.
9. Dezember Die Stadt Berlin veranstaltet eine Beethoven-Festwoche zur 175. Wiederkehr seines Geburtstages mit einem Konzert des Philharmonischen Orchesters.
16.–22. Dezember Moskauer Konferenz der Außenminister (ohne Frankreich).
17. Dezember Um die Teilnahme an den Gottesdiensten am Heiligen Abend und in der Neujahrsnacht zu ermöglichen, wird das Ausgehverbot auf 2 Uhr nachts festgesetzt.
19. Dezember Die CDU-Vorsitzenden Dr. Andreas Hermes u. Dr. Walter Schreiber abgesetzt. Neue Vorsitzende Jacob Kaiser u. Ernst Lemmer.
20. Dezember Der erste öffentliche Münzfernsprecher wird wieder in Betrieb genommen.
SPD und KPD halten eine gemeinsame Konferenz ab.
24. Dezember Der katholische Bischof von Berlin, Konrad Graf v. Preysing, wird von Papst Pius zum Kardinal erhoben.
27. Dezember Am 175. Jahrestag ihres Bestehens nimmt die Berliner »Große Landesloge der Freimaurer von Deutschland« ihre Tätigkeit wieder auf.

1946

6. Januar US-Zonenkonferenz der SPD in Frankfurt unter Kurt Schumacher lehnt Vereinigung mit der KPD ab.
8. Januar Britische Zonenkonferenz der SPD in Hannover lehnt Vereinigung mit der KPD ab.
12. Januar In der Staatsoper eröffnet der Magistrat eine Pestalozzi-Woche anläßlich der Wiederkehr seines 200. Geburtstages.
14. Januar Stadtrat Prof. Scharoun teilt mit, daß bisher in Berlin 12 000 Wohnungen instandgesetzt wurden.
23. Januar Eröffnung der Ausstellung des Magistrats im ehemaligen Zeughaus, »Berlin baut auf«.
25. Januar Das erste Schiff mit einer Mehlladung aus Hamburg läuft im Westhafen ein.
29. Januar Die Universität Berlin wird in der Staatsoper im Admiralspalast offiziell wiedereröffnet.
30. Januar In Berlin trifft der erste Hilfszug mit Spenden des Internationalen Roten Kreuzes aus der Schweiz ein.
31. Januar Der »Verein der Berliner Künstler« nimmt seine Tätigkeit auf.
3. Februar Die illustrierte Wochenzeitung »Der Rundfunk« erscheint.
7. Februar Ein von der amerikanischen Militärregierung eingerichteter Drahtfunk nimmt seine Sendungen auf.
8. Februar Ausgabe neuer »behelfsmäßiger«

Ausweise an alle Berliner vom 15. Lebensjahr ab.

10. Februar Mit Genehmigung der chinesischen Militärmission beim Alliierten Kontrollrat erscheint zum erstenmal die Wochenzeitung für die chinesische Kolonie in Berlin »Ho Ping Pao. Chinese News Weekly«.

15. Februar Das erste »Amtliche Fernsprechbuch für Berlin 1945« erscheint zum Preis von 6 RM.

18. Februar Die Alliierte Kommandantur gestattet, 1000 Gaslaternen zur Straßenbeleuchtung in Betrieb zu nehmen.

22. Februar KPD und SPD veranstalten eine August-Bebel-Gedenkfeier anläßlich der 106. Wiederkehr seines Geburtstages.

25. Februar Zwischen den vier Besatzungszonen Deutschlands und Berlin wird der Telefonverkehr wieder aufgenommen.

26. Februar Bildung von Entnazifizierungskommissionen.

28. Februar Die Staatsbibliothek eröffnet einen behelfsmäßigen Lesesaal mit einer Handbibliothek, die zunächst nur Professoren, Dozenten und Assistenten zugänglich ist.

1. März Eine städtische »Zentralstelle für Zeitgeschichte« als zeitgeschichtliches Dokumentationszentrum wird errichtet.
Das Wochenblatt der jüdischen Gemeinde »Der Weg. Zeitschrift für Fragen des Judentums« erscheint.

5. März Das »Spandauer Volksblatt« erscheint zunächst dreimal wöchentlich.

7. März »Freie Deutsche Jugend« (FDJ) nimmt ihre Tätigkeit auf.

9. März Verlängerung der Schulpflicht um ein Jahr.

10. März Wilhelm Furtwängler kommt nach Berlin.

11. März Ausstellung »Sechs Monate amerikanische Militärregierung«.

12. März Die »Innung des Berliner Bekleidungshandwerks« veranstaltet ihre erste Modenschau.

15. März »Die Stadtverwaltung. Zeitschrift des Berliner Magistrats für die Angestellten der städtischen Verwaltung« erscheint.

22. März Der »Telegraf« erscheint zunächst dreimal wöchentlich.

26. März Erste öffentliche Kundgebung der Heilsarmee.
Die »Komödie« wird wiedereröffnet.
Im März nimmt das neugegründete Institut für Ernährungs- und Verpflegungswissenschaft im Gebäude des ehemaligen »Kaiser-Wilhelm-Instituts für Biochemie« seine Tätigkeit auf.

31. März Urabstimmung in der SPD in den Westsektoren Berlins: 82% stimmten gegen die Vereinigung mit der KPD.

7. April Der 2. Parteitag der Berliner SPD wählt einen neuen Bezirksvorstand mit Franz Neumann, Karl J. Germer und Kurt Swolinsky als gleichberechtigte Vorsitzende. Die Vorsitzenden erhalten den Auftrag, eine neue Anerkennung der SPD bei der alliierten Kommandantur zu beantragen.

9. April Die frühere Technische Hochschule wird als »Technische Universität« wiedereröffnet.

16. April Für den im Konzentrationslager ermordeten Ernst Thälmann findet eine Gedächtniskundgebung anläßlich seines 60. Geburtstages statt.

20.–21. April Vereinigungsparteitag der SPD und der KPD zur Konstituierung der SED.

23. April »Neues Deutschland« erscheint als Zentralorgan der SED.

25. April Die britische Militärregierung genehmigt die Umwandlung von Teilen des Tiergartens in Gartenparzellen.

30. April Die Tageszeitung »Der Berliner« stellt ihr Erscheinen ein.
Im 69. Jahrgang, zum ersten Male nach dem Krieg, erscheint die »Deutsche Rundschau«. Sie wurde 1942 verboten.

9.–11. Mai Erster gesamtdeutscher Parteitag der SPD in Hannover.

11. Mai »Kunstausstellung des Westens«. Über 100 Berliner Künstler stellen im Rathaus Schöneberg aus.

12. Mai Das katholische Bildungswerk beginnt sein erstes Seminar.
Die »Deutsche Verleger- und Buchhändlervereinigung« wird gegründet.

17. Mai Der DEFA in Babelsberg wird die erste Drehlizenz erteilt.

19. Mai Im Zeughaus Unter den Linden findet die erste große Kunstausstellung mit Gemälden, Graphiken und Plastiken, die während der Nazizeit nicht gezeigt werden durften, statt.

20. Mai Karl-Heinz Martin erhält die Lizenz für

das Theater »Prater« in der Kastanienallee als vorläufiges Heim der zerstörten Volksbühne.

Auf dem Flugplatz Tempelhof landet das erste Passagierflugzeug einer zivilen Luftverkehrsgesellschaft.

Im Mai nimmt auch die »Deutsche Botanische Gesellschaft« ihre Tätigkeit wieder auf.

Die amerikanische Militärregierung gibt die Ernennung Richard Spencers zum Chef der neugegründeten deutschen Patentstelle bekannt.

3. Juni »Der Sozialdemokrat, Organ der Sozialdemokratie Groß-Berlin« erscheint, zunächst nur dreimal wöchentlich.

4. Juni Das neugeschaffene Arbeitsgericht nimmt seine Tätigkeit auf.

5. Juni Der Magistrat beschließt auf seiner Sitzung im Einverständnis mit dem Hauptbetriebsrat der Stadt Berlin und dem FDGB, daß Arbeiter und Angestellte der Stadt fristlos zu entlassen sind, wenn sie wegen Schwarzhandels verurteilt werden.

16. Juni Im »Haus am Waldsee« wird eine Ausstellung »Planungen vom Wiederaufbau Berlins« und über die Erfahrungen der Trümmerverwertung eröffnet.

Im Juni erscheint die erste Nummer der Zeitschrift »Einheit. Theoretische Monatsschrift für Sozialismus« herausgegeben vom Parteivorstand der SED.

1. Juli Zum Gedenken an den 300. Geburtstag des Philosophen Gottfried Wilhelm v. Leibniz, veranstaltet die Stadt Berlin eine Leibniz-Woche. Die Feierstunde des Magistrats findet in der Staatsoper im Admiralspalast statt.

3. Juli Die Trabrennbahn Mariendorf wird wiedereröffnet.

4. Juli Die »Deutsche Akademie der Wissenschaften« gedenkt in ihrer ersten wissenschaftlichen Sitzung nach dem Kriege des 300. Geburtstages ihres Gründers, Gottfried Wilhelm v. Leibniz.

6. Juli Der Bezirk Köpenick veranstaltet auf der Köpenicker Schloßinsel ein Heimatfest, das mit einer heimatgeschichtlichen Ausstellung verbunden ist.

7. Juli Der »Kulturbund zur demokratischen Erneuerung Deutschlands« stiftet anläßlich der ersten Jahresfeier seiner Gründung einen Kulturpreis. Gleichzeitig erscheint die erste Nummer der Zeitschrift »Sonntag«.

12. Juli Das Märkische Museum wird wiedereröffnet.

20. Juli Als erste Kunstausstellung einer Besatzungsmacht wird die Ausstellung »Moderne französische Graphik« eröffnet.

Die Freilichtbühne Rehberge wird wiedereröffnet.

20. Juli Für die Opfer des Faschismus und zum Gedenken an den 20. Juli 1944 finden Gedenkfeiern und Trauergottesdienste beider Konfessionen statt.

21. Juli Auf der Fahrt von Agnetendorf nach Hiddensee trifft der Sonderzug mit dem Leichnam Gerhart Hauptmanns auf dem Bahnhof Schöneweide ein. Vertreter der sowjetischen Militärregierung empfangen die Witwe auf dem Bahnhof.

23. Juli Die erste Schule in Europa für amerikanische Kinder wird im Bezirk Zehlendorf eröffnet. Neben amerikanischen Lehrkräften unterrichten auch deutsche Lehrerinnen.

1. August Die »Deutsche Akademie der Wissenschaften« wird mit einem Festakt im Deutschen Theater wiedereröffnet.

Zur allgemeinen Benutzung wird die Berliner Stadtbibliothek im ehemaligen Marstall in der Breiten Straße freigegeben.

2. August Das »Neue Theater am Nollendorfplatz« wird im Rathaus Schöneberg eröffnet.

12. August Der Magistrat beauftragt die Abteilung Personal und Verwaltung mit der Bildung eines Gäste- und Verkehrsamtes, da es z. Zt. nicht möglich ist, 150 Gäste in Berlin würdig unterzubringen.

14. August Die ersten der von der »Cooperative of American Remittances to Europe« (CARE) versandten Lebensmittelpakete werden ausgeteilt.

Die Alliierte Kommandantur legt das Wahlverfahren für die am 20. Oktober in Groß-Berlin stattfindenden Wahlen zu den Stadtverordneten- und Bezirksverordneten-Versammlungen fest. Die Kommandanten fordern darin die Sicherung des Wahlaktes und der Wähler vor jeglicher Bedrohung und betonen, daß »vor den Augen der Kommandantur alle gesetzlich anerkannten Parteien gleich sind, und daß alle Parteien die gleichen Rechte haben«.

17. August Der Oberste Chef der Sowjetischen

Militärverwaltung, Marschall Sokolowski, setzt mit einem Befehl fest, daß für Arbeiter und Angestellte unabhängig von Geschlecht und Alter eine einheitliche Arbeitsentlohnung für gleiche Arbeitsleistung zu erfolgen hat.
Der Nordwestdeutsche Rundfunk (NWDR) nimmt mit einem eigenen Mittelwellensender seine Tätigkeit in Berlin auf. Die Beiträge zum Programm kommen zunächst aus Hamburg und Köln.

20. August Der Kontrollrat erläßt ein Gesetz über die Auflösung der deutschen Streitkräfte. Damit werden alle deutschen militärischen Führungs- und Verwaltungsstellen, sämtliche Organisationen ehemaliger Kriegsteilnehmer und alle militärischen Vereinigungen aufgelöst und für ungesetzlich erklärt.

22. August Der Magistrat eröffnet seine Ausstellungen »Berlin im Aufbau« im ehemaligen »Haus der Schweiz«, Unter den Linden und »Berlin plant«, im Berliner Schloß.

23. August Die Kommandanten beschließen die Bildung von zehn Viermächtegruppen zur Kontrolle der im Oktober stattfindenden Wahlen.

25. August Der erste Interzonenautobus Berlin–Hannover nimmt den fahrplanmäßigen Verkehr auf.

26. August Im Haus des Kulturbundes, in der Jägerstraße, wird der »Club der Kulturschaffenden« eröffnet.

29. August Mit der Ankunft der ersten Luftpost aus den Vereinigten Staaten von Amerika wird Berlin wieder in den internationalen Luftpostdienst einbezogen.
Die Berliner Tageszeitungen schließen sich zur »Arbeitsgemeinschaft der Berliner Zeitungsverlage« zusammen. Die Arbeitsgemeinschaft ist dem »Verband der deutschen Presse« angeschlossen.

3. September Der Berliner Operettenkomponist Paul Linke stirbt in Clausthal-Zellerfeld.
Am Funkturm beginnen die Arbeiten zur Behebung der Kriegsschäden.

4. September General Lucius D. Clay und General Brian Robertson vereinbaren den wirtschaftlichen Zusammenschluß der amerikanischen und britischen Zone.

5. September Der »Drahtfunk im amerikanischen Sektor« erhält nunmehr den Namen »Rundfunk im amerikanischen Sektor« (RIAS).

6. September Bei der Polizei wird wieder ein motorisiertes Verkehrsunfallkommando aufgestellt.
Rede von US-Außenminister Byrnes in Stuttgart über die wirtschaftliche Gesundung Deutschlands.

7.–8. September Im Olympiastadion erleben 85 000 Menschen ein internationales Militärsportfest, an dem sich sieben Nationen beteiligen.

8. September Der Magistrat veranstaltet für Gerhart Hauptmann eine öffentliche Trauerfeier im Großen Sendesaal des Funkhauses.

12. September Im Lokal »Alt Bayern« in der Friedrichstraße wird das Kabarett »Frischer Wind« unter Leitung von Walter Groß eröffnet.

16. September im Neuen Stadthaus in der Parochialstraße wird der zum Stadtwahlleiter ernannte Stadtrat Dr. Landwehr vom Oberbürgermeister Dr. Werner auf sein Amt verpflichtet.

19. September Rede Churchills in Zürich: »Vereinigte Staaten Europas« gefordert.

21. September Der Magistrat beschließt, die amtliche Bezeichnung »Magistrat von Groß-Berlin« zu führen.

22. September Im Lustgarten findet eine große Gedenkfeier zu Ehren der »Opfer des Faschismus« statt.
In der Marienkirche gibt der Leipziger Thomaner-Chor ein Konzert.
Auf der Olympia-Strecke in Grünau findet die erste größere Ruder-Regatta nach dem Kriege statt.

23. September Im Berliner Westhafen treffen nach der Wiedereröffnung des Wasserweges Bremen–Berlin die ersten drei Lastkähne mit Zement und Kohlen ein.

25. September Der Görlitzer Fernbahnhof wird stillgelegt.

26. September Der »Große sowjetische Staatschor« gibt zusammen mit dem sowjetischen Beethoven-Quartett und der Pianistin Nina Jemeljanowa in der Staatsoper und im Berliner Rundfunk eine Reihe von Konzerten.

28. September In der ehemaligen »Preußischen Staatsbibliothek« wird eine von den Besat-

zungsmächten zur Verfügung gestellte »Alliierte Musikbibliothek« eingerichtet.

1. Oktober Urteil im Nürnberger Hauptkriegsverbrecher-Prozeß.
Die ehemalige »Preußische Staatsbibliothek« wird als »Öffentliche Wissenschaftliche Bibliothek« wiedereröffnet.

3. Oktober Im Ermeler-Haus in der Breiten Straße wird die Berliner Ratsbibliothek wiedereröffnet.

4. Oktober Die »Kammerspiele« des »Deutschen Theaters« werden wiedereröffnet.

5. Oktober In den »Ausstellungsräumen des Westens« in der Albrecht-Achilles-Straße findet eine Ausstellung mit siebzig Bildern und Zeichnungen von Prof. Carl Hofer statt.

6.–9. Oktober Zum ersten Mal seit ihrer Auflösung im Jahre 1933 tagt die Provinzialsynode der evangelischen Kirchenprovinz Berlin-Brandenburg im Gemeindehaus der Elias-Kirchengemeinde.

10. Oktober Die sowjetische Militärverwaltung erteilt dem »Allgemeinen Deutschen Nachrichtendienst« (ADN) die Lizenz.
»Der Abend« erscheint.

11. Oktober Zum 50. Todestag Anton Bruckners werden die IX. Symphonie und das TeDeum unter der Leitung Dr. Karl Forsters mit der Staatskapelle und dem Chor der St.-Hedwigs-Kathedrale aufgeführt.

14. Oktober An der Berliner Universität beginnt das Wintersemester 1946/47. Zugleich nehmen die neugegründete Pädagogische Fakultät und die anstelle der Wirtschaftshochschule aufgebaute Wirtschaftswissenschaftliche Fakultät ihren Lehrbetrieb auf.

15. Oktober Die Kommandanten beschließen, in Durchführung einer Direktive des Kontrollrates, die im Nürnberger Hauptkriegsverbrecher-Prozeß zu Gefängnisstrafen Verurteilten in das Spandauer Gefängnis einzuweisen.
Uraufführung des ersten DEFA-Films »Die Mörder sind unter uns«.

20. Oktober Die von der Alliierten Kommandantur genehmigte »Vorläufige Verfassung für Groß-Berlin« tritt in Kraft.
Auf Grund dieser Verfassung finden die ersten freien Wahlen seit 1933 für eine parlamentarische Vertretung der Bevölkerung von Groß-Berlin statt.

Wahlbeteiligung 92,3 Prozent
Gesamtergebnis – Stadtverordnetenversammlung:

SPD	1 015 609 Stimmen	= 48,7%	= 63 Sitze
SED	412 582 Stimmen	= 19,8%	= 26 Sitze
CDU	462 425 Stimmen	= 22,2%	= 29 Sitze
LDP	194 722 Stimmen	= 9,3%	= 12 Sitze
			130 Sitze

Literaturverzeichnis zur Zeittafel

Das erste Jahr, Berlin im Neuaufbau. Ein Rechenschaftsbericht des Magistrats der Stadt Berlin. Berlin: Das neue Berlin-Verl. Ges. 1946

Unsterbliches Berlin. Berlin, Bielefeld: Klasing 1948

Berlin. Kampf um Freiheit und Selbstverwaltung 1945–1946. Hrsg. im Auftrage des Senats von Berlin. Berlin: Spitzing 1961. 2. erg. und erw. Aufl.

Berlin. Quellen und Dokumente 1945–1946. 1. Halbband. Hrsg. im Auftrage des Senats von Berlin. Berlin: Spitzing 1964

25 Jahre Theater in Berlin. Theaterpremieren 1945–1970. Hrsg. im Auftrage des Senats von Berlin. Berlin: Spitzing 1972

169 *Der Magistrat veranstaltete im Weißen Saal des Stadtschlosses im August/September 1946 die Ausstellung »Berlin plant«. Ein erster Bericht über »Arbeit, Verkehr, Wohnung, Versorgung und Erholung in der Stadt« nach der Stunde Null.* ▷

BERLIN PLANT
ERSTER
BERICHT
IN DER NEUEN STADT
AUSSTELLUNG IM WEISSEN
SCHLOSSES·ERÖFFNUNG: 22.8.46
DER STADT BERLIN

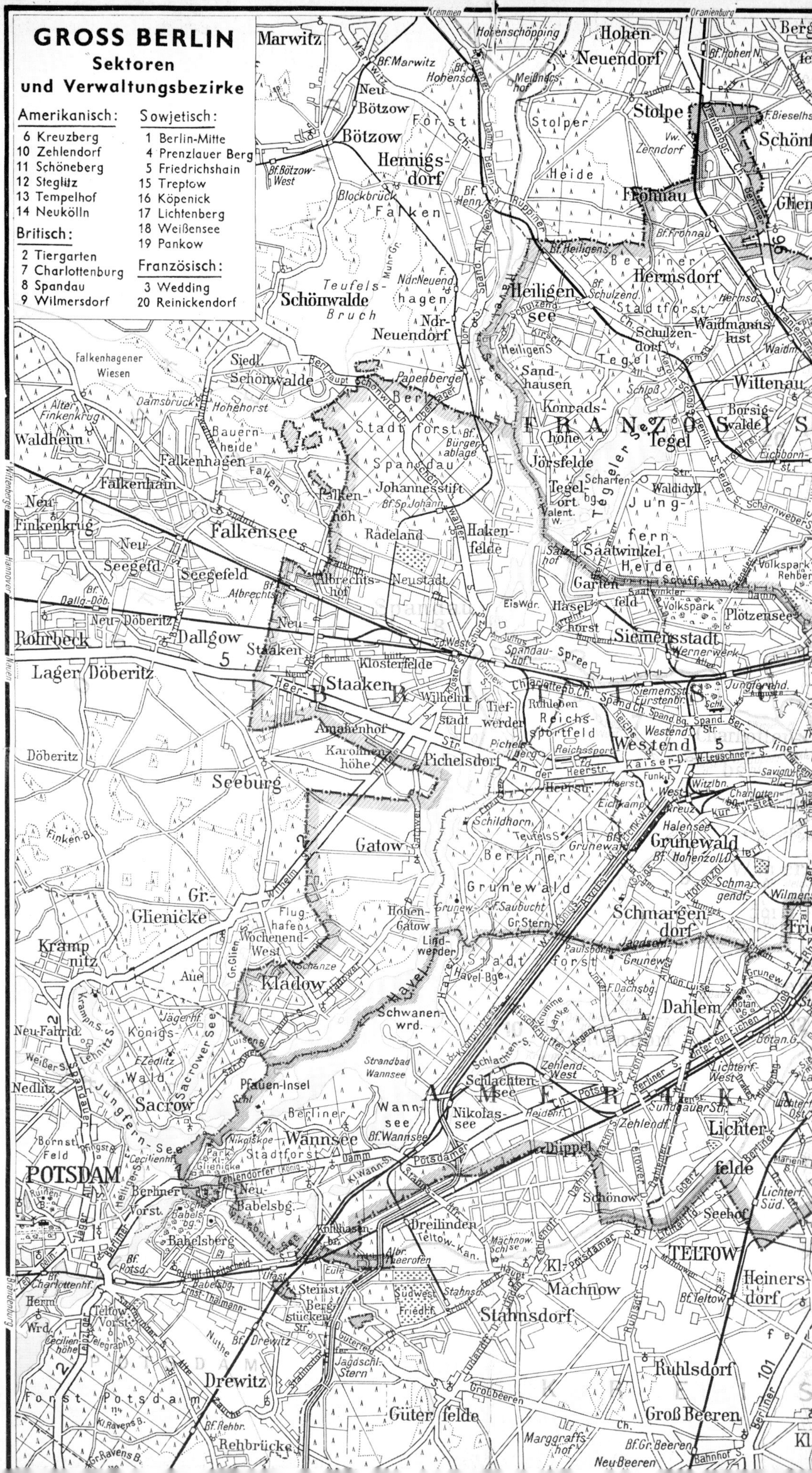

170 *Plan von Berlin 1947 mit der Aufteilung in Sektoren und Verwaltungsbezirke.*

Zeichenerklärung:
Grenze der Stadt Berlin
Grenzen der Besatzungs-Sektoren
Grenzen der Berliner Verwaltungsbezirke
1 Mitte
Nummern u. Namen der Verwaltungsbezirke
Autobahnen
Fernverkehrs-Straßen (Reichsstraßen)
5 Straßennummern
Eisenbahnen
Hoch- und U-Bahnen
Brücken für jeden Verkehr
" Fußgänger- u. Fahrrad-Verkehr
Maßstab 1:100.000
0 1 2 3 4 5 km
Schönwalde
Buchhorst
Schönerlinde
Woltersdorf
Schildow
Blankenfelde
Schönbrück
Zepernick
Hobrechtsfelde
Röntgental
Buch
Bernau b. Bln.
Bernau-Süd
Börnicke
Siedlung Blumberg-Elisenau
Gehrenberge
Alpenberge
Schwanebeck
Birkholz
Kol. Birkholzaue
Löhme
Seefeld
Karow
Neu Buch
Buchholz
Blankenburg
Lindenberg
Neu Lindenbg.
Clarahöhe
Blumberg
Krummen see
Wegendorf
Ndr. Schönhausen
Heinersdorf
Malchow
Wartenberg
Ahrensfelde
Mehrow
ALTLANDSBERG
Seeberg
Bruchmühle
Eiche
Neueiche
Hönow
Gesundbr.
Falkenberg
Hohenschönhsn.
Marzahn
Hellersdorf
Neuenhagen b. Bln.
Fredersdorf
Petershagen
Herzberge
Nord-Biesdf.
Wuhlgarten
Nord-Kaulsdf.
Mahlsdorf
Hoppegarten
Dahlw.-Hoppegarten
Dahlwitz
Vogelsdorf
Friedrichsfelde
Biesdorf
Kaulsdorf
Stralau
Rummelsburg
Karlshorst
Biesdf.-Süd
Kaulsdf.-Süd
Mahlsdorf-Süd
Münchehofe
Schöneiche
Kleinschönebeck
Flughafen Bln Tempelhof
Baumschulenweg
Ob. Schönewd.
Uhlenhorst
Wolfsgrt.
Hirschgrt.
Berliner Stadtforst
Friedrichshgn.
Fichtenau
Rahnsdf. Mühle
Woltersdorf
Nd. Schöneweide
Johannisthal
Oberspree
Adlershof
Spindlersfeld
Gr. Müggel See
Rahnsdorf
Wilhelmshagen
Erkner
Mariendorf
Britz
Buckow
Buckow-Ost
Buckow-West
Rudow
Grünau
Alt Glienicke
Wendenschloß
Müggelheim
Hessenwinkel
Neu Seeland
Marienfelde
Lichtenrade
Gr. Ziethen
Kl. Ziethen
Bohnsdorf
Schönefeld
Falkenhorst
Karolinenhof
Gosen
Schmöckwitz
Neu Zittau
Wernsdorf
Waßmannsdorf
Kienberg
Eichwalde
Diepensee
Waltersdorf
Schulzendorf
Zeuthen
Mahlow
Selchow
Kiekebusch
Seddin-See
Langer See
Dahme
Ziegenhals
Rauchfangswerder
Gräbchen